Brian Tracy
Keine Ausreden!

Dieses Buch ist meinem Freund und Partner Eric Berman gewidmet, einem der diszipliniertesten und entschlossensten Menschen, denen ich je begegnet bin.

BRIAN TRACY

Keine Ausreden!

Die Kraft der Selbstdisziplin

Aus dem Amerikanischen von
Dr. Matthias Reiss

GABAL

Die amerikanische Originalausgabe »No excuses!« erschien 2010
bei Vanguard Press, New York, USA.

Bibliografische Information der Deutschen Nationalbibliothek

Die Deutsche Nationalbibliothek verzeichnet diese Publikation in der Deutschen Nationalbibliografie; detaillierte bibliografische Daten sind im Internet über http://dnb.d-nb.de abrufbar.

ISBN 978-3-96739-147-3

Projektleitung: Ute Flockenhaus, Fischerhude
Lektorat: Dr. Sandra Krebs, GABAL Verlag GmbH
Übersetzung: Dr. Matthias Reiss, München | www.dr-reiss.com
Umschlaggestaltung: Martin Zech Design, Bremen | www.martinzech.de
Satz und Layout: Das Herstellungsbüro, Hamburg | www.buch-herstellungsbuero.de
Druck und Bindung: Salzland Druck GmbH & Co. KG, Löbnitzer Weg 10, D-39418 Staßfurt, vertrieb@salzland-druck.de

7. Auflage 2026

Wir drucken in Deutschland.

www.gabal-verlag.de
www.gabal-magazin.de
www.facebook.com/gabalbuecher
www.x.com/gabalbuecher
www.instagram.com/gabalbuecher

PEFC
PEFC/04-31-2251

PEFC-zertifiziert
Dieses Produkt stammt aus nachhaltig bewirtschafteten Wäldern und kontrollierten Quellen
www.pefc.de

Inhalt

EINLEITUNG

Das Wunder der Selbstdisziplin

»Es gibt Tausende von Ausreden für Misserfolg, doch nie einen guten Grund dafür.«

MARK TWAIN

Warum sind manche Menschen erfolgreicher als andere? Warum verdienen einige Leute mehr Geld als andere, leben ein glücklicheres Leben und erreichen in derselben Zeit viel mehr als die übergroße Mehrheit? Worin besteht das eigentliche »Geheimnis des Erfolgs«?

Häufig beginne ich ein Seminar mit einer kleinen Übung. Ich frage das Publikum: »Wie viele von Ihnen würden gerne ihr Einkommen verdoppeln?«

Fast alle lächeln und heben die Hand. Ich frage dann: »Wie viele von Ihnen würden gerne abnehmen? Keine Schulden mehr haben? Finanziell unabhängig sein?«

Warum sind manche Menschen erfolgreicher als andere?

Wieder lächeln alle, einige klatschen Beifall, und alle heben die Hand. Dann sage ich: »Wunderbar! Das sind doch großartige Ziele, die wir alle haben. Wir alle wollen mehr Geld verdienen, mehr Zeit mit unserer Familie verbringen, schlank und fit sowie finanziell unabhängig sein.

Wir wollen nicht nur alle dasselbe, sondern wir wissen auch, was wir tun müssen, um es zu erreichen. Und wir alle haben vor, das Nötige zu tun, *irgendwann*. Doch bevor wir damit anfangen, beschließen wir, dass wir etwas Urlaub machen müssen, und zwar an einem wunderschönen Ort unserer Fantasie, der ›Eines-schönen-Tages-Insel‹.

Wir sagen: ›Eines schönen Tages werde ich dieses Buch lesen. Eines schönen Tages werde ich mit diesem Trainingsprogramm beginnen. Eines schönen Tages werde ich meine Fähigkeiten auf den neuesten Stand bringen und mehr Geld verdienen. Eines schönen Tages werde ich meine Finanzen in den Griff bekommen und keine Schulden mehr haben. Eines schönen Tages werde ich all das tun, wovon ich weiß, dass ich es tun muss, wenn ich all meine Ziele erreichen will. Eines schönen Tages.‹«

Wahrscheinlich leben 80 Prozent der Bevölkerung den größten Teil der Zeit auf der Eines-schönen-Tages-Insel. Sie denken über all die Dinge nach, die sie »eines schönen Tages« tun werden, sie träumen davon, und sie entwickeln Fantasien darüber.

Und wen sehen sie auf der Eines-schönen-Tages-Insel um sich herum? Andere Menschen auf der Eines-schönen-Tages-Insel! Und was ist das Hauptgesprächsthema auf der Eines-schönen-Tages-Insel? Ausreden! Sie sitzen alle da und erzählen sich gegenseitig ihre Ausreden, warum sie auf der Insel sind.

»Aus welchem Grund sind Sie hier?«, fragen sie einander.

Es überrascht nicht, dass ihre Ausreden großenteils dieselben sind: »Ich hatte keine glückliche Kindheit«, »Ich habe kein Geld«, »Mein Chef ist wirklich ein Problem«, »Meine Ehe ist nicht gut«, »Keiner mag mich« oder »Die wirtschaftliche Lage ist ziemlich schlecht«.

Sie haben sich die Krankheit »Ausrederitis« eingefangen, die sich in der Regel verhängnisvoll auf den Erfolg auswirkt. Sie alle haben gute Absichten, aber wie jeder weiß, ist der Weg zur Hölle mit guten Absichten gepflastert.

Hören Sie damit auf, nach Ausreden zu suchen!

Die erste Regel für Erfolg ist simpel: Entscheiden Sie sich gegen die Insel!

Keine weiteren Ausreden! Tun Sie etwas oder tun Sie es nicht – doch erfinden Sie keine Ausreden! Hören Sie auf, Ihr Gehirnschmalz darauf zu verwenden, sich ausgeklügelte Begründungen und Rechtfertigungen dafür auszudenken, dass Sie nicht handeln. Tun Sie etwas. Tun Sie irgendetwas. Bleiben Sie dran! Und sagen Sie sich: »Wenn etwas geschehen soll, dann liegt das in meiner Verantwortung!«

Verlierer ergehen sich in Ausreden, Gewinner machen Fortschritte. Woran können Sie nun erkennen, ob Ihre Lieblingsausrede gilt oder nicht? Das ist einfach. Schauen Sie sich um und fragen Sie sich: »Gibt es sonst irgendjemanden, der die gleiche Ausrede verwendet wie ich und trotzdem erfolgreich ist?«

Wenn Sie sich diese Frage stellen, werden Sie, wenn Sie ehrlich sind, Folgendes zugeben müssen: Es gibt Tausende oder sogar Millionen von Menschen, denen es weitaus schlechter ergangen ist als Ihnen und die trotzdem etwas Wunderbares aus ihrem weiteren Leben gemacht haben. Und was Tausende oder Millionen anderer vor Ihnen getan haben, das können Sie ebenfalls tun – wenn Sie es nur versuchen.

Setzen Sie all Ihre Energie in die Erreichung Ihrer Ziele.

Man sagt: Wenn die Menschen so viel Energie darauf verwenden würden, ihre Ziele zu erreichen, wie sie darauf verwenden, sich Ausreden für ihr Versagen auszudenken, würden sie sich tatsächlich selbst überraschen. Aber als Erstes müssen Sie sich gegen die Insel entscheiden.

Bescheidene Anfänge

Nur sehr wenige Menschen haben von Haus aus einen Startvorteil. Ich persönlich habe keinen Highschool-Abschluss gemacht. Ich habe viele Jahre in einfachen Berufen gearbeitet, verfügte über wenig Bildung und über begrenzte Fähigkeiten und sah einer nicht so rosigen Zukunft entgegen. Und dann begann ich, mir die folgende Frage zu stellen: »Warum sind einige Menschen erfolgreicher als andere?« Diese Frage hat mein Leben verändert.

Über die Jahre hinweg habe ich Tausende von Büchern und Artikeln zu den Themen Erfolg und Leistung gelesen. Es scheint so zu sein, dass die Gründe für diese Errungenschaften seit mehr als 2000 Jahren auf jede erdenkliche Art erörtert und beschrieben worden sind.

Ein Merkmal, bei dem sich die meisten philosophischen Lehrer und Experten einig sind, ist die Bedeutung der Selbstdisziplin. Disziplin ist das, was Sie brauchen, um den Verlockungen der Ausreden widerstehen zu können.

Es ist die Selbstdisziplin, die Sie dazu befähigt, sich gegen die Insel zu entscheiden. Sie ist der Schlüssel zu einem großartigen Leben, und ohne sie ist kein dauerhafter Erfolg möglich.

Als ich anfing, selbst mehr Disziplin aufzubringen, veränderte das mein Leben, und es wird auch Ihr Leben verändern. Indem ich ständig mehr von mir selbst verlangte, konnte ich im Verkauf und im Management Erfolge vorweisen. Ich bildete mich weiter und machte in meinen Dreißigern einen Abschluss als MBA; das verlangte mir Tausende von Stunden zielgerichteten Studiums ab. Ich importierte Autos von Suzuki nach Kanada, bevor dies irgendjemand anders tat; ich baute 65 Filialen auf und verkaufte Autos im Wert von 25 Millionen Dollar. Und das alles, nachdem ich ohne spezielles Branchenwissen begonnen hatte. Was ich jedoch hatte, waren die Disziplin und die Entschlossenheit, zu lernen und das Erlernte anzuwenden.

Ohne jegliches Wissen beziehungsweise ohne jede Erfahrung wurde ich Makler, vertraute auf die Kraft der Selbstdisziplin, gestützt durch Hunderte Stunden Arbeit und Lektüre. Ich fuhr fort, indem ich Einkaufszentren, Industriegebiete, Bürogebäude und kleine Wohngebiete aufbaute.

Mit Selbstdisziplin kommen Sie an die Spitze.

Mit Selbstdisziplin habe ich erfolgreich Firmen im Bereich Training, Beratung, Vortragstätigkeit, Schreiben, Aufnahmen und Vertrieb gegründet. Meine Audio- und Videoprogramme, meine Bücher, Seminare und Trainingsprogramme habe ich in 36 Sprachen und in 54 Ländern angeboten und damit 500 Millionen Dollar verdient. Über die Jahre hinweg habe ich mehr als 1000 Firmen beraten und mehr als 5 Millionen Menschen in Live-Seminaren und Gesprächen ausgebildet. Und immer war Selbstdisziplin die Grundlage für meinen Erfolg.

Ich habe gelernt, dass man fast jedes Ziel erreichen kann, das man sich setzt, wenn man die Disziplin hat, zu tun, was getan werden muss, und nie aufzugeben.

Wer sollte dieses Buch lesen?

Dieses Buch ist für ehrgeizige, entschlossene Männer und Frauen geschrieben, die alles erreichen wollen, was ihnen im Leben möglich ist. Es ist für Menschen geschrieben, die begierig darauf sind, mehr zu tun, mehr zu haben und mehr zu sein, als sie je zuvor gewesen sind.

Vielleicht besteht die wichtigste Einsicht zum Thema Erfolg darin, dass man ein anderer Mensch werden muss, um viel zu erreichen. Nicht die materiellen Dinge, die man erreicht oder sich kauft, sind von Bedeutung. Vielmehr geht es um die *Art der Person, zu der Sie werden müssen,* wenn Sie weit mehr als der Durchschnitt erreichen wollen. Der Aufbau von Selbstdisziplin ist der goldene Weg, der Ihnen alle Möglichkeiten eröffnet.

Dieses Buch wird Ihnen Schritt für Schritt dabei helfen, zu einem bemerkenswerten Menschen zu werden, der zu bemerkenswerten Leistungen fähig ist.

Eine Zufallsbegegnung offenbarte mir das Geheimnis des Erfolgs

Vor einigen Jahren nahm ich an einer Konferenz in Washington teil. Während der Mittagspause aß ich in einem Supermarkt in der Nähe. Es war sehr voll, deshalb setzte ich mich allein an den letzten leeren Tisch, obwohl es sich um einen Tisch für vier Personen handelte.

Einige Minuten später kamen ein älterer Herr und eine junge Frau, die seine Assistentin zu sein schien. Sie hatten Tabletts mit Essen in der Hand und suchten offensichtlich nach einem freien Platz.

Da ich viel Platz hatte, stand ich sofort auf und forderte den älteren Herrn auf, dass er und seine Begleiterin sich zu mir setzen sollten. Er zögerte, aber ich bestand darauf. Schließlich setzte er sich durchaus dankbar neben mich, und wir kamen beim Essen ins Gespräch.

Es stellte sich heraus, dass er Kop Kopmeyer hieß. Zufällig wusste ich sofort, wer er war. Er war eine Legende in den Bereichen Erfolg und Leistung. Kop Kopmeyer hatte vier Bestseller geschrieben; jeder von ihnen enthielt 250 Erfolgsprinzipien, die er in mehr als 50 Jahren aus der Forschung und aus Büchern herausdestilliert hatte. Ich hatte jede Zeile seiner vier Bücher gelesen, jedes von ihnen mehr als einmal.

Nachdem wir uns eine Weile unterhalten hatten, stellte ich ihm die Frage, die ihm viele Menschen in dieser Situation stellen würden: »Welches all dieser 1000 Erfolgsprinzipien, die Sie entdeckt haben, halten Sie für das wichtigste?«

Er lächelte mir augenzwinkernd zu, als sei ihm diese Frage schon oft gestellt worden, und er erwiderte ohne Zögern: »Das wichtigste Erfolgsprinzip wurde von Elbert Hubbard formuliert, einem der produktivsten Autoren in der amerikanischen Geschichte zu Beginn des 20. Jahrhunderts. Er sagte: ›*Selbstdisziplin ist die Fähigkeit, zu tun, was man tun sollte, wenn man es tun sollte, ob man es nun mag oder nicht.*‹«

Er fuhr fort: »Es gibt 999 weitere Erfolgsprinzipien, die ich aufgrund meiner Lektüre und aufgrund meiner Erfahrung gefunden habe, doch ohne Selbstdisziplin funktioniert keines von ihnen. Mit Selbstdisziplin aber funktionieren sie alle.«

Selbstdisziplin ist die Eigenschaft, die Ihnen alles ermöglicht.

Daher ist Selbstdisziplin der Schlüssel zu persönlicher Größe. Sie ist die magische Eigenschaft, die Ihnen alle Türen öffnet und Ihnen alles ermöglicht. Mit Selbstdisziplin kann ein durchschnittlicher Mensch so weit kommen, wie es seine Begabungen und seine Intelligenz erlauben. Doch ohne Selbstdisziplin wird jemand, der von Haus aus gut unterstützt wurde, gebildet ist und dem alle Möglichkeiten offenstehen, selten mehr als das Mittelmaß erreichen.

Ihre beiden größten Feinde

Ebenso wie Selbstdisziplin der Schlüssel zum Erfolg ist, ist der Mangel an Selbstdisziplin die Hauptursache für Misserfolg, Entmutigung, geringe Leistungsfähigkeit und Unzufriedenheit mit dem Leben. Er bringt uns dazu, Ausreden zu erfinden und uns unter Wert zu verkaufen.

Die beiden größten Feinde von Erfolg, Glück und persönlicher Verwirklichung sind zum einen der Weg des geringsten Widerstands und zum anderen der Zweckmäßigkeitsfaktor.

Der Weg des geringsten Widerstands ist das, was Menschen dazu veranlasst, in nahezu jeder Situation den einfachen Weg einzuschlagen. Sie suchen bei allem nach Abkürzungen. Sie kommen in letzter Minute zur Arbeit und gehen bei der ersten Gelegenheit, die sich bietet. Sie suchen nach Methoden, um rasch reich zu werden und leicht Geld zu verdienen. Mit der Zeit entwickeln sie die Gewohnheit, immer nach einem einfacheren, schnelleren Weg zu suchen, um das zu bekommen, was sie wollen, statt das zu tun, was schwieriger, aber Voraussetzung für wahren Erfolg ist.

Der Zweckmäßigkeitsfaktor, eine Erweiterung des Gesetzes des geringsten Widerstands, ist insofern sogar noch schlimmer, als er die Menschen zu Misserfolg und schwachen Leistungen verleitet. Dieses Prinzip besagt: »Menschen suchen immer den schnellsten und einfachsten Weg, um an die Dinge zu gelangen, die sie wollen, und zwar sofort, ohne sich viele Gedanken um die langfristigen Konsequenzen ihres Verhaltens zu machen.« Mit anderen Worten: Die meisten Menschen tun, was *zweckmäßig* ist, was Spaß macht und einfach ist, statt das, was für den Erfolg *notwendig* ist.

Nehmen Sie stets den steinigen Weg.

Jeden Tag und in jeder Minute eines jeden Tages findet in Ihnen ein Kampf statt: Sollen Sie tun, was richtig, schwer und notwendig ist (wie es der Engel auf der einen Schulter sagt), oder das, was Spaß macht, einfach ist und geringen oder gar keinen Wert hat (wie es der Teufel auf Ihrer anderen Schulter sagt)? Wenn Sie wirklich das Verlangen spüren, all das zu werden, wozu Sie fähig sind, müssen Sie jede Minute an jedem Tag kämpfen und diesen Kampf mit dem Zweckmäßigkeitsfaktor gewinnen sowie den Verlockungen widerstehen, die Ihnen der Weg des geringsten Widerstands anbietet.

Gewinnen Sie die Kontrolle über sich selbst

Eine andere Definition der Selbstdisziplin ist die *Selbstbeherrschung*. Erfolg ist nur möglich, wenn Sie Ihre eigenen Emotionen, Begierden und Neigungen beherrschen können. Menschen, die nicht die Fähigkeit haben, ihre Begierden zu beherrschen, werden schwach und zügellos, aber auch in anderen Bereichen unzuverlässig.

Selbstdisziplin kann man auch als *Selbstkontrolle* definieren. Ihre

Fähigkeit, sich selbst und Ihre Handlungen zu kontrollieren, zu kontrollieren, was Sie sagen und tun, und sicherzustellen, dass Ihre Verhaltensweisen mit Ihren langfristigen Zielen und Vorgaben im Einklang stehen, ist das, was Sie als überlegene Persönlichkeit auszeichnet.

Disziplin bedeutet auch, *sich selbst etwas zu versagen*. Dazu müssen Sie sich einfache Vergnügungen auch mal abschlagen können, Versuchungen, die so viele Menschen vom rechten Weg abbringen, widerstehen und sich stattdessen selbst disziplinieren und nur jene Dinge tun, von denen Sie wissen, dass sie langfristig richtig und im Moment angemessen sind.

Selbstdisziplin erfordert *Bedürfnisaufschub*, die Fähigkeit, kurzfristig die Befriedigung eines Bedürfnisses zu verschieben, um langfristig in den Genuss größerer Belohnungen zu kommen.

Denken Sie langfristig

Der Soziologe Dr. Edward Banfield von der Harvard University führte über 50 Jahre hinweg eine Studie durch, um die Gründe für die aufwärts orientierte sozioökonomische Mobilität in den USA zu erforschen. Er kam zu der Schlussfolgerung, dass das wichtigste Merkmal von Menschen, die im Leben einen großen Erfolg erreicht haben, die »langfristige Perspektive« war. Er definierte die »Zeitperspektive« als »die Zeit, die sich eine Person nimmt, wenn sie ihre momentanen Handlungen festlegt«.

Mit anderen Worten: Die erfolgreichsten Menschen sind die, die langfristig denken. Sie haben, so gut es geht, die Zukunft im Blick, um festzulegen, was für ein Mensch sie werden wollen und welche Ziele sie erreichen wollen. Sie kehren dann zur Gegenwart zurück und legen alles fest, was sie tun oder nicht tun müssen – um die von ihnen angestrebte Zukunft zu verwirklichen.

Diese Praxis des langfristigen Denkens lässt sich auch auf Arbeit, berufliche Entwicklung, Heiraten, Beziehungen, Geld und persönliches Benehmen anwenden – mit all dem werden wir uns auf den folgenden Seiten beschäftigen. Erfolgreiche Menschen stellen sicher, dass alles, was sie kurzfristig tun, im Einklang steht mit dem, wohin sie langfristig gelangen wollen. Sie üben sich zu jeder Zeit in Selbstdisziplin.

Langfristig gesehen ist in dieser Vorstellungswelt *Opfer zu bringen* der vielleicht wichtigste Aspekt. Herausragende Menschen haben die Fähigkeit, über ihr ganzes Leben hinweg kurzfristig Opfer zu bringen, sowohl kleine als auch große, um langfristig bessere Ergebnisse und Belohnungen sicherzustellen.

Erfolgreich ist, wer Opfer bringt.

Sie finden diese Opferbereitschaft bei Menschen, die viele Stunden und sogar Jahre damit verbringen, sich vorzubereiten, zu lesen und ihre Fähigkeiten auf den neuesten Stand zu bringen. Dies tun sie, um ihren Wert zu steigern, sodass sie künftig ein besseres Leben führen können, statt den größten Teil ihrer Zeit in der Gegenwart damit zu verbringen, mit anderen zusammen zu sein und Spaß zu haben.

Longfellow schrieb einmal:

»Die Höhepunkte, die große Männer erreichten und hielten,
erreichten sie nicht durch plötzliche Flucht.
Vielmehr bewegten sie sich nachts mühsam nach oben,
während ihre Gefährten schliefen.«

Es gibt eine Fähigkeit, die der Schlüssel dazu ist, sich selbst eine wunderbare Zukunft zu schaffen: die Fähigkeit, zu denken, zu planen und kurzfristig hart zu arbeiten. Es geht darum, die Disziplin aufzubringen, um das zu tun, was richtig und notwendig ist, bevor man das tut, was Vergnügen bereitet und einfach ist.

Ihre Fähigkeit, langfristig zu denken, ist ein entwickeltes Können. In dem Maße, wie Sie darin besser werden, können Sie mit zunehmender Genauigkeit das vorhersagen, was wahrscheinlich mit Ihnen künftig als Folge Ihrer Handlungen in der Gegenwart geschehen wird. Das ist eine Eigenschaft des hervorragenden Denkers.

Ein kurzfristiger Gewinn kann langfristig eine Strafe sein

Es gibt zwei Gesetze, denen Sie unterliegen, wenn es Ihnen nicht gelingt, sich in Selbstdisziplin zu üben. Das erste wird als das »Gesetz der unbeabsichtigten Folgen« bezeichnet. Dieses Gesetz besagt, dass »die unbeabsichtigten Folgen einer Handlung, die aus einem Mangel an langfristigem Denken resultieren, weitaus schlimmer sein können als die beabsichtigten Folgen dieses Verhaltens«.

Bedenken Sie die Konsequenzen Ihrer Handlung.

Das zweite ist das »Gesetz der falschen Folgen«. Es besagt, dass »eine kurzfristige Handlung, die auf die unmittelbare Bedürfnisbefriedigung abzielt, zu falschen oder widersprüchlichen Folgen führen kann, wenn man sie mit denen vergleicht, die das Ziel waren«.

Sie könnten beispielsweise Zeit, Geld oder eine Emotion mit dem Bedürfnis und in der Absicht investieren, finanziell besser gestellt und infolgedessen glücklicher zu werden. Doch weil Sie gehandelt haben, ohne genau nachzudenken oder Ihre Hausaufgaben zu machen, haben sich die Konsequenzen Ihres Verhaltens als schlimmer herausgestellt, als wenn Sie überhaupt nichts unternommen hätten. Diese Erfahrung hat jeder schon einmal gemacht, und gewöhnlich mehr als einmal.

Der gemeinsame Nenner des Erfolgs

Auf der Suche nach dem, was er »den gemeinsamen Nenner des Erfolgs« nannte, führte Herbert Grey, ein Geschäftsmann, eine langfristig angelegte Studie durch. Nach elf Jahren kam er zu dem Schluss: »Erfolgreiche Menschen machen es sich zur *Gewohnheit*, etwas zu tun, was erfolglose Menschen nur ungern tun.«

Und um welche Dinge handelt es sich? Es stellte sich heraus, dass die Dinge, die erfolgreiche Menschen nicht gerne tun, dieselben sind, die auch erfolglose nicht gerne tun. Aber erfolgreiche Menschen machen sie dennoch. Denn sie wissen, dass dies der Preis ist, den sie zahlen müssen, wenn sie in der Zukunft größeren Erfolg haben und die damit verbundenen Belohnungen genießen wollen.

Grey fand heraus, dass sich erfolgreiche Menschen stärker mit »erfreulichen Ergebnissen« beschäftigen, während sich Versager stärker mit »erfreulichen Methoden« beschäftigen. Erfolgreiche, glückliche Menschen machen sich mehr Gedanken um die *positiven, langfristigen Konsequenzen ihres Verhaltens*, während sich erfolglose Menschen stärker um *den persönlichen Genuss und die unmittelbare Bedürfnisbefriedigung kümmern.*

Der Motivationsredner Dennis Waitley sagt, dass die Menschen an der Spitze diejenigen sind, die sich stärker mit Aktivitäten beschäftigen, mit denen man »ein Ziel erreicht«, während sich durchschnittliche Menschen mehr auf Aktivitäten einlassen, die »Spannungen abbauen«.

Erst den Hauptgang, dann den Nachtisch

Widerstehen Sie kurzfristigen Verlockungen.

Die einfachste Regel bei der Anwendung von Selbstdisziplin besteht darin, dass man »erst den Hauptgang zu sich nimmt und dann den Nachtisch«. Bei einer Mahlzeit gibt es eine logische Reihenfolge der Gerichte, und der Nachtisch kommt als Letztes. Zunächst essen Sie das Hauptgericht und leeren den Teller; erst dann widmen Sie sich dem Nachtisch.

Es gibt einen netten, aber irreführenden Autoaufkleber. Er lautet: »Das Leben ist kurz; essen Sie zuerst den Nachtisch.«

Denken Sie nur einmal daran, was geschehen würde, wenn Sie nach der Arbeit nach Hause kämen und, statt eine gesunde Mahlzeit zu sich zu nehmen, ein großes Stück Apfelkuchen mit Sahne äßen. Wie viel Appetit auf gesundes, nahrhaftes Essen hätten Sie hinterher? Wie würden Sie sich mit all dem Zucker im Magen fühlen? Würden Sie sich voller Energie und bereit fühlen, etwas Produktives zu tun? Oder würden Sie sich müde und abgeschlafft fühlen, und den Tag weitgehend als abgeschlossen betrachten?

Das Gleiche kommt dabei heraus, wenn Sie nach der Arbeit einen oder zwei Drinks zu sich nehmen, dann nach Hause gehen und fernsehen. Hier handelt es sich einfach um unterschiedliche Erscheinungsformen des »Nachtischs«, die Ihre Fähigkeit, während des restlichen Abends irgendetwas Nützliches zu tun, großenteils zum Erliegen bringen.

Vielleicht das Schlimmste von allem ist Folgendes: Was immer Sie wiederholt tun, es wird zur *Gewohnheit*. Und eine Gewohnheit, die sich einmal eingestellt hat, ist schwer zu durchbrechen. Die Gewohnheit, den einfachen Weg zu gehen, zu tun, was Spaß macht und angenehm ist bzw. erst den Nachtisch zu essen und dann den Hauptgang, wird immer stärker; und das führt unausweichlich zu persönlicher Schwäche, schlechter Leistung und Misserfolg.

Die Gewohnheit der Selbstdisziplin

Glücklicherweise können Sie sich Selbstdisziplin zur Gewohnheit machen. Das regelmäßige Sich-in-Selbstdisziplin-Üben, also das zu tun, was Sie tun sollten, wenn Sie es tun sollten, ob Sie nun Lust dazu haben oder nicht, wird dadurch immer stärker, dass Sie es praktizieren. Sie werden nicht mehr nach Ausreden suchen.

Schlechte Gewohnheiten bilden sich leicht heraus, sie machen einem jedoch das Leben schwer. Gute Gewohnheiten entwickelt man langsam, aber man kann gut mit ihnen leben. Oder wie Goethe schreibt: »Zwar ist es leicht, doch ist das Leichte schwer.« (Faust II, 1. Akt, Szene II)

Es ist ohne Zweifel schwer, sich Selbstdisziplin, Selbstbeherrschung und Selbstkontrolle zur Gewohnheit zu machen. Wenn man sie jedoch erst einmal entwickelt hat, werden sie zu etwas Selbstverständlichem und sind leicht einzuhalten. Sind die Gewohnheiten der Selbstdisziplin nämlich einmal fest in Ihrem Verhalten verankert, fangen Sie an, sich unwohl zu fühlen, wenn Sie sich nicht selbstdiszipliniert verhalten.

Selbstdisziplin kann man lernen.

Die beste Nachricht ist, dass alle Gewohnheiten *erlernbar* sind. Sie können jede Gewohnheit, die Sie erlernen müssen, lernen, um die Person zu werden, die Sie werden möchten. Sie können zu einer herausragenden Persönlichkeit werden, wenn Sie sich immer dann in Selbstdisziplin üben, wenn sie erforderlich ist.

Jegliche Übung in Selbstdisziplin *stärkt* zugleich jede andere Art von Disziplin. Leider schwächt umgekehrt auch jede Schwäche in Bezug auf Disziplin jede andere Art von Disziplin.

Um sich Selbstdisziplin zur Gewohnheit zu machen, müssen Sie zunächst einen festen Entschluss im Hinblick darauf fassen, wie Sie sich in einem bestimmten Handlungsbereich verhalten werden. Danach lassen Sie keine Ausnahmen mehr zu, bis die Gewohnheit der Selbstdisziplin in diesem Bereich fest ausgebildet ist. Jedes Mal, wenn Sie nachlässig werden (und das wird geschehen), beschließen Sie noch einmal, sich weiterhin in Selbstdisziplin zu üben, und zwar so lange, bis es für Sie leichter wird, sich diszipliniert zu verhalten als undiszipliniert.

Selbstdisziplin zahlt sich aus

Es zahlt sich tatsächlich aus, ein hohes Maß an Selbstdisziplin zu entwickeln! Zwischen Selbstdisziplin und *Selbstwertgefühl* gibt es einen direkten Zusammenhang:

- Je mehr Sie sich in Selbstbeherrschung und Selbstkontrolle üben, desto mehr werden Sie sich selbst mögen und schätzen;
- je mehr Sie sich in Selbstdisziplin üben, desto stärker empfinden Sie Selbstachtung und persönlichen Stolz;
- je mehr Selbstdisziplin Sie praktizieren, desto besser wird Ihr Selbstbild. Sie sehen sich selbst positiver und denken positiver über sich selbst. Sie fühlen sich als Person glücklicher und machtvoller.

Die Gewohnheit der Selbstdisziplin zu entwickeln und aufrechtzuerhalten, ist eine lebenslange Aufgabe, ein ständiger Kampf. Er endet nie. Die Versuchung, dem Weg des geringsten Widerstands zu folgen und sich nach dem Zweckmäßigkeitsfaktor zu richten, lauert ständig in Ihrem Hinterkopf und wartet nur auf die Gelegenheit, zuschlagen zu können, Sie in die Irre zu führen, indem Sie tun, was Spaß macht, einfach und unwichtig ist, statt das, was schwierig, notwendig und für das Leben förderlich ist.

Sie müssen immer weiter an sich arbeiten.

Napoleon Hill schloss seinen Bestseller mit dem Motto »Denke nach und werde reich« ab und gab seinem Buch auch diesen Titel. Selbstdisziplin ist der Schlüssel zu Selbstwertgefühl, Selbstachtung und persönlichem Stolz. Die Entwicklung von Selbstdisziplin ist für Sie die Garantie dafür, dass Sie am Ende alle Hindernisse überwinden und ein wunderbares Leben aufbauen werden.

Die Fähigkeit, sich in Selbstdisziplin zu üben, ist der wahre Grund dafür, warum einige Menschen erfolgreicher und glücklicher sind als andere.

Lesehilfe

Auf den folgenden Seiten werde ich die 21 Bereiche des Lebens beschreiben, für welche die Praxis der Selbstdisziplin von grundlegender Bedeutung ist, damit Sie Ihr volles Potenzial ausschöpfen und alles erreichen, was Ihnen möglich ist.

Dieses Buch gliedert sich der besseren Lesbarkeit halber in drei Teile. Teil I trägt den Titel »Selbstdisziplin und persönlicher Erfolg«. In sieben Kapiteln werden Sie lernen, wie Sie immer mehr von Ihrem *persönlichen Potenzial* freisetzen können, indem Sie sich auf jedem einzelnen Gebiet Ihres persönlichen Lebens in Selbstdisziplin üben; und dazu gehört auch, dass Sie sich Ziele setzen, den Charakter herausbilden, Verantwortung übernehmen, Mut entwickeln und alles, was Sie tun, durch Beharrlichkeit und Entschlossenheit untermauern.

In den sieben Kapiteln des zweiten Teils werden Sie lernen, wie Sie in den Bereichen *Geschäftsleben, Verkauf und persönliche Finanzplanung* deutlich mehr erreichen als zuvor. Sie lernen, warum und auf welche Weise Selbstdisziplin grundlegend dafür ist, in Ihrem Bereich eine Führungskraft zu werden, Ihre Firma profitabler zu leiten, mehr Umsatz zu machen, intelligenter zu investieren und Ihre Zeit mit maximalen Ergebnissen auszufüllen.

In den sieben Kapiteln des dritten Teils schließlich werden Sie lernen, wie Sie das Wunder der Selbstdisziplin auf Ihr *persönliches Leben* anwenden können. Sie werden lernen, in den Bereichen Glück, Gesundheit, Fitness, Ehe, Kinder, Freundschaft sowie zum Erreichen

Ihres inneren Friedens Selbstdisziplin zu praktizieren. Sie werden lernen, wie Sie Ihre Lebensqualität und Ihre Beziehungen in jedem Bereich verbessern können.

In jedem einzelnen Kapitel werde ich Ihnen zeigen, wie Sie in alles, was Sie tun, ein höheres Maß an Selbstdisziplin und Selbstbeherrschung einfließen lassen können.

Auf den folgenden Seiten werden Sie erfahren, wie Sie die vollständige Kontrolle über Ihre eigene persönliche und berufliche Entwicklung erlangen und wie Sie in jedem Lebensbereich, der für Sie wichtig ist, zu einem stärkeren, glücklicheren und selbstbewussten Menschen werden. Sie werden lernen, alte Gewohnheiten, die Sie zurückwerfen, zu überwinden und Selbstvertrauen, Entschlossenheit und Selbstdisziplin als Gewohnheiten zu entwickeln, die Sie dazu befähigen, sich jedes Ziel zu setzen und es auch zu erreichen. Sie werden in Erfahrung bringen, wie Sie die vollständige Kontrolle über Ihren Geist, Ihre Emotionen und Ihre Zukunft übernehmen.

Wenn Sie die Kraft der Selbstdisziplin beherrschen, sind Sie *nicht mehr zu stoppen* – wie eine Naturgewalt. Sie werden nicht mehr nach Ausreden dafür suchen, dass Sie keine Fortschritte machen. Sie werden in den nächsten Monaten und Jahren mehr erreichen als die meisten Menschen in ihrem gesamten Leben.

TEIL I

Selbstdisziplin und persönlicher Erfolg

Ihr Erfolg im Leben hängt stärker von der Person ab, zu der Sie werden, als von dem, was Sie tun oder was Sie an materiellen Gütern erwerben. Aristoteles schrieb: »Das oberste Ziel des Lebens ist die Entwicklung des Charakters.« In den folgenden Kapiteln werden Sie erfahren, wie Sie Disziplin entwickeln und diese dazu nutzen können, zu einer herausragenden Persönlichkeit zu werden. Sie werden lernen, wie Sie mehr Selbstwertgefühl, Selbstachtung und Stolz auf sich selbst entwickeln. Sie werden sich die Arten von Disziplin aneignen, die für persönliche Größe wesentlich sind. Und Sie werden lernen, wie Sie sie zum Bestandteil Ihres Charakters und Ihrer Persönlichkeit machen können.

KAPITEL 1
Selbstdisziplin und Erfolg

»Der wichtigste und beste Sieg ist der über sich selbst.«

PLATO

Warum erreichen einige Menschen in ihrem persönlichen und beruflichen Leben so viel mehr als andere? Im Laufe der Menschheitsgeschichte haben sich einige der besten Köpfe mit dieser Frage beschäftigt. Vor mehr als 2300 Jahren schrieb Aristoteles, dass es das oberste Ziel im Leben eines Menschen ist, glücklich zu sein. Er sagte, dass die große Frage, die sich jeder von uns stellen muss, lautet: *»Wie sollen wir leben, um glücklich zu sein?«*

Ihre Fähigkeit, diese Frage zu stellen und sie für sich selbst richtig zu beantworten – und dem Weg zu folgen, den Ihnen Ihre Antwort weist –, wird in starkem Maße darüber bestimmen, ob und wie bald Sie Ihr Glück erreichen.

Beginnen Sie mit Ihrer eigenen persönlichen Definition: Wie definieren *Sie* Erfolg? Nehmen wir einmal an, Sie könnten zaubern und Ihr Leben in jeder Hinsicht vervollkommnen. Wie würde es aussehen?

Beschreiben Sie Ihre Vorstellung vom idealen Leben

Wenn Ihr *Geschäftsleben*, Ihre *Arbeit* und Ihre *Karriere* in jeder Hinsicht ideal wären, wie sähe das dann aus? Was würden Sie machen? Für welche Art von Unternehmen würden Sie arbeiten? Welche Position würden Sie dort haben? Wie viel Geld würden Sie verdienen? Mit welchen Menschen würden Sie zusammenarbeiten? Und vor allem: Wovon würden Sie mehr und wovon würden Sie weniger tun müssen, um eine perfekte Karriere aufzubauen?

Wenn Ihr *Familienleben* in jeder Hinsicht vollkommen wäre, wie würde es aussehen? Wo würden Sie leben und wie? Welchen Lebensstil hätten Sie? Welche Art von Dingen würden Sie haben wollen? Und was würden Sie zusammen mit Ihrer Familie unternehmen wollen? Wenn es keine Grenzen für Sie gäbe und Sie zaubern könnten, in welcher Hinsicht würden Sie dann heute Ihr Familienleben ändern?

Wie würden Sie gerne leben?

Wenn Sie vollkommen *gesund* wären, wie würden Sie das beschreiben? Wie würden Sie sich fühlen? Wie viel würden Sie wiegen? Inwieweit wäre Ihr Gesundheits- und Fitnesszustand anders als heute? Und vor allem: Welche Schritte könnten Sie unternehmen, um sofort Ihr ideales Gesundheits- und Energieniveau zu erreichen?

Wenn Ihre *finanzielle Situation* ideal wäre, wie viel Geld würden Sie dann auf dem Bankkonto haben? Wie viel würden Sie aufgrund Ihrer Investitionen pro Monat und im Jahr verdienen? Wenn Sie genügend Geld hätten, um ein sorgenloses Leben zu führen, wie viel wäre das dann? Welche Schritte könnten Sie heute unternehmen, um für sich persönlich eine ideale finanzielle Situation zu schaffen?

Machen Sie Ihr eigenes Ding

Eine beliebte Definition für Erfolg heißt, »imstande zu sein, auf seine eigene Weise sein eigenes Leben zu führen, nur diejenigen Dinge zu tun, die man tun möchte, zusammen mit Menschen, die man sich selbst aussucht, in den Situationen, die man sich wünscht.«

Wenn Sie damit beginnen, zu definieren, was »Erfolg« für Sie bedeutet, können Sie sofort erkennen, wovon Sie mehr oder weniger tun sollten. So könnten Sie gleich damit anfangen, sich Ihr ideales Leben zu gestalten. Und der größte Hemmschuh, der Sie davon abhält, sich in Richtung auf Ihre Träume zuzubewegen, sind gewöhnlich Ihre Lieblingsausreden und ein Mangel an Selbstdisziplin.

Es ist nicht so, dass Sie nicht wüssten, *was* Sie tun sollen. Entscheidend ist vielmehr, dass Sie nicht die *Disziplin* haben, sich selbst dazu zu bringen, zu tun, was Sie tun sollten, ob Sie es nun mögen oder nicht.

Schließen Sie sich den oberen 20 Prozent an

In unserer Gesellschaft verdienen die oberen 20 Prozent der Menschen 80 Prozent des Geldes und kommen so in den Genuss von 80 Prozent des Reichtums und der Belohnungen. Dieses *Pareto-Prinzip* ließ sich immer wieder belegen, seitdem Vilfredo Pareto es 1895 zum ersten Mal formulierte. Das höchste Ziel Ihrer Karriere sollte darin bestehen, in dem von Ihnen gewählten Bereich zu den oberen 20 Prozent zu gehören.

Im 21. Jahrhundert gibt es eine Prämie für Fachwissen und -können. Je mehr Wissen Sie sich aneignen und je größer Ihr Können ist, das Sie einsetzen, desto kompetenter und wertvoller werden Sie. In dem Maße, wie Sie in dem, was Sie tun, besser werden, nimmt Ihre Fähigkeit zu, Geld zu verdienen – das ist wie beim Zinseszins.

Bleiben Sie stets up to date.

Leider unternimmt ein Großteil der Menschen – die unteren 80 Prozent – nur wenige oder gar keine Anstrengungen, seine Fähigkeiten auf den neuesten Stand zu bringen. Wenn man Geoff Colvins 2010 erschienenem Buch *Talent wird überschätzt: Welche Erfolgsfaktoren wirklich zählen* folgt, erlernen die meisten Menschen ihren Beruf im ersten Jahr ihrer Anstellung und werden dann nicht mehr besser. Es sind nur die Spitzenkräfte eines jeden Bereichs, die sich dazu verpflichtet fühlen, sich ständig zu verbessern.

Weil sich die produktiven Fähigkeiten, die auf Wissen, Fertigkeit und harter Arbeit beruhen, immer stärker voneinander unterscheiden, kontrolliert das obere 1 Prozent der Menschen in den USA heute mehr als 33 Prozent der finanziellen Vermögenswerte.

Mit nichts beginnen

Interessanterweise kommt fast jeder mit der gleichen Ausstattung zur Welt – mit wenig oder gar nichts. Fast alle Vermögen in den USA (und weltweit) stammen aus der *ersten* Generation. Das heißt, dass die meisten Menschen mit wenig oder gar nichts anfangen und dass sie alles, was sie besitzen, in ihrem momentanen Lebensabschnitt verdient haben.

Die reichsten Menschen in den USA sind fast ohne Ausnahme Multimilliardäre der ersten Generation. Das trifft auf reiche Amerikaner zu wie Bill Gates, Warren Buffett, Larry Ellison, Michael Dell und Paul Allen. Ganze 80 Prozent der Millionäre und Multimillionäre haben mit wenig Geld angefangen, oft sogar ganz ohne Geld. Manchmal waren sie tief verschuldet und verfügten nur über wenig, wie etwa Sam Walton, der mit einem Besitz von mehr als 100 Milliarden Dollar verstarb. Warum waren diese Menschen in der Lage, so viel zu erreichen, wo doch so viele so wenig erreicht haben?

Für ihr Buch *The Millionaire Next Door* führten Thomas Stanley und William Danko Interviews mit mehr als 500 Millionären und befragten über einen Zeitraum von 25 Jahren mehr als 11 000 weitere schriftlich. Sie wollten wissen, warum diese ihrer Meinung nach imstande waren, finanzielle Unabhängigkeit zu erreichen, wo sich doch die meisten der Menschen um sie herum mit denselben Startbedingungen immer noch abmühten, irgendetwas zu erreichen. Ganze 85 Prozent dieser neuen Generation von Millionären gaben folgende Antwort: »Ich hatte keine bessere Ausbildung und nicht mehr Intelligenz, sondern ich war bereit, *härter* zu arbeiten als alle anderen.«

Harte Arbeit ist der Schlüssel

Die unabdingbare Voraussetzung für harte Arbeit ist Selbstdisziplin. Erfolg ist nur möglich, wenn man seine natürliche Neigung überwindet, den einfachen Weg zu gehen und das schnelle Geld zu machen. Dauerhafter Erfolg ist nur möglich, wenn man die Disziplin aufbringen kann, sehr lange hart zu arbeiten.

Wie ich in der Einleitung erwähnte, begann ich mein Leben ohne Geld oder vorteilhafte Beziehungen. Jahrelang war ich als Arbeiter in Jobs beschäftigt, durch die ich gerade genug verdiente, um von einer Überweisung zur nächsten zu kommen. Als ich keinen Job als Arbeiter mehr finden konnte, bekam ich per Zufall eine Anstellung im Verkauf. Viele Monate verschwendete ich dort meine Zeit, bevor ich begann, mir die folgende Frage zu stellen: »Woran liegt es, dass einige Menschen erfolgreicher verkaufen als andere?«

Arbeiten Sie – und arbeiten Sie.

Eines Tages erzählte mir ein Topverkäufer, dass die oberen 20 Prozent der Verkäufer 80 Prozent des Geldes verdienen. Das hatte ich noch nie gehört. Es bedeutete, dass sich die unteren 80 Prozent der Verkäufer mit den verbleibenden 20 Prozent zufrieden geben mussten. Sie waren also gezwungen, sich mit dem zu bescheiden, was übrig geblieben war, nachdem sich die Spitzenleute den Löwenanteil genommen hatten. Auf der Stelle beschloss ich, dass ich zu den oberen 20 Prozent gehören wollte. Diese Entscheidung veränderte mein Leben.

Das großartige Gesetz

Dann erfuhr ich von dem »ehernen Gesetz des Universums«, das es uns ermöglicht, zu den oberen 20 Prozent zu gehören. Es handelt sich um das Gesetz von Ursache und Wirkung beziehungsweise vom Säen und Ernten. Dieses Gesetz besagt, dass es »für jede Wirkung eine spezifische Ursache oder Folge von Ursachen gibt«.

Diesem Gesetz zufolge muss man, wenn man in irgendeinem Bereich Erfolg haben möchte, herausfinden, wie man dort Erfolge erzielt, und dann diese Fähigkeiten und Aktivitäten wiederholt einsetzen, bis man zu den gleichen Ergebnissen kommt wie die Erfolgreichen. Und so lautet die Regel: »Wenn Sie das *tun*, was andere erfolgreiche Menschen tun, und zwar immer wieder, kann Sie nichts daran hindern, am Ende in den Genuss der gleichen Belohnungen zu kommen wie sie. Wenn Sie *nicht* das tun, was erfolgreiche Menschen tun, ist Ihnen nicht zu helfen.«

Das Gesetz vom Säen und Ernten aus dem Galater-Brief im Neuen Testament ist eine Variation des Gesetzes von Ursache und Wirkung. Es lautet: »... was der Mensch sät, das wird er ernten.« Dieses Gesetz besagt: Was immer Sie einsetzen, Sie werden es auch herausbekommen. Es besagt auch, dass das, was Sie heute ernten, das Ergebnis dessen ist, was Sie in der Vergangenheit gesät haben. Nehmen wir einmal an, dass Sie mit Ihrer momentanen »Ernte« nicht glücklich sind. Dann liegt es bei Ihnen, heute damit anzufangen, *neues* Getreide zu pflanzen, damit Sie mehr von den Aktivitäten in Gang setzen können, die zum Erfolg führen – und damit Sie aufhören, sich mit denjenigen Aktivitäten zu beschäftigen, die nirgendwohin führen.

Erfolg ist vorhersagbar

Erfolg ist kein Zufall. Traurigerweise ist auch Misserfolg kein Zufall. Sie haben Erfolg, wenn Sie das tun, was andere erfolgreiche Menschen tun, und zwar immer wieder, bis Ihnen diese Verhaltensweisen zur Gewohnheit werden. Aber genauso haben Sie Misserfolg, wenn Sie nicht tun, was erfolgreiche Menschen tun. Auf jeden Fall ist die Natur *neutral*. Die Natur ergreift nicht Partei. Die Natur sorgt sich nicht. Was mit Ihnen geschieht, unterliegt einfach einem Gesetz – dem Gesetz von Ursache und Wirkung.

Stellen Sie die Weichen für Ihren Erfolg.

Sie können sich selbst als Maschine mit einem *voreingestellten* Mechanismus begreifen. Bei Ihnen ist der Mechanismus voreingestellt, dass Sie sich nahezu unwiderstehlich vom Zweckmäßigkeitsfaktor und vom Weg des geringsten Widerstands angezogen fühlen, die ich beide in der Einleitung beschrieben habe. Wenn keine Selbstdisziplin vorhanden ist, setzt der voreingestellte Mechanismus automatisch ein. Das ist die Hauptursache für schlechte Leistungen und für das Scheitern dabei, sein wahres Potenzial zu erkennen.

Wenn Sie nicht *entschlossen*, *bewusst* und *kontinuierlich* daran arbeiten, etwas zu tun, zu sein und zu haben, das für Sie Erfolg ausmacht, läuft bei Ihnen ein voreingestellter Mechanismus ab. Das endet schließlich damit, dass Sie kurzfristig diese vergnüglichen, einfachen und geringwertigen Dinge machen, die langfristig zu Enttäuschung, finanziellen Sorgen und Misserfolg führen.

Das Geheimnis des Erfolgs

Der Ölmagnat H. L. Hunt, der seinerzeit mit seinen Milliarden von Dollar der reichste Selfmademan der Welt war, wurde einmal von einem Fernsehjournalisten nach dem »Geheimnis seines Erfolgs« gefragt. Er erwiderte: »Für Erfolg gibt es nur drei Voraussetzungen. Erstens müssen Sie beschließen, was genau Sie im Leben wollen. Zweitens müssen Sie bestimmen, welchen Preis Sie zahlen werden, wenn Sie das bekommen, was Sie haben möchten. Und drittens – das ist das Wichtigste – müssen Sie sich dazu überwinden, diesen Preis zu zahlen.«

Wenn Sie erst einmal entschieden haben, was genau Sie wollen, ist eine Eigenschaft die wichtigste Voraussetzung für Erfolg: die *Bereitschaft*. Erfolgreiche Menschen sind bereit, den Preis zu zahlen, worin immer er bestehen und wie lange es auch dauern mag, bis sie die Ergebnisse erreichen, die sie sich wünschen.

Jeder möchte erfolgreich sein. Jeder möchte gesund, glücklich, schlank und reich sein. Aber die meisten Menschen sind nicht bereit, den Preis dafür zu zahlen. Gelegentlich sind sie vielleicht bereit, einen *Teil* des Preises zu zahlen, aber sie sind nicht bereit, den *gesamten* Preis zu zahlen. Sie verhalten sich stets zögerlich. Sie haben immer irgendwelche Ausreden oder Rechtfertigungen dafür, dass sie nicht die Disziplin aufbringen, alles zu tun, was sie tun müssten, um ihr Ziel zu erreichen.

Zahlen Sie den Preis

Woran können Sie erkennen, dass Sie den vollen Preis für den Erfolg gezahlt haben? Das ist ganz einfach: Sehen Sie sich genau um. Da ist er, der Erfolg! Sie können zu jedem Zeitpunkt erkennen, wie viel Sie für den Erfolg gezahlt haben, indem Sie sich Ihren momentanen Lebensstandard und Ihr Bankkonto ansehen. Nach dem Gesetz der

Entsprechung spiegelt Ihre äußere Umgebung immer die Person wider, die Sie sind, und den Preis, den Sie *innerlich* gezahlt haben.

Einsatz zahlt sich aus.

Es gibt einen interessanten Aspekt in Bezug auf den Preis des Erfolgs: Er muss immer voll und ganz gezahlt werden – und zwar im *Voraus*. Wie immer Sie Erfolg definieren, es ist nicht wie in einem Restaurant, in dem Sie bezahlen, *nachdem* Sie Ihre Mahlzeit verzehrt haben. Es ist vielmehr so wie in einer Cafeteria, in der Sie auswählen können, was Sie wollen; aber Sie müssen zahlen, bevor Sie es essen.

Der Motivationstrainer Zig Ziglar sagt: »Der Fahrstuhl zum Erfolg ist außer Betrieb, aber das Treppenhaus ist immer geöffnet.«

Wie Sie von den Experten lernen

Kop Kopmeyer, den ich in der Einleitung erwähnt habe, erzählte mir auch, welches das zweitwichtigste Erfolgsprinzip nach der Selbstdisziplin ist: Man muss »von den Experten lernen. Man wird nie lange genug am Leben sein, um das alles ganz für sich allein zu lernen.«

Wenn Sie erfolgreich sein wollen, besteht Ihre erste Aufgabe darin, zu lernen, was Sie lernen müssen, um den Erfolg zu erreichen, den Sie sich wünschen. Lernen Sie von den Experten. Lesen Sie ihre Bücher. Hören Sie sich ihre Audioprogramme an. Nehmen Sie an ihren Seminaren teil. Schreiben Sie ihnen, oder sprechen Sie sie direkt an, und bitten Sie sie um Rat. Manchmal ist eine einzige Idee alles, was Sie brauchen, um die Richtung in Ihrem Leben zu ändern. Lassen Sie mich Ihnen ein Beispiel dafür nennen:

Vor einigen Jahren wurde mir von einem Freund ein hervorragender Zahnarzt empfohlen. Später erfuhr ich, dass er einen überaus guten Ruf hatte. Man nannte ihn den »Zahnarzt der Zahnärzte«. Er war der Zahnarzt, zu dem die anderen Zahnärzte gingen, wenn sie jemanden brauchten, der eine ausgezeichnete Arbeit machte. Er erzählte mir, dass er an jeder wichtigen Zahnärztekonferenz teilgenommen hatte, auf die er gehen konnte. Wenn er dort war, nahm er an jeder Sitzung teil, hörte sich an, was die Zahnärzte aus dem ganzen Land und aus der ganzen Welt zu sagen hatten. Und er sprach mit ihnen über die neuesten Entwicklungen der Dentaltechnologie.

Mit großem zeitlichen und finanziellen Aufwand nahm er eine Woche lang an einem internationalen Zahnärztekongress in Hongkong teil. Auf dieser Konferenz saß er in einer von einem japanischen Zahnarzt organisierten Sitzung. Dieser hatte eine neue Technologie in der kosmetischen Chirurgie entdeckt, die das Erscheinungsbild der Zähne verbesserte und es Menschen ermöglichte, auf unbestimmte Zeit ansehnlich oder schön auszusehen.

Er kehrte nach San Diego zurück und fing sofort an, die neue Technik in seiner Praxis zu nutzen. Schon bald wurde er zum führenden Zahnarzt und hatte landesweit einen guten Ruf. Nach ein paar Jahren kamen Menschen aus dem ganzen Südwesten der Vereinigten Staaten zu ihm in Behandlung. Da er dieses Expertenwissen weiterentwickelt hatte, konnte er immer wieder sein Honorar anheben. Am Ende verdiente er so viel Geld, dass er sich im Alter von 55 Jahren zur Ruhe setzen konnte, finanziell unabhängig und in der Lage war, den Rest seines Lebens zusammen mit seiner Familie zu verbringen, zu reisen und sich seine Träume zu erfüllen.

Der entscheidende Punkt in dieser Geschichte ist, dass der Zahnarzt durch kontinuierliches Suchen nach Ideen und Ratschlägen von anderen Experten in seinem Gebiet auf eine neue Technologie stieß, die ihm dabei half, zum führenden Zahnarzt zu werden. Dies ersparte ihm zehn Jahre harter Arbeit, um einen solchen finanziellen Erfolg zu erreichen. So könnte es auch bei Ihnen sein, aber nur, wenn Sie sich das ganze Leben über immer wieder in Ihrem Fach weiterbilden.

Geistige und körperliche Fitness müssen *dauerhaft* sein

Erfolg zu haben ist wie körperlich fit zu werden. Es ist so wie beim Baden, beim Zähneputzen und beim Essen: Sie müssen es kontinuierlich machen, jeden Tag. Haben Sie erst einmal damit begonnen, hören Sie nie wieder damit auf. Das geht so weiter, bis Sie

Arbeiten Sie an Ihrem Erfolg – jeden Tag!

am Ende Ihres Lebens und Ihrer Karriere angelangt sind und Sie alle Erfolge erreicht haben, die Sie sich gewünscht haben.

Vor nicht allzu langer Zeit gab ich ein Seminar in Seattle. Unmittelbar vor der Pause forderte ich die Anwesenden dazu auf, meine Audioprogramme über Vertrieb, Zeitmanagement und persönlichen Erfolg zu kaufen und sie sich anzuhören. In der Pause kamen mehrere Menschen zu mir, um mir Fragen zum Inhalt des Seminars zu stellen. Ein Verkäufer drängte sich vor und sagte: »Wenn Sie die Menschen auffordern, Ihre Programme zu kaufen, sollten Sie ihnen die ganze Wahrheit sagen.«

Ich fragte: »Wie meinen Sie das?«

Er fuhr fort und sagte: »Sie sagen nicht die ganze Wahrheit über Ihre Programme. Sie sollten den Menschen sagen, dass sie nur für eine bestimmte Zeit wirken und dann nicht mehr.«

Wieder fragte ich: »Wie meinen Sie das?«

Er sagte: »Nun, ich bin vor etwa fünf Jahren in Ihr Seminar gegangen und war von Ihrer Präsentation völlig überzeugt. Ich kaufte all Ihre Programme und begann, sie mir anzuhören. Jeden Tag im Vertrieb las ich. Und Sie hatten recht – für die nächsten drei Jahre; ich verdreifachte mein Einkommen und wurde zum besten Verkäufer in meiner Firma. Doch dann flachte mein Einkommensanstieg ab und nahm über die letzten beiden Jahre überhaupt nicht mehr zu. Tatsache ist, dass Ihre Materialien ab einem bestimmten Punkt nicht mehr funktionieren.«

Ich fragte ihn: »Was geschah mit Ihnen vor zwei Jahren, als Ihr Einkommensanstieg abflachte und das Einkommen nicht mehr weiter anstieg?«

Er suchte in seinem Gedächtnis, dachte eine Weile nach und sagte dann: »Ich verkaufte so viel, dass mich ein anderes Unternehmen abwarb. Seit ich meine neue Stelle angetreten habe, ist mein Einkommen gleich geblieben.«

Ich fragte ihn: »Was haben Sie in Ihrer neuen Stelle verglichen mit Ihrer vorherigen anders gemacht?«

Er begann zu antworten. Dann stockte er. Er wirkte schockiert. Schließlich erwiderte er: »Ach, du meine Güte! Ich habe damit aufgehört. Als ich meine Stelle wechselte, hörte ich auf, im Vertrieb zu lesen.

Ich hörte auf, mir die Audioprogramme anzuhören. Ich hörte auf, an Seminaren teilzunehmen. Ich hörte einfach mit all dem auf!«

Er ging kopfschüttelnd davon und murmelte etwas in sich hinein: »Ich hörte einfach damit auf. Ich hörte einfach damit auf. Ich hörte einfach damit auf.«

Ein Experte auf Ihrem Gebiet zu werden, kontinuierlich Ihre Fähigkeiten auf den neuesten Stand zu bringen – das erwähne ich in Kapitel 5 –, ist so etwas wie körperliche Fitness: Wenn Sie eine Zeit lang aufhören zu üben, bleibt Ihre Fitness nicht auf dem gleichen Niveau. Sie werden allmählich schlechter. Ihr Körper und Ihre Muskeln werden weicher und schwächer. Sie verlieren Ihre Spannkraft, Beweglichkeit und Ausdauer. Um das alles zu erhalten, müssen Sie jeden Tag, jede Woche und jeden Monat daran arbeiten.

Werden Sie zu all dem, was Sie sein können

Es gibt einen noch wichtigeren Grund für Sie, sich in Selbstdisziplin zu üben. Er führt steil nach oben zu den großen Erfolgen, die für Sie im Bereich der Möglichkeiten sind. Wenn Sie Selbstdisziplin aufbringen, befähigt Sie das dazu, Ihren *Charakter* zu ändern, eine stärkere und bessere Persönlichkeit zu werden. Die Übung in Selbstdisziplin hat eine große Wirkung auf Ihr Denken und Ihre Emotionen. Sie macht einen anderen Menschen aus Ihnen im Vergleich zu dem, der Sie ohne Selbstdisziplin gewesen wären.

Stellen Sie sich vor, dass Sie sich in einem Chemielabor befinden. Sie mischen eine Reihe von Chemikalien in einem Reagenzglas und halten es über einen Bunsenbrenner. Der Bunsenbrenner erhitzt die Chemikalien bis zu dem Punkt, von dem an sie kristallisieren und hart werden. Doch wenn Sie diese Chemikalien erst einmal aufgrund starker Hitze kristallisiert haben, können sie nicht wieder in flüssige Form umgewandelt werden.

Wie in diesem Beispiel ähnelt Ihre Persönlichkeit anfangs einer Flüssigkeit: Sie ist leicht, fließend und formlos. Doch je mehr Sie die Hitze der Selbstdisziplin auf sie einwirken lassen und sich anstrengen, das zu tun, was schwierig und notwendig ist, und nicht das, was

Spaß macht und einfach ist, kristallisiert auch Ihre Persönlichkeit. Sie entwickelt sich hin zu einem höheren Niveau und verhärtet sich.

Entwickeln Sie Ihre Persönlichkeit.

Der größte Vorteil, in dessen Genuss Sie dadurch kommen, dass Sie sich bei der Verfolgung Ihrer Ziele in Selbstdisziplin üben, besteht darin, dass Sie zu einer anderen Persönlichkeit werden. Sie werden stärker und entschlossener. Sie entwickeln mehr Selbstkontrolle und Entschlusskraft. Ja, Sie bilden Ihre Persönlichkeit aus und festigen sie und werden zu einem besseren Menschen.

Halten Sie sich an die folgende Regel: »Um zu jemandem zu werden, der man vorher nicht gewesen ist, muss man etwas tun, was man nie zuvor getan hat.« Das heißt: Um einen überragenden Charakter zu entwickeln, muss man immer höhere Niveaus der Selbstdisziplin und Selbstbeherrschung erreichen. Man muss Dinge tun, die durchschnittliche Menschen nicht gerne tun.

Ein weiteres Erfolgsprinzip lautet: »Um etwas zu erreichen, was man nie zuvor erreicht hat, muss man Eigenschaften und Fertigkeiten erlernen und einüben, über die man zuvor nicht verfügte.«

Dadurch, dass man sich in Selbstdisziplin übt, wird man zu einem neuen Menschen. Man wird besser und stärker und bekommt klarere Konturen. Man entwickelt ein höheres Maß an Selbstwertgefühl, Selbstachtung und Stolz auf sich selbst. Man bewegt sich auf der Stufenleiter der menschlichen Entwicklung weiter nach oben und wird zu einem Menschen mit einem besseren Charakter und einer stärker ausgeprägten Entschlossenheit.

Erfolg ist eine Selbstbelohnung

Das Wunderbare am Erfolg ist, dass jeder Schritt in diese Richtung für sich genommen eine Belohnung ist. Jeder Schritt, den man unternimmt, um ein besserer Mensch zu werden und mehr zu erreichen als je zuvor, führt dazu, dass man sich glücklicher, selbstbewusster und erfüllter fühlt.

Sie kennen vielleicht das Sprichwort: »Nichts ist so erfolgreich wie der Erfolg.« Das bedeutet: Die größte Belohnung des Erfolgs ist *nicht das Geld, das Sie verdienen*. Vielmehr ist es die *herausragende Persönlichkeit, zu der Sie werden,* wenn Sie nach Erfolg streben und sich immer, wenn es gefordert ist, in Selbstdisziplin üben.

Im nächsten Kapitel werde ich erklären, wie Sie tatsächlich zu der wahrhaft herausragenden Persönlichkeit werden, zu der Sie werden können.

Übungen

KEINE AUSREDEN!

Holen Sie sich nun einen Stift und notieren Sie Ihre Antworten auf die folgenden Fragen:

1. Wenn Ihr Arbeitsleben und Ihre Karriere ideal verlaufen würden, wie würden sie aussehen? Welche konkrete Form von Disziplin könnten Sie entwickeln, die hilfreich dabei wäre, das zu erreichen?

____

____

2. Wenn Ihr Familienleben ideal wäre, wie sähe es dann aus, und welche Form von Disziplin würde Ihnen am meisten dabei helfen, es zu verwirklichen?

____

____

3. Wenn Sie in jeder Hinsicht vollkommen gesund wären, über welche Form von Disziplin verfügten Sie, die dies ermöglichte?

____

____

4. Wenn Ihre finanzielle Situation heute optimal wäre, welche Form von Disziplin hätten Sie, die Ihnen am ehesten dazu verhelfen würde?

___

___

5. Warum sind Sie nicht *schon jetzt* so erfolgreich, wie Sie es gerne wären, und welche Form von Disziplin würde Ihnen am meisten dabei helfen, alle Ihre Ziele zu erreichen?

___

___

6. Welche einzelne Fertigkeit könnten Sie entwickeln, die Sie darin unterstützen würde, mehr von Ihren Zielen in die Realität umzusetzen?

___

___

7. Wenn Sie zaubern könnten und in einem Bereich völlig diszipliniert wären, welche Form von Disziplin hätte dann die stärkste positive Wirkung auf Ihr Leben?

___

___

KAPITEL 2

Selbstdisziplin und Charakter

> *»Übernehmen Sie selbst die Verantwortung für höhere Anforderungen, als dies alle anderen von Ihnen erwarten. Erlauben Sie sich keine Ausreden. Bemitleiden Sie sich nicht. Seien Sie streng mit sich selbst und nachsichtig mit allen anderen.«*
>
> HENRY WARD BEECHER, PREDIGER (1813–1887)

Den Charakter zu entwickeln, das ist *die* große Lebensaufgabe. Einen Ruf als Mensch mit Charakter und Ehre zu entwickeln, ist das Höchste, was Sie sowohl im gesellschaftlichen als auch im wirtschaftlichen Leben erreichen können. Ralph Waldo Emerson schrieb einmal: »Was Sie tun, spricht so laut für sich, dass ich kein Wort von dem hören kann, was Sie sagen.«

Der Mensch, der Sie heute sind, Ihr Wesenskern, ist die Endsumme aller Ihrer Wahlmöglichkeiten und Entscheidungen im Leben bis zum heutigen Tag. Jedes Mal, wenn Sie sich richtig entschieden und nach bestem Wissen gehandelt haben, haben Sie Ihren Charakter gefestigt und sind zu einem besseren Menschen geworden. Das Umgekehrte stimmt auch: Jedes Mal, wenn Sie Kompromisse geschlossen, den einfachsten Weg eingeschlagen oder sich so verhalten haben, dass es nicht im Einklang mit dem stand, wovon Sie eigentlich wussten, dass es richtig ist, haben Sie Ihren Charakter geschwächt und Ihre Persönlichkeit konturloser gemacht.

Die großen Tugenden

Es gibt eine Reihe von Tugenden oder Wertvorstellungen, über die ein Mensch mit Charakter gewöhnlich verfügt: Mut, Mitgefühl, Großzügigkeit, Mäßigung, Ausdauer und Freundlichkeit gegenüber anderen. Wir werden auf einige von ihnen im dritten Teil dieses Buches zu sprechen kommen. Wenn es darum geht, Ihre Charakterstärke und -tiefe zu bestimmen, sollte jedoch vor all diesen Wertvorstellungen eine als wichtigste genannt werden: die *Integrität*.

Es ist insbesondere das Ausmaß der Integrität (also wie sehr Sie in völliger Wahrhaftigkeit vor sich selbst und anderen leben), das mehr als alles andere anzeigt, von welcher Qualität Ihr Charakter ist. In gewisser Weise ist die Integrität tatsächlich die Wertvorstellung, die alle anderen Wertvorstellungen *gewährleistet*. Wenn Ihre Integrität ausgeprägt ist, sind Sie ehrlicher zu sich selbst und leben eher im Einklang mit all den anderen Wertvorstellungen, die Sie bewundern und achten.

Betrachten Sie Ihr Leben als Prüfung.

Es erfordert jedoch eine ungeheure Selbstdisziplin, zu einem Menschen mit Charakter zu werden, sowie eine beträchtliche Willenskraft, in jeder Situation immer »das Richtige zu tun«. Und es setzt sowohl Selbstdisziplin als auch Willenskraft voraus, der Versuchung zu widerstehen, den schnellen, einfachen Weg zu nehmen oder kurzfristig einen Vorteil herauszuschlagen.

Das ganze Leben ist eine *Prüfung*. Durch sie erkennen Sie, aus welchem Holz Sie gemacht sind. *Weisheit* kann man im stillen Kämmerlein durch Lektüre und Nachdenken entwickeln. Doch einen *Charakter* kann man nur im Geben und Nehmen des Alltags entwickeln, wenn man gezwungen ist, zwischen Alternativen und Versuchungen auszuwählen und zu entscheiden.

Der Charaktertest

Nur unter Druck – wenn man gezwungen ist, sich so oder so zu entscheiden, entweder im Einklang mit einer Wertvorstellung zu leben oder gegen sie – kann man seinen wahren Charakter zeigen.

Emerson sagte einmal: »Wachen Sie über Ihre Integrität wie über etwas Heiliges; nichts ist schließlich heilig außer der Integrität Ihres eigenen Geistes.«

Sie sind ein »auswählendes Lebewesen«. Sie treffen ständig Entscheidungen, so oder so. Jede Entscheidung, die Sie treffen, ist eine Aussage über Ihre wahren Wertvorstellungen und Prioritäten. In jedem Augenblick entscheiden Sie, was wichtiger oder von höherem Wert und was weniger wichtig oder von geringerem Wert für Sie ist.

Das einzige Bollwerk gegenüber der Versuchung, dem Weg des geringsten Widerstands und dem Zweckmäßigkeitsfaktor nachzugeben, ist der Charakter. Die einzige Möglichkeit, wie Sie Ihren Charakter vollständig entwickeln können, besteht in Folgendem: Bringen Sie in jeder Situation Ihre Willenskraft zum Ausdruck. Das trifft auf alle Situationen zu, in denen Sie versucht sind, das Einfache und Zweckmäßige statt des Richtigen und Notwendigen zu tun.

Charakter zahlt sich aus

Wenn man ein Mensch mit Charakter wird und seine Willenskraft und Selbstdisziplin, nach bestem Wissen zu leben, zum Ausdruck bringt, zahlt sich das wirklich aus. Wenn Sie sich für die höheren Werte und nicht für die geringeren entscheiden, für das Schwierigere und nicht für das Einfachere, für das Richtige und nicht für das Falsche, werden Sie sich gut fühlen. Ihr Selbstwertgefühl nimmt zu. Sie mögen und achten sich selbst stärker. Sie sind stolzer auf sich selbst.

Neben dem eigenen guten Gefühl, sich wie ein Mensch mit Charakter zu benehmen, bekommen Sie auch die Achtung und Wertschätzung der Menschen in Ihrem Umfeld. Sie werden zu Ihnen aufsehen und Sie bewundern. Ihnen werden sich Türen öffnen. Andere Menschen werden Sie unterstützen. Sie werden besser bezahlt werden, schneller befördert werden und sogar mehr Verantwortung bekommen. In dem Maße, wie Sie zu einem Menschen mit Ehre und Charakter werden, werden sich auch in Ihrem Umfeld mehr Chancen ergeben.

Hingegen können Sie noch so intelligent, begabt und kenntnisreich sein: Wenn die Menschen Ihnen nicht trauen, werden Sie nie vorankommen. Man wird Sie nicht einstellen; und wenn man es doch tut, wird man Sie so schnell wie möglich wieder entlassen. Die Banken werden Ihnen kein Geld leihen. »Gleich und gleich gesellt sich gern.« Deswegen werden die einzigen Weggefährten (nie Freunde), die Sie haben werden, andere Menschen von zweifelhaftem Charakter sein. Weil die Menschen, mit denen Sie verkehren, eine starke Wirkung auf Ihre Einstellung und Persönlichkeit haben, steht oder fällt Ihr gesamtes Leben mit der Qualität Ihres Charakters – oder dem Mangel an Charakter.

Charakterstarke Menschen genießen das Ansehen ihrer Umgebung.

Die Entwicklung des Charakters

Aristoteles schrieb: »Aller Fortschritt in der Gesellschaft beginnt mit der Entwicklung des Charakters junger Menschen.« Das bedeutet, dass der Fortschritt in Ihrem Leben damit beginnt, dass Sie Wertvorstellungen erlernen und praktizieren.

Sie erlernen Wertvorstellungen auf eine von drei Arten oder durch alle zusammen: Anleitung, Lektüre und Praxis. Lassen Sie uns auf jede einzelne von ihnen einen näheren Blick werfen.

Bringen Sie Ihren Kindern Wertvorstellungen nahe. Das Wichtigste an der Elternrolle ist es, seinen Kindern Wertvorstellungen zu vermitteln. Dies erfordert, dass man ihnen in ihrer Entwicklung immer und immer wieder geduldig Wertvorstellungen beibringt und sie ihnen erklärt. Einmal reicht nicht. Die Wertvorstellung – und welche Bedeutung es hat, nach dieser zu leben – muss erklärt werden. Eltern dürfen nicht nur ein anschauliches Beispiel dafür sein, wie man sich an eine Wertvorstellung hält, sondern müssen auch ein Vorbild dafür sein, dass man die Wahrheit sagt und nicht lügt oder Halbwahrheiten verbreitet.

Kinder sind im Laufe ihrer Entwicklung sehr empfänglich für Lektionen, die sie von den wichtigen Menschen in ihrem Leben erhalten. Sie erkennen das, was Sie als ihre Eltern sachlich beschreiben, als absolute Wahrheit an. Sie saugen das, was Sie sagen, wie ein Schwamm auf. Ihre Beschreibung der Wertvorstellungen prägt sich ihnen in der Seele wie in feuchten Ton ein; dadurch wird das, was Sie ihnen da einprägen, zu einem dauerhaften Bestandteil der Art und Weise, wie Ihre Kinder die Welt sehen, und der Beziehung, die sie zum Leben haben.

Wie wir in Kapitel 19 sehen werden, zeigen sich Ihre Wertvorstellungen vor allem in Ihrem *Verhalten*. Ihre Kinder beobachten Sie und streben danach, den Wertvorstellungen nachzueifern, die Sie nicht nur lehren und predigen, sondern auch vorleben. Und sie beobachten Sie ständig.

Die Kinder der Familie Rockefeller waren bekannt dafür, dass man ihnen in einem frühen Alter Wertvorstellungen in Bezug auf Finanzen vermittelte. Obwohl ihr Vater einer der reichsten Männer Amerikas war, gab man den Kindern Aufgaben und Pflichten mit auf den Weg, an die sie sich halten mussten, bevor sie finanzielle Unterstützung bekamen. Man brachte ihnen dann bei, wie sie diese auszugeben hatten: wie viel man spart, wie viel man für wohltätige Zwecke gibt und wie viel man investiert. Infolgedessen wuchsen sie so auf, dass aus ihnen erfolgreiche Geschäftsleute und Staatsmänner werden konnten. Das ist ein deutlicher Unterschied zu anderen Kindern, die in einem reichen Elternhaus aufgewachsen und in finanziellen Fragen nur selten diszipliniert waren.

Beschäftigen Sie sich näher mit den Wertvorstellungen, die Sie bewundern. Wenn Sie sich mit Wertvorstellungen auseinandersetzen, lernen Sie etwas über sie. Das Gesetz der Konzentration besagt: »Wobei auch immer Sie in Ihrem Leben verweilen, es wächst und nimmt an Bedeutung zu.«

Damit ist Folgendes gemeint: Wenn Sie etwas über Männer und Frauen lesen, die diejenigen Wertvorstellungen vorleben, die Sie bewundern und achten, und wenn Sie dann darüber und über dieses Verhalten nachdenken, dringen diese Wertvorstellungen immer tiefer in Ihr eigenes Denken ein. Sind diese Wertvorstellungen einmal in Ihr Unterbewusstes »einprogrammiert«, rufen sie in Ihnen eine Neigung hervor, sich gemäß diesen Wertvorstellungen zu verhalten, wenn die Situation es erfordert.

Bei der militärischen Ausbildung zum Beispiel erzählt man Soldaten ständig Geschichten über Mut, Gehorsam, Disziplin und die Bedeutung der Hilfsbereitschaft gegenüber den Kameraden. Je häufiger sie diese Geschichten hören, über sie sprechen und über sie nachdenken, desto wahrscheinlicher wird es, dass sie sich gemäß diesen Wertvorstellungen verhalten, wenn sie der Belastung des tatsächlichen Kampfgeschehens ausgesetzt sind.

Suchen Sie sich Vorbilder.

Die wichtigste charakterliche Tugend ist die *Wahrhaftigkeit*. Immer wenn Sie die Wahrheit sagen – so unangenehm sie zu diesem Zeitpunkt auch sein mag –, fühlen Sie sich besser. Und die Menschen in Ihrem Umfeld bringen Ihnen Respekt entgegen. Das größte Lob, das Sie in Bezug auf einen anderen Menschen aussprechen können, lautet: »Er oder sie sagt immer die Wahrheit.«

Eifern Sie den Menschen nach, die Sie am stärksten bewundern. Ihr Charakter wird in starkem Maße von den Menschen bestimmt, die Sie am meisten bewundern, sowohl von denen, die noch leben, als auch von denen, die bereits verstorben sind. Um welche Menschen handelt es sich? Blicken Sie auf Ihr Leben und auf die Geschichte zurück, und stellen Sie eine Liste mit den Personen auf, die Sie am meisten bewundern. Schreiben Sie neben ihre Namen die Tugenden und die Wertvorstellungen, für die sie in Ihren Augen am ehesten stehen.

Wenn Sie einen Nachmittag mit jemandem verbringen könnten, einem Lebenden oder einem Toten, wen würden Sie dafür auswählen? Warum würden Sie diese Person auswählen? Worüber würden Sie an diesem Nachmittag miteinander sprechen? Welche Fragen würden Sie stellen, oder was würden Sie lernen wollen?

Aber denken Sie auch an Folgendes: Warum würde diese Person einen Nachmittag mit *Ihnen* verbringen wollen? Welche Tugenden und Wertvorstellungen haben Sie, die Sie zu einer wertvollen und interessanten Person machen? Wodurch werden Sie zu etwas Besonderem?

Handeln Sie gemäß den Wertvorstellungen, vor denen Sie Achtung haben. Sie entwickeln Wertvorstellungen, indem Sie sie in die Praxis umsetzen, wann immer sie eingefordert werden. Der römische Stoiker

Epiktet sagte: »Die Umstände sind nichts; nur unsere Einstellung zu ihnen ist wichtig.«

Wenn ein Problem auftritt, neigen die Menschen dazu, auf der Grundlage der höchsten Werte, die sie bis zu diesem Zeitpunkt entwickelt haben, automatisch zu reagieren.

Wir entwickeln unsere Wertvorstellungen durch *Wiederholung*, indem wir uns immer wieder gemäß einer bestimmten Wertvorstellung verhalten, bis diese zu einer Gewohnheit und zu einer Konstante unseres Lebens wird. So lernen wir, uns automatisch daran zu halten. Männer und Frauen mit einem hochentwickelten Charakter handeln gemäß ihren höchsten Wertvorstellungen, und sie tun dies, ohne darüber nachzudenken oder zu zögern. Für sie stellt sich gar nicht erst die Frage, ob sie das Richtige tun oder nicht.

Die Persönlichkeitsstruktur

Zur *Psychologie* des Charakters gehören drei Elemente der Persönlichkeit: das Selbstideal, das Selbstbild und das Selbstwertgefühl.

Das *Selbstideal.* Ihr Selbstideal ist der Teil Ihres Denkens, der aus Ihren Wertvorstellungen, Tugenden, Idealen, Zielen, Bestrebungen und Ihrer Vorstellung vom allerbesten Menschen, zu dem Sie potenziell werden können, besteht. Mit anderen Worten: Ihr Selbstideal setzt sich aus den Wertvorstellungen zusammen, die Sie bei anderen am stärksten bewundern und über die Sie selbst verfügen wollen.

Verschaffen Sie sich Klarheit über Ihre Wertvorstellungen.

Der wichtigste Teil Ihres Selbstideals lässt sich mit dem Wort »Klarheit« zusammenfassen. Überlegene Menschen sind diejenigen, denen absolut klar ist, wer sie sind und woran sie glauben. Sie sind sich vollständig im Klaren über die Wertvorstellungen, an die sie glauben und für die sie stehen. Sie sind nicht schwankend oder unentschlossen. Wenn eine Entscheidung ansteht, bei der es um eine Wertvorstellung geht, sind sie fest entschlossen.

Im Gegensatz dazu sind schwache und unentschlossene Menschen, was ihre Wertvorstellungen angeht, verworren und unklar.

Sie haben nur eine vage Vorstellung davon, was in einer gegebenen Situation richtig oder falsch ist. Infolgedessen schlagen sie den Weg des geringsten Widerstands ein und handeln zweckmäßig. Sie machen das, was anscheinend das Schnellste und Einfachste ist, um das zu bekommen, was sie kurzfristig wollen. Sie denken wenig über die Konsequenzen ihrer Handlungen nach und machen sich auch keine Sorgen darum.

Die Entwicklung des Charakters. Viele Menschen handeln zweckmäßig und schlagen zur unmittelbaren Bedürfnisbefriedigung den Weg des geringsten Widerstands ein.

Menschen mit einem höher entwickelten Charakter sind dagegen vollkommen integer. Sie würden ihre Ehre oder ihren Charakter nicht für irgendetwas aufs Spiel setzen, auch nicht bei drohendem finanziellen Verlust, Schmerz oder gar Tod.

George Washington war berühmt für seine Ehrenhaftigkeit. Sie kommt in der Geschichte zum Ausdruck, die davon berichtet, dass er als Kind zugab, einen Kirschbaum gefällt zu haben. In demselben Sinne schrieben die Gründerväter der Vereinigten Staaten: »Hiermit verbürgen wir uns wechselseitig mit unserem Leben, unserem Vermögen und unserer uns heiligen Ehre« für die Unterzeichnung der Unabhängigkeitserklärung.

In seinem Buch *Konfuzius und Marktwirtschaft: Der Konflikt der Kulturen* merkte der Philosoph Francis Fukuyama an, dass sich die unterschiedlichen Gesellschaften der Welt in zwei Kategorien einteilen lassen: solche mit einem hohen und solche mit einem niedrigen Grad an Vertrauen. Er argumentiert außerdem, dass es sich bei den Gesellschaften mit einem hohen Grad an Vertrauen – diejenigen, bei denen Integrität am stärksten bewundert, gefördert und geachtet wird – zugleich um die handelt, die am gesetzestreuesten, freiesten und wohlhabendsten sind.

Ihnen gegenüber stehen diejenigen Gesellschaften, die sich durch Tyrannei, Diebstahl, Unehrenhaftigkeit und Korruption kennzeichnen lassen. Jede einzelne von ihnen ist ohne Ausnahme sowohl undemokratisch als auch arm.

Vertrauen ist der Schlüssel. Vertrauen lässt die Beziehungen zwischen Menschen reibungsloser laufen. Dort, wo die Menschen in der Gruppe und als Einzelne Vertrauen zueinander haben, gedeiht die Geschäftstätigkeit, und es gibt Chancen für alle. Dort jedoch, wo es nur ein geringes Maß an Vertrauen gibt, werden die ökonomischen Ressourcen bei dem Bestreben verschwendet, sich vor Diebstahl und Korruption zu schützen – sofern diese Ressourcen überhaupt zur Verfügung stehen.

Kein Erfolg ohne Vertrauen!

In den USA haben wir eine Verfassung und die Bill of Rights (Erklärung der Grundrechte). In diesen Texten sind die Regeln niedergelegt, auf die wir uns geeinigt haben, um nach ihnen zu leben. Sie sind die Grundlage für die Struktur unserer Regierung und garantieren uns unsere Rechte. Aber sie setzen auch voraus, dass unsere gewählten Repräsentanten Männer und Frauen von Ehre sind, die sich darauf verpflichten, diese Rechte zu schützen und zu verteidigen. Mithilfe der Verfassung und der Grundrechte soll sichergestellt werden, dass nur Männer und Frauen mit Charakter langfristig in unserem wirtschaftlichen, politischen und gesellschaftlichen System wachsen und gedeihen können. Es wird angestrebt, sicherzustellen, dass in den meisten Fällen nur Männer und Frauen mit Charakter in hohe gesellschaftliche Positionen aufsteigen können.

Obwohl unser System nicht vollkommen ist und gelegentlich Menschen mit einem fragwürdigen Charakter in herausragende Positionen aufsteigen, geschieht dies nur selten und bleibt nicht lange unentdeckt. Die grundlegende Anforderung an die Menschen, ehrlich und integer zu sein, führt am Ende dazu, dass unehrliche Menschen entlarvt und kritisiert werden. Die Anforderung, dass Männer und Frauen einen guten Charakter haben müssen, bleibt unverändert bestehen.

Ihr Selbstbild: Ihr innerer Spiegel. Das zweite Element Ihrer Persönlichkeit ist Ihr *Selbstbild*. Dabei handelt es sich um die Art und Weise, wie wir uns selbst sehen und wie wir über uns denken, insbesondere vor einem wichtigen Ereignis. Menschen neigen immer dazu, sich nach außen in Übereinstimmung damit zu verhalten, wie sie sich selbst sehen. Bisweilen bezeichnet man dies als den »inneren Spiegel«, in den wir kurz blicken, bevor wir uns in irgendeiner Art und Weise verhalten.

Wenn Sie sich selbst als ruhig, positiv, wahrheitsliebend und charakterstark betrachten, handeln Sie mit mehr Stärke und persönlicher Kraft. Sie werden von anderen Menschen mehr geachtet. Sie haben das Gefühl, sich selbst und die Situation im Griff zu haben.

Mehr noch: Immer wenn Sie sich tatsächlich gemäß Ihren höchsten Wertvorstellungen verhalten, verbessert sich Ihr Selbstbild. Sie sehen sich selbst in einem besseren Licht und denken auch dementsprechend. Sie fühlen sich glücklicher und selbstbewusster. Ihr Benehmen und Auftreten bringen dann Ihr stetig sich verbesserndes inneres Bild von sich selbst als der bestmöglichen Person, die Sie sein können, zum Ausdruck.

Wie stehen Sie zu sich selbst?

Die Menschen neigen zumindest anfangs dazu, Sie so zu akzeptieren, wie Sie sich selbst bewerten. Wenn Sie sich selbst als einen hervorragenden Menschen mit Charakterstärke betrachten und auch davon überzeugt sind, werden Sie andere Menschen mit Höflichkeit, Liebenswürdigkeit und Respekt behandeln. Umgekehrt werden andere Sie entsprechend als einen Menschen von Ehre und Charakter behandeln.

Ihr Selbstwertgefühl: Wie sehr Sie sich selbst mögen. Das dritte Element Ihrer Persönlichkeit ist das *Selbstwertgefühl.* Hier geht es darum, welches Gefühl Sie gegenüber sich selbst, Ihrem emotionalen Innersten, haben. Ihr Selbstwertgefühl wird durch die Frage »Wie sehr mögen Sie sich selbst?« definiert. Doch es geht um mehr. Je stärker Sie sich selbst als einen wertvollen und bedeutsamen Menschen betrachten, desto positiver und optimistischer sind Sie. Wenn Sie sich wirklich für bedeutsam und wertvoll halten, werden Sie auch andere Menschen als bedeutsam behandeln.

Ihr Selbstwertgefühl wird großenteils dadurch bestimmt, wie stark Ihr Selbstbild, das Ihr persönliches Verhalten formt, mit Ihrem Selbstideal oder Ihrer Vision von sich selbst als dem bestmöglichen Menschen, der Sie sein könnten, im Einklang steht.

Immer wenn Sie diesem Idealbild entsprechend handeln, verbessern sich Ihr Selbstbild und Ihr Selbstwertgefühl. Sie mögen und achten sich selbst stärker. Sie sind glücklich über sich selbst und andere. Und je mehr Sie sich selber mögen, desto mehr mögen Sie andere, und desto mehr werden sie Sie wiederum mögen. Dadurch, dass Sie charaktervoll und im Einklang mit Ihren höchsten Werten handeln, befindet sich Ihr gesamtes Leben (innerlich und äußerlich) in einer Aufwärtsspirale. Jeder Bereich Ihres Lebens wird sich für Sie verbessern.

Ihre Vorbilder haben einen ungeheuren Einfluss darauf, wie sich Ihr Charakter entwickelt. Je mehr Sie eine Person und ihre Eigenschaften bewundern, desto mehr streben Sie – bewusst und unbewusst – danach, so zu werden wie diese Person. Und ebendarum ist Klarheit so wichtig.

Verhalten Sie sich widerspruchsfrei

Immer wenn Sie sich gemäß Ihren Wertvorstellungen verhalten, haben Sie ein *gutes* Gefühl, was Ihre eigene Person angeht. Immer wenn Sie Ihre Wertvorstellungen aufs Spiel setzen, haben Sie ein *schlechtes* Gefühl in Bezug auf sich selbst. Das bedeutet aber auch, dass sich Ihr Selbstbewusstsein und Ihr Selbstwertgefühl verringern, wenn Sie Ihren Wertvorstellungen zuwiderhandeln. Sie fühlen sich unruhig und unterlegen, unzulänglich und unwohl. Wenn Sie Ihre eigenen Wertvorstellungen missachten, empfinden Sie tief in Ihrem Inneren, dass etwas grundlegend falsch läuft.

Handeln Sie immer gemäß Ihren Wertvorstellungen.

Fast alle menschlichen Probleme können dadurch gelöst werden, dass man zu seinen höchsten Wertvorstellungen und zu seinen innersten Überzeugungen zurückfindet. Wenn Sie auf Ihr Leben zurückblicken, gab es wahrscheinlich Situationen, in denen Sie Ihre Wertvorstellungen missachtet haben, um sich eine Investition zu sparen, Ihre Arbeitsstelle zu behalten, eine Beziehung oder eine Freundschaft zu bewahren. In jedem einzelnen Fall haben Sie sich immer schlechter gefühlt, bis Sie am Ende damit Schluss gemacht und einen anderen Weg eingeschlagen haben.

Und wie haben Sie sich gefühlt, als Sie schließlich die persönliche Stärke für die Kehrtwendung fanden? Sie fühlten sich *wunderbar*!

Immer wenn Sie Ihre Willenskraft und Ihre Charakterstärke einsetzen, um zu den Wertvorstellungen zurückzukehren, die Ihnen am teuersten sind, werden Sie mit einem wunderbaren Gefühl des Glücks und der Heiterkeit belohnt. Sie fühlen sich energiegeladen und frei. Sie fragen sich, warum Sie diese Entscheidung nicht schon vor langer Zeit gefällt haben.

Tun Sie das Richtige

Wenn Sie einen Charakter entwickeln wollen, der auf Selbstdisziplin und Willensstärke beruht, ist langfristiges Denken von grundlegender Bedeutung. Je mehr Sie an die langfristigen Folgen Ihres Verhaltens denken, desto wahrscheinlicher ist es, dass Sie kurzfristig das Richtige tun. Wenn Sie also eine Entscheidung fällen müssen, stellen Sie sich immer die magische Frage: »Was ist hier wichtig?«

Halten Sie sich an den kategorischen Imperativ von Immanuel Kant: »Handle nur nach derjenigen Maxime, durch die du zugleich wollen kannst, dass sie ein allgemeines Gesetz werde.«

Eine der großen Fragen bei der Entwicklung des Charakters ist die folgende: »Mit was für einer Welt hätten wir es zu tun, wenn alle so wären wie *ich*?«

Immer wenn Sie einen Fehltritt gemacht haben, immer wenn Sie etwas tun oder sagen, was nicht im Einklang mit Ihren höchsten Wertvorstellungen steht, versuchen Sie es noch einmal auf die korrekte Weise. Sagen Sie zu sich selbst »Das bin nicht ich!«, und beschließen Sie, dass Sie es das nächste Mal besser machen werden.

Wobei man verweilt, das wächst

Nehmen wir einmal an, dass Sie sich heute in einer Situation befinden, in der Sie nicht im Einklang mit Ihren höchsten Wertvorstellungen leben. Dann sollten Sie sofort die Entscheidung fällen, sich der Situation zu stellen und alles wieder in Ordnung zu bringen. In dem Augenblick, in dem Sie das tun, werden Sie wieder glücklich sein und das Gefühl bekommen, alles im Griff zu haben.

In einer alten indianischen Geschichte erzählt ein alter Mann Folgendes: »Auf meinen Schultern sitzen zwei Wölfe. Einer ist schwarz und böse. Er drängt mich ständig dazu, Schlechtes zu tun und Böses zu sagen. Auf meiner anderen Schulter sitzt ein weißer Wolf, der mich ständig dazu ermutigt, meinen besten Eigenschaften gerecht zu werden.«

Ein Zuhörer fragte den alten Mann: »Welcher dieser Wölfe hat die größte Macht über dich?«

Der Alte erwiderte: »Der, den ich füttere.«

Konzentration fördert Wachstum.

Nach dem Gesetz der Konzentration wächst und vergrößert sich in Ihrem Leben alles, bei dem Sie verweilen. Nehmen wir einmal die Tugenden und Wertvorstellungen, für die Sie am meisten Bewunderung und Achtung empfinden. Wenn Sie über sie nachdenken und sprechen, programmieren Sie sie immer tiefer in Ihr Unbewusstes ein, bis Sie anfangen, in jeder Situation automatisch zu reagieren.

Immer wenn Sie sich in Selbstdisziplin und Willenskraft üben, um Ihr Leben im Einklang mit den Wertvorstellungen zu leben, mit denen man Sie am stärksten identifizieren soll, begeben Sie sich auf den schnellsten Weg hin zu einer herausragenden Persönlichkeit.

Übungen

Nehmen Sie ein Blatt Papier und schreiben Sie Ihre Antworten zu den folgenden Punkten auf:

1. Nennen Sie drei Menschen, lebende oder verstorbene, die Sie am stärksten bewundern, und beschreiben Sie eine ihrer Eigenschaften, vor der Sie Respekt haben.

2. Bestimmen Sie die wichtigste Tugend oder Eigenschaft in Ihrem Leben, die Sie am stärksten zu praktizieren oder der Sie am meisten nachzueifern anstreben.

3. Machen Sie diejenigen Situationen aus, in denen Sie sich wirklich selbstbewusst fühlen, in denen Sie das Gefühl haben, der bestmögliche Mensch zu sein, der Sie sein könnten.

4. Welche Situationen rufen in Ihnen das stärkste Gefühl von Selbstwert und persönlicher Geltung hervor?

____

____

5. Wenn Sie bereits in jeder Hinsicht eine herausragende Person wären, wie würden Sie sich von heute an anders verhalten?

____

____

6. Wenn Ihr Name erwähnt wird, an welche einzelne Eigenschaft sollten die Menschen dann denken, und was könnten Sie tun, um sicherzustellen, dass dies geschieht?

____

____

7. In welchem Bereich müssten Sie wahrhaftiger sein und ein höheres Maß an Integrität an den Tag legen, als Sie es heute tun?

____

____

KAPITEL 3

Selbstdisziplin und Verantwortung

> *»Derjenige, der eine Spitzenposition in der Wirtschaft erreichen möchte, muss die Macht und die Kraft der Gewohnheit zu würdigen wissen. Er muss rasch mit den Gewohnheiten brechen, die ihm das Genick brechen können – und er muss schnell die Vorgehensweisen umsetzen, die zu Gewohnheiten werden, die ihm dabei helfen, den gewünschten Erfolg zu erreichen.«*
>
> J. PAUL GETTY

Ihre Fähigkeit und Ihre Bereitschaft, sich in Disziplin zu üben, um die persönliche Verantwortung für Ihr Leben zu akzeptieren, sind wesentlich für Glück, Gesundheit, Erfolg, Leistung und persönliche Führung. Verantwortung zu übernehmen ist eine der schwierigsten Formen von Disziplin, aber ohne sie ist kein Erfolg möglich.

Wenn Sie daran scheitern, Verantwortung zu übernehmen, und stattdessen versuchen, anderen Menschen, Institutionen und Situationen die Verantwortung für die Dinge und Ereignisse in Ihrem Leben unterzuschieben, die Sie unglücklich machen, verdrehen Sie den Zusammenhang von Ursache und Wirkung vollständig. Sie unterhöhlen Ihren Charakter, schwächen Ihre Entschlossenheit und beeinträchtigen Ihre Mitmenschlichkeit. Dies alles führt dazu, dass Sie ständig nach Ausreden suchen.

Meine große Offenbarung

Als ich 21 Jahre alt war, lebte ich in einer winzigen Wohnung und war als Bauarbeiter tätig. Ich musste um 5 Uhr morgens aufstehen, damit ich mit dem Bus nach zweimaligem Umsteigen rechtzeitig um 8 Uhr zur Arbeitsstelle kam. Ich kam nie vor 7 Uhr abends nach Hause und war vollkommen erschöpft, weil ich den ganzen Tag lang Baumaterial schleppen musste. Ich verdiente gerade genug Geld, um zurechtzukommen, hatte kein Auto, fast nichts Erspartes und für meine Bedürfnisse gerade ausreichend Kleidung. Ich besaß weder ein Radio noch ein Fernsehgerät.

Es war mitten in einem kalten Winter mit Temperaturen von 20 Grad unter null; deshalb ging ich abends nur selten aus. Stattdessen setzte ich mich in meiner kleinen Wohnung an einen winzigen Tisch in meiner Kochecke, und wenn ich noch genügend Energie hatte, las ich.

Eines Abends, es war schon spät geworden, als ich allein am Tisch saß, dämmerte es mir plötzlich, dass »dies mein Leben war«. Dieses Leben war keine Probeaufführung für irgendetwas anderes. Die Aufführung hatte begonnen und ich war die Hauptfigur – wie in einem Theaterstück.

Es war so, als wäre mir ein Licht aufgegangen. Ich betrachtete mich selbst, schaute mich in meiner kleinen Wohnung um und konfrontierte mich mit der Tatsache, dass ich keinen Highschool-Abschluss gemacht hatte. Die einzige Arbeit, für die ich qualifiziert war, war eine manuelle Tätigkeit. Ich verdiente gerade genügend Geld, um meine wichtigsten Ausgaben zu bezahlen, und ich hatte am Ende des Monats sehr wenig übrig.

Nichts ändert sich, wenn Sie sich nicht ändern.

Auf einmal wusste ich, dass sich nichts ändern würde, wenn ich mich nicht änderte. Kein anderer würde das für mich machen können. In Wirklichkeit war es allen anderen sogar egal. In diesem Augenblick erkannte ich, dass ich von diesem Tag an vollständig für mein Leben und für alles, was mit mir geschah, verantwortlich war. *Ich* war verantwortlich. Ich konnte das nicht mehr auf eine Situation in meiner schwierigen Kindheit oder auf Fehler schieben, die ich in der Vergangenheit gemacht hatte. Ich trug die Verantwortung dafür. Ich hatte das

Sagen. Es war mein Leben, und wenn ich nicht etwas tun würde, um es zu ändern, würde es immer so weitergehen, einfach weil ich so träge war.

Diese Offenbarung veränderte mein Leben. Ich war nicht mehr derselbe wie vorher. Von diesem Augenblick an übernahm ich immer mehr Verantwortung für alles in meinem Leben. Ich übernahm die Verantwortung dafür, meine Arbeit besser zu machen als zuvor, statt nur das Notwendigste zu tun, um nicht gekündigt zu werden. Ich übernahm die Verantwortung für meine Finanzen, meine Gesundheit und vor allem für meine Zukunft.

Am nächsten Tag ging ich während der Mittagspause in den Buchladen nebenan. Ich fing an, mir etwas für mein restliches Leben zur Gewohnheit zu machen, nämlich Bücher zu kaufen mit Informationen, Ideen und Lektionen, die mir helfen könnten. Ich widmete mein Leben der Selbstverbesserung und dem ständigen Lernen auf jede erdenkliche Weise.

Für mein restliches Berufsleben bis zum jetzigen Zeitpunkt bin ich, wenn ich etwas Hilfreiches lernen wollte oder musste, dorthin zurückgekehrt: zum Lernen, zum Lesen, zum Anhören von Audioprogrammen sowie zur Teilnahme an Kursen und Seminaren. Ich fand heraus, dass man alles, was man lernen muss, um irgendein selbstgesetztes Ziel zu erreichen, auch tatsächlich lernen kann.

Mit der Zeit begriff ich, dass ganze 80 Prozent der Bevölkerung nie die volle Verantwortung für ihr Leben übernehmen. Ständig klagen sie, kritisieren, erfinden Ausreden und geben anderen Menschen die Schuld für Dinge in ihrem Leben, über die sie nicht glücklich sind. Die Folgen dieser Denkweise sind jedoch mitunter verheerend. Sie können alle Hoffnungen auf Erfolg und Glück im späteren Leben zunichte machen.

Von der Kindheit zur Reife

Im Laufe der Entwicklung wird man von einem frühen Alter an darauf konditioniert, sich nicht selbst als für sein eigenes Leben verantwortlich zu betrachten. Das ist normal und natürlich. Wenn man ein Kind ist, tragen die eigenen Eltern die Verantwortung. Sie fällen alle

Entscheidungen für einen. Sie entscheiden, welche Nahrung man isst, welche Kleidung man trägt, mit welchem Spielzeug man spielt, in welcher Wohnung man wohnt, auf welche Schule man geht und welchen Aktivitäten man in der Freizeit nachgeht. Weil man jung, unschuldig und unwissend ist, macht man das, was sie wollen. Man hat wenig Entscheidungsfreiheit oder Kontrolle.

Wenn man größer wird, fängt man jedoch an, in allen diesen Bereichen immer mehr eigene Entscheidungen zu treffen. Aber weil Sie in einem frühen Alter programmiert wurden, hat man Sie konditioniert, unbewusst das Gefühl zu haben, dass immer noch jemand anders für Ihr Leben verantwortlich ist, dass es da weiterhin eine andere Person gibt, die sich um Sie kümmern kann oder sollte.

Treffen Sie Ihre eigenen Entscheidungen.

Die meisten Menschen wachsen mit der Auffassung auf, dass, wenn etwas schiefgeht, jemand anders dafür verantwortlich ist. Man kann einer anderen Person die Schuld zuschieben. Jemand anders ist schuldig. Jemand anders ist der Bösewicht, und sie sind das Opfer. Infolgedessen suchen die meisten Menschen ihr Heil in immer weiteren Ausreden für die Dinge in ihrem Leben, ihrer Vergangenheit und ihrer Gegenwart, die sie unglücklich machen.

Kommen Sie über die Fehler hinweg, die Ihre Eltern gemacht haben

Wenn Ihre Eltern Sie im Kindesalter kritisierten oder wegen der Fehler, die Sie gemacht haben, wütend wurden, begannen Sie, unbewusst anzunehmen, dass es auf irgendeine Weise Ihr Fehler war. Wenn Ihre Eltern Sie körperlich oder emotional dafür bestraft haben, dass Sie etwas gemacht oder nicht gemacht haben, worüber sie sich gefreut oder nicht gefreut haben, fühlten Sie sich unterlegen und unzulänglich.

Wenn Ihre Eltern Ihnen ihre Liebe entzogen haben, um Sie dafür zu bestrafen, dass Sie nicht das gemacht haben, was sie von Ihnen gefordert haben, sind Sie vielleicht mit dem Gefühl aufgewachsen, schuldig und wertlos zu sein und nichts Besseres verdient zu haben.

All diese negativen Gefühle zusammen könnten dann dazu führen, dass Sie sich wie ein Opfer fühlen, so als wären Sie als erwachsener Mensch nicht für sich selbst oder Ihr Leben verantwortlich.

Das am häufigsten vorkommende Gefühl, das wir als Erwachsene haben, wenn wir in einem problematischen häuslichen Umfeld aufgewachsen sind, ist das Gefühl, »nicht gut genug zu sein«. Aufgrund dieses Gefühls fällt der Vergleich mit anderen ungünstig für uns selbst aus. Wir glauben, dass andere Menschen, die scheinbar glücklicher oder selbstbewusster sind, besser sind als wir. Wir beginnen, uns unterlegen zu fühlen, und das kann zu einer emotionalen Falle werden.

Der fatale Fehlschluss

Wenn wir aus irgendeinem Grund glauben, dass andere *besser* sind als wir, nehmen wir unbewusst an, dass wir *schlechter* als sie sein müssen. Wenn sie »mehr wert« sind als wir, nehmen wir an, dass wir »weniger wert« sein müssen. Dieses Gefühl der Unzulänglichkeit oder Wertlosigkeit ist der Ursprung der meisten Persönlichkeitsprobleme in unserem Leben und auch der meisten politischen und sozialen Probleme in unserer Welt. Dies gilt sowohl auf der nationalen als auch auf der internationalen Ebene.

Damit wir von diesen Gefühlen der Schuld und Wertlosigkeit wegkommen, die uns infolge einer destruktiven Kritik während der Kindheit anerzogen wurden, schlagen wir auf unsere Umwelt ein, auf andere Menschen und Gegebenheiten. In jedem Bereich unseres Lebens, über den wir unglücklich oder mit dem wir unzufrieden sind, ist unsere erste Reaktion, uns umzusehen und zu fragen: »Wer hat Schuld?«

Schieben Sie nicht die Schuld auf andere.

In den meisten Religionen gibt es das Konzept der Sünde. Es besagt, dass, wann immer etwas misslingt, jemand die Schuld dafür hat. Jemand hat etwas Böses getan. Jemand ist schuldig. Jemand muss bestraft werden. Diese Vorstellung von Schuld und Bestrafung führt zu immer stärkeren Gefühlen des Ärgers, der Missgunst und der Verantwortungslosigkeit.

Eine Einstellung der Verantwortungslosigkeit

Vor unseren Gerichten wimmelt es heute nur so von Menschen, die eine Wiedergutmachung und Schadenersatz für etwas einfordern, was in ihrem Leben schiefgegangen ist. Unterstützt von geldgierigen Rechtsanwälten gehen die Leute vor Gericht, um eine Entschädigung einzuklagen, sogar wenn sie selbst die alleinige Schuld für das tragen, was geschehen ist – *vor allem* wenn sie selbst Schuld haben.

Die Menschen wollen keine Verantwortung übernehmen. Sie bekleckern sich selbst mit heißem Kaffee und verklagen das Fast-Food-Restaurant, das ihnen den Kaffee lediglich verkauft hat. Sie fahren betrunken Auto und kommen von der Straße ab; dann machen sie kehrt und verklagen den Hersteller des 15 Jahre alten Wagens, mit dem sie fahren. Sie klettern auf eine Leiter und lehnen sich so weit vor, dass sie stürzen; dann verklagen sie den Hersteller der Leiter wegen ihrer Verletzung. In all diesen Fällen versuchen die Leute, der Verantwortung für ihr eigenes Verhalten auszuweichen, indem sie einer anderen Person die Schuld geben, Ausreden erfinden und schließlich eine Entschädigung verlangen.

Negative Emotionen beseitigen

Der gemeinsame Nenner aller Menschen ist der Wunsch, *glücklich* zu sein. Ganz einfach ausgedrückt entsteht Glück durch die *Abwesenheit* negativer Emotionen. Wo keine negativen Emotionen vorhanden sind, bleiben nur positive Emotionen übrig. Wenn Sie wirklich glücklich sein wollen, besteht Ihre große Lebensaufgabe deshalb darin, negative Emotionen zu beseitigen.

Es gibt Dutzende negativer Emotionen. Obwohl Schuld, Missgunst, Neid, Eifersucht, Furcht und Feindseligkeit die am häufigsten vorkommenden Emotionen sind, laufen sie am Ende auf ein Gefühl des *Ärgers* hinaus, das entweder nach innen oder nach außen gerichtet ist.

Ärger ist nach innen gerichtet, wenn Sie ihn in sich hineinfressen, statt ihn konstruktiv gegenüber anderen zum Ausdruck zu bringen.

Ärger ist nach außen gerichtet, wenn Sie andere Menschen kritisieren oder angreifen.

Psychosomatische Krankheiten

Negative Emotionen sind die Hauptursache *psychosomatischer* Krankheiten. Diese treten auf, wenn die Seele *(Psyche)* den Körper *(Soma)* krank macht. Negative Emotionen, besonders wenn sie in Form von Ärger zum Ausdruck kommen, schwächen Ihr Immunsystem und machen Sie anfällig für Erkältungen, Grippe und andere Krankheiten. Unkontrollierte Ausbrüche von Ärger können tatsächlich Herzinfarkte, Schlaganfälle und Nervenzusammenbrüche hervorrufen.

Negative Emotionen machen krank.

Und hier die großartige Entdeckung: Alle negativen Emotionen, vor allem Ärger, beruhen auf einer speziellen Fähigkeit. Es geht um die Fähigkeit, jemandem oder etwas die *Schuld* für das in Ihrem Leben zuzuschieben, worüber Sie nicht glücklich sind.

Wenn man es sich verkneift, anderen die Schuld für die eigenen Probleme zuzuschieben, so erfordert das eine unglaubliche Selbstdisziplin. Es verlangt eine ungeheure Selbstkontrolle, wenn man es unterlässt, Ausreden zu erfinden.

Sie brauchen eine gehörige Portion Selbstdisziplin, die ganze Verantwortung zu übernehmen, für alles, was Sie sind, für alles, was aus Ihnen wird, und für alles, was mit Ihnen geschieht. Selbst wenn Sie nicht unmittelbar verantwortlich sind für etwas, das passiert ist, wie etwa für den Hurrikan Katrina: Sie sind verantwortlich für Ihre Reaktionen, für das, was Sie von diesem Augenblick an tun und sagen. Es erfordert eine ungemeine Selbstbeherrschung von Ihnen, wenn Sie ganz die Kontrolle über Ihr Bewusstsein übernehmen und sich mit voller Absicht dafür entscheiden, positive, konstruktive Gedanken zu hegen. Diese Gedanken werden Ihr Leben bereichern und die Qualität Ihrer Beziehungen und Erfolge verbessern. Und was dabei herauskommt, ist großartig.

Es ist einfach, jemandem die Schuld zuzuschieben

Wenn man den Weg des geringsten Widerstands geht, besteht das einfachste und geistloseste Verhalten von allen darin, um sich zu schlagen und, immer wenn irgendetwas aus irgendeinem Grund misslingt, einer anderen Person die Schuld dafür zu geben.

Menschen, die die Gewohnheit entwickeln, automatisch die Schuld von sich zu weisen, werden oft ärgerlich auf *Dinge*. Unbelebten Gegenständen die Schuld zu geben, wenn sie nicht so funktionieren, wie wir es erwarten, ist so unsinnig, dass es fast schon eine leichte Form des Wahns ist.

Manche Menschen werden ärgerlich, wenn sich Türen nur schwer öffnen lassen. Sie schimpfen über ein Werkzeug, das sie benutzen, obwohl sie selbst einen Fehler gemacht haben. Sie regen sich auf, wenn ihr Wagen nicht anspringt. Selbst wenn es sich um einen unbelebten Gegenstand handelt, dann ist er es, der die Schuld haben muss, wenn er nicht perfekt funktioniert. Die Leute treten oft gegen ein Auto, über das sie sich aufregen, oder gegen eine Kiste, über die sie gestolpert sind.

Das Gegenmittel gegen negative Emotionen

Die schnellste und verlässlichste Methode, um negative Emotionen zu beseitigen, besteht darin, sofort zu sagen: »Ich bin dafür verantwortlich!« Immer wenn etwas geschieht, was Ärger oder eine irgendwie geartete negative Reaktion auslöst, sollten Sie das Gefühl der Negativität schnellstens dadurch neutralisieren, dass Sie sagen: »Ich bin dafür verantwortlich.«

Übernehmen Sie Verantwortung.

Das Substitutionsgesetz besagt, dass man einen negativen Gedanken durch einen positiven ersetzen kann. Man kann pro Zeitpunkt nur einen Gedanken im Kopf haben. Wenn man sich daher ganz bewusst für den positiven Gedanken »Ich bin dafür verantwortlich« entscheidet, hebt das augenblicklich jeden anderen Gedanken oder jede andere Emotion auf.

Es ist nicht möglich, die Verantwortung zu übernehmen und

gleichzeitig ärgerlich zu bleiben. Es ist ebenfalls nicht möglich, die Verantwortung zu übernehmen und negative Gefühle zu hegen. Und es ist nicht möglich, die Verantwortung zu übernehmen, ohne wieder ruhig, heiter, positiv und konzentriert zu werden.

Solange Sie einem anderen Menschen für etwas in Ihrem Leben, was Sie nicht mögen, die Schuld geben, werden Sie »mental ein Kind« bleiben. Sie sehen sich dann weiterhin als klein und hilflos an, wie ein Opfer. Sie schlagen weiterhin um sich. Wenn Sie jedoch anfangen, für etwas, was mit Ihnen geschieht, die Verantwortung zu übernehmen, verwandeln Sie sich »mental in einen Erwachsenen«. Sie werden sich selbst als jemanden betrachten, der Verantwortung für sein eigenes Leben trägt und kein Opfer mehr ist.

Bei den Anonymen Alkoholikern nehmen Menschen, die Probleme mit dem Trinken haben, an Treffen mit anderen teil, die in der gleichen Situation sind. Man hat herausgefunden, dass kein Fortschritt möglich ist, bis der Einzelne sowohl beim Alkohol als auch in anderen Lebensbereichen die Verantwortung für seine Probleme übernimmt. Doch wenn der Betroffene die Verantwortung einmal übernommen hat, ist alles möglich. Das gilt für fast jede schwierige Situation im Leben, bei der Sie Ihr Unglück auf andere Menschen oder äußere Umstände projizieren.

Geld und Emotionen

Viele unserer größten Probleme und Sorgen im Leben haben mit Geld zu tun: damit, es zu verdienen, es auszugeben, es zu investieren und vor allem es zu verlieren. Infolgedessen hängen viele unserer negativen Emotionen in irgendeiner Weise mit Geld zusammen. Es ist jedoch eine Tatsache, dass Sie für Ihre eigene finanzielle Lage selbst verantwortlich sind. Sie ist Ihre Entscheidung. Sie beschließen sie. Sie tragen die Verantwortung. Sie können nicht anderen Leuten die Schuld für Ihre finanziellen Probleme oder Ihre finanzielle Situation zuschieben. Sie haben das Sagen.

Nur wenn Sie die Verantwortung für Ihr Einkommen übernehmen (Wer hat sich dafür entschieden, den Job zu akzeptieren, in dem Sie jetzt arbeiten?), für Ihre Rechnungen (Wer hat das Geld ausgegeben, wodurch Sie jetzt die Schulden haben?) und für Ihre Investitionen (Wer hat diese Entscheidungen gefällt?), können Sie davon wegkommen, »ökonomisch ein Kind« zu sein, und stattdessen »ökonomisch ein Erwachsener« werden.

Verantwortung und Kontrolle

Es gibt einen unmittelbaren Zusammenhang zwischen der Übernahme von Verantwortung und dem Ausmaß der persönlichen Kontrolle, die Sie Ihrem subjektiven Gefühl nach über Ihr Leben haben. Das bedeutet: Je mehr Verantwortung Sie übernehmen, desto größer ist Ihr *Gefühl, die Dinge im Griff zu haben.*

Es gibt außerdem einen unmittelbaren Zusammenhang zwischen dem Ausmaß des subjektiven Kontrollgefühls und der Stärke Ihrer positiven Gefühle. Je stärker Ihr Gefühl ist, in wichtigen Bereichen Ihres Lebens »die Dinge im Griff zu haben«, desto positiver eingestellt und glücklicher sind Sie bei allem, was Sie tun.

Wenn man Verantwortung übernimmt, fühlt man sich stark, mächtig und entschlossen. Verantwortung zu übernehmen bedeutet, dass man die negativen Emotionen, die einem Glück und Zufriedenheit rauben, beseitigt.

Verantwortung bringt Kontrolle.

In jeder Situation besteht das Gegenmittel gegen negative Emotionen darin, zu sagen: »Ich bin dafür verantwortlich.« Dann sollten Sie sich die Situation anschauen, um die Gründe dafür zu erkennen, warum Sie für das, was geschehen ist oder was vor sich geht, verantwortlich sind.

Ihre Intelligenz ist wie ein zweischneidiges Schwert: Man kann mit beiden Seiten der Klinge schneiden. Sie können Ihre Intelligenz dazu einsetzen, nach Ausflüchten zu suchen, sich zu rechtfertigen und anderen Menschen die Schuld für Dinge zuzuschieben, über die Sie nicht glücklich sind. Oder Sie können Ihre Intelligenz dazu einsetzen, die wahren Gründe dafür zu finden, dass Sie für das Geschehene verantwortlich sind, und dann Maßnahmen zu ergreifen, um das Problem zu lösen oder die Situation zu klären. Sie können sich Ausreden ausdenken, oder Sie können Fortschritte machen. Es ist Ihre Entscheidung.

Selbst wenn ein Unfall geschehen ist, beispielsweise wenn Ihr Wagen auf dem Parkplatz beschädigt wurde, während Sie bei der Arbeit waren, können Sie vielleicht *vom Gesetz her* nicht für den Unfall verantwortlich gemacht werden. Doch Sie sind für Ihre Reaktionen verantwortlich, dafür, wie Sie sich nach dem Ereignis verhalten.

Sie sollten nicht klagen oder nach einer Erklärung suchen

Das wichtigste Merkmal einer Führungskraft, einer wirklich überlegenen Person ist es, dass sie die ganze Verantwortung für eine Situation übernimmt. Man kann sich keine echte Führungskraft vorstellen, die, wenn es zu Problemen und zu Schwierigkeiten kommt, jammert und klagt, statt Maßnahmen zu ergreifen.

Dieser Sinn für Verantwortlichkeit ist das zentrale Merkmal einer hoch entwickelten Persönlichkeit: Sie übernehmen dadurch Verantwortung für Ihr Leben, dass Sie im Vorhinein beschließen, sich nicht aufzuregen oder ärgerlich zu werden über etwas, was Sie nicht beeinflussen oder verändern können. Genauso wie Sie nicht wütend werden über das Wetter, werden Sie auch nicht ärgerlich über Umstände und Situationen, die Sie nicht im Griff haben.

Zudem erlauben Sie sich selbst nicht, ärgerlich und unglücklich zu werden über traurige Erfahrungen oder Situationen, die in der *Vergangenheit* geschehen oder entstanden sind. Sie sagen sich: »Was hilft's, man kann ja doch nichts dran ändern.«

Klagen Sie nicht – handeln Sie!

Es ist erstaunlich, wie viele Menschen heutzutage unglücklich sind aufgrund von Ereignissen aus der Vergangenheit, sogar solchen, die viele Jahre zurückliegen. Immer wenn sie an die negative Erfahrung denken, werden sie noch einmal ärgerlich oder depressiv. Die gute Nachricht ist, dass man jederzeit aufhören kann, an die Vergangenheit zu denken, darüber zu diskutieren und alles wieder aufzuwärmen. Man kann loslassen und stattdessen anfangen, über die eigenen Ziele und die eigene grenzenlose Zukunft nachzudenken. Helen Keller hat einmal gesagt: »Wende dein Gesicht der Sonne zu, dann fallen die Schatten hinter dich.«

Selbstbeherrschung und Selbstkontrolle

Jegliche Selbstdisziplin, Selbstbeherrschung und Selbstkontrolle beginnt damit, dass man die Verantwortung für die eigenen Emotionen übernimmt. Und man übernimmt die Verantwortung für die eigenen *Emotionen*, indem man die hundertprozentige Verantwortung für sich selbst und für die eigenen Reaktionen auf alles übernimmt, was einem widerfährt. Man lehnt es ab, nach Ausreden zu suchen, zu klagen, zu kritisieren oder anderen Menschen für irgendetwas die Schuld zuzuschieben. Stattdessen sagt man »Ich bin dafür verantwortlich« und ergreift dann geeignete Maßnahmen.

Das einzige Gegenmittel ist Handeln

Das einzige wirkliche Gegenmittel gegen Ärger oder Sorge ist entschlossenes, von den eigenen Zielen geleitetes Handeln – aber das ist Gegenstand des nächsten Kapitels. Bevor Sie sich jedoch damit beschäftigen, sollten Sie heute beschließen, zunächst einmal Ihre Gedanken, Gefühle und Handlungen vollständig in den Griff zu bekommen.

Fällen Sie dann die Entscheidung, so intensiv an den Dingen zu arbeiten, die Ihnen wichtig sind, dass Sie gar keine Zeit haben, negative Gedanken oder Emotionen aus irgendeinem Grund irgendjemandem gegenüber zum Ausdruck zu bringen.

Wenn Sie sich in Selbstdisziplin üben und Willenskraft zeigen sowie gleichzeitig die persönliche Verantwortung für Ihr Leben übernehmen, bekommen Sie Ihre Gedanken und Gefühle vollständig in den Griff. Auf diese Weise werden Sie bei allem, was Sie tun, zu einem wirkungsvolleren, glücklicheren und positiveren Menschen.

Übungen

1. Beschließen Sie heute, die hundertprozentige Verantwortung für alles zu übernehmen, was Sie sind und was Sie werden. Sie sollten nicht klagen oder nach Erklärungen suchen. Schreiben Sie Ihren Beschluss auf.

2. Werfen Sie einen Blick auf Ihre Vergangenheit, und wählen Sie eine Person oder ein Ereignis aus, die oder das Sie auch heute noch unglücklich macht. Statt Ihre negativen Gefühle zu rechtfertigen, sollten Sie sich näher mit den Gründen beschäftigen, warum Sie teilweise selbst für das verantwortlich sind, was geschehen ist.

3. Wählen Sie eine Beziehung aus Ihrer Vergangenheit aus, die Sie unglücklich gemacht hat, und geben Sie dann drei Gründe dafür an, warum Sie für das verantwortlich sind, was geschehen ist.

4. Wählen Sie eine Person aus Ihrer Vergangenheit aus, auf die Sie immer noch ärgerlich sind, und beschließen Sie, dieser Person trotz der Dinge, die geschehen sind, vollständig zu verzeihen. Dieser Akt wird Sie emotional befreien.

____

____

5. Übernehmen Sie die vollständige Verantwortung für Ihre finanzielle Situation, und schieben Sie nicht die Schuld für irgendwelche finanziellen Probleme irgendeiner anderen Person zu. Welche Schritte werden Sie nun unternehmen, um diese Situation wieder ins Lot zu bringen?

____

____

6. Übernehmen Sie im Hinblick auf alle beteiligten Personen die ganze Verantwortung für Ihre familiäre Situation, und ergreifen Sie dann Maßnahmen, um Ihre Beziehungen zu verbessern, wo immer es Probleme geben mag.

____

____

7. Übernehmen Sie die hundertprozentige Verantwortung für Ihre Gesundheit. Beschließen Sie heute, alles zu tun oder zu unterlassen, was erforderlich ist, um einen ausgezeichneten gesundheitlichen Allgemeinzustand zu erlangen.

____

____

KAPITEL 4

Selbstdisziplin und Ziele

»Disziplin ist die Brücke zwischen den Zielen und ihrer Umsetzung.«

JIM ROHN

Ihre Fähigkeit, sich in Disziplin zu üben, sich selbst klare Ziele zu setzen und dann jeden Tag daran zu arbeiten, wird stärker dazu beitragen, Ihnen den Erfolg zu sichern, als irgendein anderer einzelner Faktor. Sie müssen Ziele haben, um etwas Erstrebenswertes im Leben zu erreichen. Sie haben wahrscheinlich schon einmal gehört, wie jemand sagte: »Man kann kein Ziel erreichen, das man gar nicht erkennen kann.«

»Wenn Sie nicht wissen, wohin Sie gehen, wird Sie jede Straße dorthin führen.«

Und Wayne Gretsky meinte einmal: »Alle Ihre Versuche, die Sie nicht in Angriff nehmen, gehen daneben.«

Allein die Tatsache, dass man sich die Zeit nimmt, zu entscheiden, was man wirklich in jedem einzelnen Bereich seines Lebens will, kann das Leben vollständig verändern.

Der 3-Prozent-Faktor

Anscheinend haben sich nur 3 Prozent der Erwachsenen Ziele und Pläne aufgeschrieben, und *diese 3 Prozent verdienen mehr als alle anderen 97 Prozent zusammen.*

Warum ist das so? Die einfachste Antwort lautet: Wenn Sie ein klares Ziel und einen Plan vor Augen haben, wie Sie dieses erreichen wollen, haben Sie auch einen Kurs, an den Sie sich jeden Tag halten können. Sie lassen sich nicht durch Ablenkungen und Umwege vom Kurs abbringen, gehen nicht verloren und geraten auch nicht auf Abwege. Stattdessen konzentrieren Sie sich immer häufiger auf eine gerade Linie – sie führt von dem Punkt, an dem Sie sich gerade befinden, zu dem Punkt, an den Sie gelangen wollen. Das ist der Grund, warum Menschen mit Zielen so viel mehr erreichen als Menschen ohne Ziele.

Tragisch ist allerdings, dass die meisten Menschen glauben, sie hätten bereits Ziele. Doch in Wirklichkeit haben sie nur *Hoffnungen* und *Wünsche*. Doch Hoffnung ist keine Strategie zum Erfolg, und ein Wunsch wurde einmal definiert als ein »Ziel ohne Energie dahinter«.

Klare Ziele sind die Voraussetzung für den Erfolg.

Ziele, die nicht niedergeschrieben und zu Plänen weiterentwickelt wurden, sind wie Geschosse ohne Schießpulver. Menschen, die ihre Ziele nicht aufschreiben, gehen durchs Leben und schießen dabei mit Platzpatronen. Weil sie glauben, dass sie ihre Ziele bereits kennen, beschäftigen sie sich nie mit der schwierigen, Disziplin fordernden Anstrengung, sich Ziele zu setzen – dahinter steckt aber die grundlegende Fähigkeit zum Erfolg.

Erhöhen Sie Ihre Erfolgschancen um ein Vielfaches

Im Jahr 2006 berichtete die Zeitung *USA Today* über eine Studie, bei der die Forscher eine große Anzahl von Menschen ausgewählt hatten, die zu Neujahr gute Vorsätze aufgestellt hatten. Zwölf Monate später führten sie mit den Befragten eine Follow-up-Untersuchung durch und fanden Erstaunliches heraus: Von den Personen, die sich ihre guten Neujahrsvorsätze nicht aufgeschrieben hatten, hatten sich nur *4 Prozent* tatsächlich an ihre Vorsätze gehalten. Doch von der Gruppe, die ihre Neujahrsvorsätze niedergeschrieben hatte (eine Übung, die nur ein paar Minuten in Anspruch nimmt), *hatten sich 44 Prozent daran gehalten*. Nimmt man das als Maß für den Erfolg, ist dies ein Unterschied von mehr als 1100 Prozent, und man erreicht dies durch den einfachen Akt, die guten Vorsätze oder Ziele auf Papier festzuhalten.

Die Disziplin des Aufschreibens

Es geht also darum, Ziele auszuarbeiten, Pläne aufzustellen, um sie zu erreichen, und sich jeden Tag damit zu beschäftigen. Im Rahmen meiner Arbeit mit mehreren Millionen Menschen in den vergangenen 25 Jahren habe ich festgestellt, dass dies die Wahrscheinlichkeit, die Ziele tatsächlich zu erreichen, um das Zehnfache oder 1000 Prozent erhöht.

Das heißt nicht, dass die Ausarbeitung der Ziele ein *Garant für Erfolg* ist, sondern nur, dass dadurch die *Erfolgswahrscheinlichkeit* um das Zehnfache zunimmt. Das sind sehr gute Erfolgschancen, die sich zu Ihren Gunsten auswirken, vor allem weil es nicht mit Kosten oder Risiken verbunden ist, wenn man einen Stift zur Hand nimmt und ein Blatt Papier vollschreibt – es kostet nur etwas Zeit.

Man bezeichnet Schreiben als eine »psychoneuromotorische Aktivität«. Der Akt des Schreibens zwingt uns, nachzudenken und uns zu konzentrieren. Er zwingt uns, zu entscheiden, was wichtig für uns und unsere Zukunft ist. Wenn Sie Ihr Ziel aufschreiben, prägen Sie es sich damit in Ihrem Unbewussten ein. Dies arbeitet dann 24 Stunden am Tag darauf hin, dass Sie Ihr Ziel in die Tat umsetzen.

Definieren Sie Ihre Ziele und schreiben Sie sie auf.

Bisweilen sage ich dem Publikum in meinen Seminaren: »Nur 3 Prozent der Erwachsenen schreiben sich ihre Ziele auf, und alle anderen arbeiten für diese Leute.« Im wirklichen Leben arbeiten Sie entweder daran, Ihre eigenen Ziele zu erreichen, oder Sie arbeiten daran, die Ziele einer anderen Person zu erreichen. Entscheiden Sie selbst, was Sie lieber tun wollen!

Erfolgs- kontra Misserfolgsmechanismen

Ihr Gehirn verfügt sowohl über Erfolgs- als auch über Misserfolgsmechanismen. Der Misserfolgsmechanismus ist die Versuchung, dem undisziplinierten Weg des geringsten Widerstands zu folgen, zu tun, was Spaß macht und einfach ist, und nicht das, was schwierig und notwendig ist. Der Misserfolgsmechanismus funktioniert automatisch lebenslang; und das ist der Hauptgrund dafür, dass die meisten Menschen es nicht schaffen, ihr individuelles Potenzial auszuschöpfen.

Während Ihr Misserfolgsmechanismus automatisch funktioniert, kommt Ihr Erfolgsmechanismus durch ein Ziel in Gang. Wenn Sie sich für ein Ziel entscheiden, setzen Sie Ihren Misserfolgsmechanismus außer Kraft und können die Richtung ändern, in die Ihr Leben führen wird. Sie entwickeln sich von einem Schiff ohne Ruder, das in der Strömung treibt, zu einem Schiff mit einem Ruder, einem Kompass und einer klaren Richtung, das direkt auf Ihr Ziel zusegelt.

Die Wirksamkeit der Ziele

Einer meiner Klienten erzählte mir kürzlich eine interessante Geschichte. Er sagte, er hätte 1994 eines meiner Seminare besucht, auf denen ich darüber gesprochen hätte, wie wichtig es sei, sich Ziele aufzuschreiben und Pläne aufzustellen, um sie zu erreichen. Zu diesem Zeitpunkt war er 35 Jahre alt, verkaufte Autos für einen Händler in Nashville und verdiente etwa 50 000 Dollar im Jahr.

Er sagte mir, dass dieser Tag sein Leben verändert habe. Er fing damals an, seine Ziele und Pläne niederzuschreiben und jeden Tag an ihnen zu arbeiten. Zwölf Jahre später verdiente er mehr als 1 000 000 Dollar im Jahr und war Chef einer schnell wachsenden Firma, die Dienstleistungen für einige der größten Firmen im Land anbietet. Er erzählte mir, dass er sich nicht vorstellen könne, wie sein Leben verlaufen wäre, wenn er nicht ein Blatt Papier herausgenommen und sich die Ziele aufgeschrieben hätte, die er in den nächsten Jahren erreichen wollte.

Übernehmen Sie die Kontrolle über Ihr Leben

Aristoteles hat geschrieben, dass die Menschen *teleologische* Lebewesen sind; das bedeutet schlicht, dass wir *von Zielen gesteuert* werden. Daher fühlen Sie sich nur dann glücklich und imstande, Ihr Leben im Griff zu haben, wenn Sie über ein klares Ziel verfügen, an dem Sie jeden Tag arbeiten. Das bedeutet auch, dass die Fähigkeit, zu jemandem zu werden, der sich lebenslang Ziele setzt, die wichtigste Form von Disziplin ist, die Sie jemals entwickeln werden.

Im Tierreich ist die Brieftaube ein bemerkenswerter Vogel. Sie hat einen verblüffenden Instinkt, der sie befähigt, zu ihrem Taubenschlag zurückzufinden, gleichgültig wie weit entfernt sie von ihm ist oder in welche Richtung sie fliegen muss. Man kann eine Brieftaube aus ihrem Taubenschlag herausnehmen, sie in einen Käfig sperren, den Käfig in eine Kiste legen, die Kiste mit einer Decke abdecken und auf die Ladefläche eines Lastwagens stellen. Man könnte dann 1000 Kilometer in irgendeine Richtung fahren, die Ladefläche öffnen, die Kiste herausnehmen, die Decke entfernen, den Käfig öffnen und die Brieftaube in die Luft werfen.

Die Brieftaube wird dreimal im Kreis fliegen, sich kurz orientieren und dann direkt zu ihrem Taubenschlag zurückfliegen. Sie ist das einzige Geschöpf auf der Erde, das diese Fähigkeit besitzt – außer dem Menschen. Außer *Ihnen*.

Wenn Sie Ihr Ziel immer vor Augen haben, werden Sie es auch erreichen.

Auch Sie verfügen über diese bemerkenswerte Fähigkeit, nach Hause zu finden. Doch es gibt da einen kleinen Unterschied. Die Brieftaube scheint *instinktiv* genau zu wissen, wo sich ihr Taubenschlag befindet. Sie besitzt dann die Fähigkeit, direkt zu diesem Taubenschlag zurückzufliegen. Wenn Menschen in ihr Denken ein Ziel einprogrammieren, können sie sich im Gegensatz zur Brieftaube auf den Weg machen, ohne dass sie *irgendeine Vorstellung* davon haben, wohin sie gehen oder wie sie dieses Ziel erreichen sollen. Doch aus irgendeinem wundersamen Grund werden sie anfangen, sich mit untrüglicher Sicherheit auf dieses Ziel zuzubewegen, und das Ziel wird anfangen, sich auf sie zuzubewegen.

Immer noch zögern viele Menschen, sich Ziele zu setzen. Sie sagen: »Ich möchte finanziell unabhängig sein, aber ich habe keine

Vorstellung davon, wie ich dorthin gelangen soll.« Infolgedessen setzen sie sich noch nicht einmal finanziellen Erfolg als Ziel. Aber die gute Nachricht ist, dass *Sie gar nicht wissen müssen, wie Sie dorthin gelangen*. Sie müssen sich nur darüber im Klaren sein, was Sie erreichen wollen, und der Zielverfolgungsmechanismus in Ihrem Gehirn wird Sie mit untrüglicher Sicherheit zu Ihrem Bestimmungsort leiten.

Beispielsweise können Sie beschließen, dass Sie Ihre ideale berufliche Stellung finden wollen, bei der Sie für und mit Menschen arbeiten, die Sie mögen und respektieren, und bei der Sie einer Tätigkeit nachgehen, die sowohl anspruchsvoll als auch reizvoll ist. Nehmen Sie sich etwas Zeit, um genau darzustellen, wie Ihre ideale Arbeit und Arbeitsstelle aussehen würde. Dann beschäftigen Sie sich mit dem Arbeitsmarkt und beginnen mit der Suche.

Nach einer Reihe von Vorstellungsgesprächen kommt es häufig vor, dass man zur rechten Zeit an den richtigen Ort geht und genau den richtigen Job findet. Fast jeder hat irgendwann einmal diese Erfahrung gemacht. Das können Sie *planvoll* angehen und nicht nur per Zufall, einfach indem Sie sich völlig klar darüber werden, was Sie wirklich wollen.

In sieben Schritten zum Ziel

Es gibt sieben einfache Schritte, an die Sie sich halten können, um Ziele aufzustellen und schneller zu erreichen. Es gibt natürlich komplexere und detailliertere Methoden, um Ziele zu erreichen. Aber diese Methode mit ihren sieben Schritten wird Sie in die Lage versetzen, zehnmal mehr zu erreichen als je zuvor. Und es wird weitaus schneller gehen, als Sie es sich momentan vorstellen können.

Schritt 1: Beschließen Sie, was genau *Sie wollen.* Gehen Sie ins Detail. Wenn Sie ein höheres Einkommen wollen, legen Sie einen genauen Geldbetrag fest, statt einfach nur zu sagen, dass Sie »mehr Geld verdienen« wollen.

Schritt 2: Schreiben Sie es auf. Ein Ziel, das Sie nicht schriftlich fixiert haben, ist wie Zigarettenrauch: Es treibt dahin und verschwindet schließlich. Es bleibt vage und inhaltslos, hat weder Kraft noch Wirkung noch Macht. Ein schriftliches Ziel jedoch kann man sehen, berühren, lesen und notfalls auch verändern.

Schritt 3: Setzen Sie sich für Ihr Ziel einen Termin. Legen Sie eine angemessene Zeitspanne fest, und schreiben Sie den Termin auf, bis zu dem Sie das Ziel erreicht haben wollen. Wenn es umfassend genug ist, setzen Sie sich einen Endtermin, dann Untertermine oder Zwischenschritte zwischen dem Punkt, an dem Sie heute stehen, und dem, an dem Sie in Zukunft sein wollen.

Ein Termin sorgt für den nötigen Druck in Ihrem Gehirn. Genauso, wie Sie oft mehr erledigen können, wenn Sie unter Termindruck stehen, arbeitet Ihr Unbewusstes schneller und effizienter, wenn Sie entschieden haben, dass Sie zu einem bestimmten Zeitpunkt ein Ziel erreicht haben wollen.

Die Regel lautet: »Es gibt keine unrealistischen Ziele; es gibt nur unrealistische Termine.«

Was machen Sie nun, wenn Sie Ihr Ziel zum veranschlagten Termin nicht erreicht haben? Ganz einfach. Sie setzen sich einen neuen Termin. Ein Termin ist nur eine ungefähre Schätzung. Manchmal werden Sie Ihr Ziel vor dem Termin erreichen, manchmal genau zum festgesetzten Termin und manchmal erst danach.

Wenn Sie sich Ihr Ziel setzen, dann geschieht dies im Kontext bestimmter äußerer Umstände. Und diese Umstände können sich ändern, was Sie dazu veranlassen wird, auch Ihren Termin zu ändern.

Arbeiten Sie jeden Tag darauf hin, Ihre Ziele zu erreichen.

Schritt 4: Stellen Sie eine Liste aller vorstellbaren Dinge auf, die Sie tun könnten, um Ihr Ziel zu erreichen. Henry Ford sagte einmal: »Auch ein noch so großes Ziel lässt sich erreichen, wenn man es in genügend kleine Schritte unterteilt.«

- Stellen Sie eine Liste von äußeren und inneren *Hindernissen und Schwierigkeiten* zusammen, die Sie überwinden müssen, um Ihr Ziel zu erreichen.
- Stellen Sie eine Liste von zusätzlichem *Wissen und* zusätzlichen *Fertigkeiten* auf, die Sie benötigen, um Ihr Ziel zu erreichen.

- Stellen Sie eine Liste von *Menschen* auf, deren Kooperation und Unterstützung erforderlich sein wird, um Ihr Ziel zu erreichen.
- Stellen Sie eine Liste von allem auf, was Sie Ihrer Meinung nach tun müssten. Ergänzen Sie diese Liste immer dann, wenn neue Aufgaben und Verantwortlichkeiten für Sie hinzukommen. Schreiben Sie weiterhin alles auf, bis Ihre Liste vollständig ist.

Schritt 5: Strukturieren Sie Ihre Liste sowohl nach der Abfolge als auch nach der Priorität. Eine nach der Abfolge strukturierte Liste mit Aktivitäten erfordert von Ihnen, dass Sie entscheiden, was Sie als Erstes, was Sie als Zweites und was Sie später machen müssen. Eine Liste, die nach der *Priorität* strukturiert ist, gibt Ihnen die Möglichkeit, zu bestimmen, was wichtiger und was weniger wichtig ist.

Manchmal sind Abfolge und Priorität dasselbe, oft aber nicht. Wenn Sie beispielsweise ein Unternehmen gründen wollen, könnte der erste Punkt in der Abfolge der Schritte für Sie darin bestehen, ein Buch zu kaufen oder sich für ein Seminar über die betreffende Branche anzumelden.

Doch am wichtigsten ist Ihre Fähigkeit, einen Geschäftsplan zu entwickeln, der auf einer vollständigen Analyse des Marktes beruht. Mit diesem Plan können Sie die erforderlichen Ressourcen akquirieren und dann tatsächlich mit dem Geschäft beginnen, das Sie im Sinn haben.

Schritt 6: Setzen Sie Ihren Plan sofort in die Tat um. Machen Sie den ersten Schritt – und dann den zweiten und den dritten. Kommen Sie in Schwung. Seien Sie fleißig. Bewegen Sie sich schnell vorwärts. Dulden Sie keine Unterbrechungen. Und erinnern Sie sich an Folgendes: Wenn Sie etwas hinausschieben, stiehlt Ihnen das nicht nur Zeit, sondern es raubt Ihnen auch ein Stück von Ihrem Leben.

Der Unterschied zwischen Erfolgen und Misserfolgen im Leben besteht schlicht darin, dass Gewinner die *Initiative* ergreifen. Sie sind handlungsorientiert. Im Vorspann zu *Star Trek* heißt es: »Sie dringen in Galaxien vor, die nie ein Mensch zuvor gesehen hat.« Gewinner sind bereit, die Initiative zu ergreifen, auch wenn der Erfolg nicht sicher ist. Obwohl sie bereit sind, sich Misserfolg und Enttäuschung auszusetzen, ergreifen sie immer bereitwillig die Initiative.

Schritt 7: Tun Sie jeden Tag etwas, was Sie zu Ihrem Hauptziel hinführt. Das ist der entscheidende Schritt, der Ihnen den Erfolg garantiert: Tun Sie etwas, sieben Tage die Woche, an 365 Tagen im Jahr. Unternehmen Sie *irgendetwas*, was Sie zumindest einen Schritt dem Ziel näher bringt, das Ihnen zu diesem Zeitpunkt am wichtigsten ist.

Wenn Sie jeden Tag etwas tun, was Sie in Richtung auf Ihr Ziel zubewegt, kommen Sie in *Schwung*. Dieser Schwung, dieses Gefühl der Vorwärtsbewegung, motiviert Sie, regt Sie an und gibt Ihnen Antrieb. In dem Maße, wie Sie in Schwung kommen, werden Sie es als immer einfacher empfinden, noch weitere Schritte in Richtung auf Ihr Ziel zu unternehmen.

In kürzester Zeit werden Sie die Disziplin entwickelt haben, die Sie brauchen, um sich Ziele zu setzen und diese zu erreichen. Schon bald wird es einfach werden und automatisch laufen. Sie werden bald die Gewohnheit und die Disziplin entwickeln, um die ganze Zeit über in Richtung auf Ihre Ziele hin zu arbeiten.

Die 10-Ziele-Übung

Hier handelt es sich um eine der wirkungsvollsten Methoden, um ein Ziel zu erreichen, die ich je entdeckt habe. Ich lehre sie überall auf der Welt, und ich praktiziere sie fast jeden Tag selbst.

Nehmen Sie ein leeres Blatt Papier. Schreiben Sie oben auf die Seite das Wort »Ziele« und das Datum des heutigen Tages. Dann bringen Sie die Disziplin auf, zehn Ziele niederzuschreiben, die Sie gerne in den nächsten zwölf Monaten erreichen würden. Notieren Sie Ziele im Hinblick auf die Finanzen, auf die Familie und auf die Fitness, aber auch Ziele in Bezug auf persönliche Besitztümer wie ein Haus oder ein Auto.

Machen Sie sich im Moment keine Gedanken darüber, wie Sie diese Ziele erreichen können. Schreiben Sie sie einfach so schnell wie möglich auf. Wenn Sie möchten, können Sie auch 15 Ziele aufschreiben. Für diese Übung genügt es aber schon, dass Sie mindestens zehn Ziele innerhalb von drei bis fünf Minuten aufschreiben.

Wählen Sie ein Ziel aus

Wenn Sie erst einmal Ihre zehn Ziele aufgeschrieben haben, sollten Sie sich für den Augenblick vorstellen, dass Sie all die Ziele auf Ihrer Liste erreichen können, wenn Sie das nur lange und fest genug wollen. Stellen Sie sich außerdem vor, Sie hätten einen »Zauberstab«, den Sie schwingen könnten und der Sie in die Lage versetzte, innerhalb von 24 Stunden jedes *einzelne* Ziel auf Ihrer Liste zu erreichen.

Welches ist Ihr höchstes Ziel?

Wenn Sie innerhalb von 24 Stunden jedes einzelne Ziel auf Ihrer Liste erreichen könnten, welches davon würde zum momentanen Zeitpunkt die *größte positive Wirkung* auf Ihr Leben haben? Welches einzelne Ziel würde Ihr Leben mehr verändern oder verbessern als irgendein anderes? Welches einzelne Ziel würde Ihnen, wenn Sie es erreichen sollten, dabei helfen, mehr von Ihren anderen Zielen zu erreichen als irgendein anderes?

Wie immer Ihre Antwort auf diese Fragen lautet, kreisen Sie dieses Ziel mit einem Stift ein, und notieren Sie es dann ganz oben auf einem leeren Blatt Papier. Dieses Ziel wird dann zu Ihrer »klaren Hauptzielsetzung«. Es wird zum Schwerpunkt und zum strukturierenden Prinzip Ihrer künftigen Aktivitäten.

Stellen Sie einen Plan auf

Wenn Sie dieses Ziel erst einmal aufgeschrieben haben, es klar, spezifisch und messbar ist, sollten Sie sich für Ihr Ziel einen Termin setzen. Ihr Unbewusstes braucht einen Termin, damit Sie alle Ihre geistigen Kräfte auf die Zielerreichung konzentrieren können.

Stellen Sie eine Liste von allem Erdenklichen auf, was Sie tun könnten, um Ihr Ziel zu erreichen. Strukturieren Sie diese Liste nach Abfolge und Priorität.

Wählen Sie den wichtigsten oder logisch nächsten Schritt in Ihrem Plan aus, und ergreifen Sie sofort die Initiative. Machen Sie den ersten Schritt. Tun Sie *etwas*. Tun Sie *irgendetwas*.

Beschließen Sie, jeden einzelnen Tag an diesem Ziel zu arbeiten, bis Sie es ganz und gar erreicht haben. Von diesem Moment an gilt für Sie: »Misserfolg ist keine Option.« Wenn Sie sich einmal dafür entschieden haben, dass dieses einzelne Ziel die größte positive Wirkung auf Ihr Leben haben kann, und Sie es als klare Hauptzielsetzung festgelegt haben, sollten Sie Folgendes beschließen: Sie arbeiten so hartnäckig und so lange auf dieses Ziel hin, wie Sie können, und Sie werden nicht aufgeben, bis Sie es erreicht haben. Schon dieser Beschluss allein kann Ihr Leben verändern.

Machen Sie ein Brainstorming, um in Gang zu kommen

Und noch eine Technik, die Sie einsetzen können, um die Wahrscheinlichkeit drastisch zu erhöhen, dass Sie Ihr wichtigstes Ziel erreichen. Hier handelt es sich um die wirkungsvollste kreative Denktechnik, mit der ich es je zu tun hatte. Mithilfe dieser Methode sind mehr Menschen reich geworden als auf irgendeine andere Weise.

Nehmen Sie ein weiteres leeres Blatt Papier. Notieren Sie Ihre klare Hauptzielsetzung ganz oben auf der Seite in Form einer *Frage*. Bringen Sie dann Ihre ganze Selbstdisziplin auf, um mindestens 20 Antworten auf die Frage niederzuschreiben.

Wenn Ihr Ziel beispielsweise darin besteht, zu einem bestimmten Zeitpunkt eine bestimmte Summe Geld zu verdienen, würden Sie die Frage folgendermaßen formulieren: »Wie kann ich zu diesem speziellen Zeitpunkt X Dollar verdienen?«

Dann bringen Sie Ihre ganze Disziplin auf, um 20 Antworten auf Ihre Frage zu finden. Diese Übung im Brainstorming wird Ihren Geist aktivieren, Ihre Kreativität freisetzen und Ideen zutage fördern, über die Sie noch nie zuvor nachgedacht haben.

Die ersten drei bis fünf Antworten werden leicht zu finden sein. Bei den nächsten fünf wird es schwierig und bei den letzten zehn Antworten noch schwieriger, als Sie es sich vorstellen können, zumindest wenn Sie diese Übung das erste Mal machen. Dennoch müssen Sie Ihre ganze Disziplin und Willenskraft aufbringen, um durchzuhalten, bis Sie mindestens 20 Antworten niedergeschrieben haben.

Wenn Sie 20 Antworten gefunden haben, sollten Sie sich Ihre Liste noch einmal genau anschauen und eine der Antworten auswählen, um sofort Maßnahmen in dieser Richtung zu ergreifen. Sobald Sie Maßnahmen zu einer einzigen Idee auf Ihrer Liste ergreifen, scheinen weitere Ideen aufzukommen und Sie anzuregen, Maßnahmen zu weiteren Ihrer Antworten zu ergreifen.

Das großartige Gesetz von Ursache und Wirkung

Die wichtigste Anwendung des Gesetzes von Ursache und Wirkung besteht in Folgendem: »Gedanken sind Ursachen und Zustände sind Wirkungen.«

Ihre Gedanken bringen Ihre Lebensbedingungen hervor. Wenn Sie Ihr Denken ändern, ändern Sie Ihr Leben. Ihre Außenwelt wird zum Spiegelbild Ihrer Innenwelt.

Die vielleicht größte Entdeckung in der Geschichte des Denkens ist die folgende: »Man wird zu dem, worüber man den größten Teil der Zeit nachdenkt.« Außerdem merkte der irische Schriftsteller John Boyle an: »Alles, worüber du ständig nachdenkst, kannst du haben.«

Ihre Denkweise kann Ihr Leben verändern.

Napoleon Hill, Autor des erfolgreichen Klassikers *Denke nach und werde reich* – der auf Englisch zuerst 1939 veröffentlicht wurde und sich immer noch gut verkauft –, sagte einmal: »Was immer sich der menschliche Geist ausdenken und woran immer er glauben mag, er kann es auch erreichen.«

Wenn Sie ständig an Ihr Ziel denken und jeden Tag daran arbeiten, wird sich ein immer größerer Teil Ihrer geistigen Ressourcen darauf konzentrieren, dass Sie sich auf Ihr Ziel hinbewegen – und Ihr Ziel sich auf Sie.

Die Disziplin, mit der Sie sich täglich Ziele setzen, wird Sie zu einem kraftvollen, zielgeleiteten und unwiderstehlichen Menschen machen. Sie werden Selbstwertgefühl, Selbstvertrauen und Selbstachtung entwickeln. Wenn Sie das Gefühl haben, dass Sie sich selbst immer schneller auf Ihre Ziele hinbewegen, werden Sie am Ende unaufhaltbar werden.

Im nächsten Kapitel werde ich erklären, wie die Anwendung der Selbstdisziplin zur Entwicklung persönlicher Exzellenz beiträgt. Sie ist der wirkungsvollste Schritt ist, den Sie machen können, um alle Ihre materiellen und emotionalen Ziele zu erreichen.

Übungen

1. Beschließen Sie heute, Ihren Erfolgsmechanismus »einzuschalten« und Ihren Zielerreichungsmechanismus dadurch freizuschalten, dass Sie bestimmen, was genau im Leben Sie *wirklich* wollen.

2. Stellen Sie eine Liste mit zehn Zielen auf, die Sie in absehbarer Zukunft erreichen wollen. Formulieren Sie sie im Präsens, als hätten Sie sie bereits erreicht.

3. Wählen Sie das eine Ziel aus, das die größte positive Wirkung auf Ihr Leben haben könnte, wenn Sie es denn erreichen sollten, und schreiben Sie es ganz oben auf ein weiteres Blatt Papier.

4. Fertigen Sie eine Liste von allem an, was Sie tun könnten, um dieses Ziel zu erreichen; strukturieren Sie sie nach der Abfolge und der Priorität, und ergreifen Sie sofort Maßnahmen in dieser Richtung.

____

____

5. Üben Sie sich in Brainstorming, indem Sie 20 Ideen aufschreiben, die hilfreich dabei sein könnten, dass Sie Ihr wichtigstes Ziel erreichen, und ergreifen Sie dann Maßnahmen zu mindestens einer dieser Ideen.

____

____

6. Beschließen Sie, an sieben Tagen pro Woche jeden Tag etwas zu tun, um Ihr wichtigstes Ziel zu erreichen, bis Sie Erfolg damit haben.

____

____

7. Rufen Sie sich ständig in Erinnerung, dass »Misserfolg keine Option ist«. Was auch immer geschehen mag, beschließen Sie, nicht lockerzulassen, bis Sie erfolgreich sind.

____

____

KAPITEL 5

Selbstdisziplin und persönliche Spitzenleistung

»Wir sind das, was wir wiederholt tun. Vorzüglichkeit ist daher keine Handlung, sondern eine Gewohnheit.«

ARISTOTELES

Sie selbst sind Ihr wertvollster Aktivposten. Ihr Leben, Ihr Potenzial und Ihre Möglichkeiten sind das Kostbarste, was Sie haben. Daher sollte es das höchste Ziel in Ihrem Leben sein, dieses Potenzial auszuschöpfen und alles zu werden, wozu Sie imstande sind.

Ihre Fähigkeiten, zu lernen, zu wachsen und Ihr Potenzial auszuschöpfen, sind unbegrenzt. Heutzutage holen Menschen mit über 70 Jahren ihren Gymnasial- und Hochschulabschluss nach, lernen neue Fächer und entwickeln neue Talente. Ihre Fähigkeit, zu lernen und zu erinnern, kann über Ihr gesamtes Leben hinweg Bestand haben, wenn Ihr Gehirn im besten Sinne lebendig, wach und funktionstüchtig bleibt.

Ihr wertvollster finanzieller Aktivposten ist Ihre *Fähigkeit, Geld zu verdienen*. Ihre Arbeitsfähigkeit ist über Ihr gesamtes Leben hinweg Ihre hauptsächliche Geldquelle. Sie könnten Ihr Haus, Ihren Wagen, Ihr Bankkonto und alles, was Sie besitzen, verlieren; doch solange Sie über die Fähigkeit verfügen, Geld zu verdienen, können Sie alles in den vor Ihnen liegenden Monaten und Jahren erneut verdienen.

Ihre größte Investition

Die meisten Menschen erkennen das nicht. Sie setzen ihre Fähigkeit, Geld zu verdienen, als etwas selbstverständlich Gegebenes voraus. Aber Sie haben Ihr gesamtes Leben dafür gebraucht, Ihre Fähigkeit zum Geldverdienen zu entwickeln. Jedes Quäntchen Erziehung, Erfahrung und harte Arbeit, das Sie darin investiert haben, Ihr Handwerk zu lernen und Ihre Fähigkeiten zu entwickeln, ging in den Aufbau dieses Aktivpostens ein.

Investieren Sie in Ihre Arbeitsfähigkeit.

Ihre Fähigkeit, Geld zu verdienen, hat große Ähnlichkeit mit einem Muskel: Wie dieser kann sie durch regelmäßiges Training jedes Jahr an Stärke und Kraft zunehmen. Entsprechend gilt auch das Gegenteil: Wenn man es dabei bewenden lässt oder sie ignoriert, kann Ihre Fähigkeit Geld zu verdienen wie Ihre Muskeln schwächer werden oder sogar abnehmen, weil Sie es einfach nicht geschafft haben, sie auszubauen.

Anders ausgedrückt: Ihre Fähigkeit, Geld zu verdienen, kann entweder ein im Wert *steigender* oder *fallender* Aktivposten sein. Ein im Wert steigender Aktivposten ist etwas, dessen Wert und Cashflow infolge kontinuierlicher Investitionen und Verbesserungen jedes Jahr anwächst. Ein im Wert fallender Aktivposten ist dagegen etwas, was seinen Wert mit der Zeit verliert und am Ende den Punkt erreicht, an dem er »abgeschrieben« ist, wodurch er wenig oder keinen weiteren Wert mehr hat. Es ist Ihre Entscheidung, ob Ihre Fähigkeit, Geld zu verdienen, jeden Monat und jedes Jahr zu- oder abnimmt.

Sie sind der Chef

Sie sollten sich selbst als Chef Ihrer eigenen »Firma für persönliche Dienstleistungen« verstehen. Stellen Sie sich vor, dass Sie Ihre Firma in eine Aktiengesellschaft umwandeln und sie an der Börse gehandelt wird. Würden Sie Ihre Firma als *Wachstums*aktie empfehlen, deren Wert und Fähigkeit zum Geldverdienen sich jedes Jahr erhöht?

Oder würden Sie Ihre Firma als eine beschreiben, deren Wert sich auf dem Markt abschwächt, die in Bezug auf höheren Wert und Einkommen nicht weiter vorankommt? Würden Sie die Aktie »Ich-AG« als eine hervorragende Investition empfehlen? Warum oder warum nicht?

Was Sie bis hierhin gebracht hat, bringt Sie nicht weiter

Einige Menschen verlieren tatsächlich jedes Jahr einen Teil ihrer Möglichkeiten, ihre Fähigkeit, Geld zu verdienen, nimmt ab; denn sie bauen nicht ständig ihr Wissen und ihre Fertigkeiten aus. Sie erkennen nicht, dass das Wissen und die Fertigkeiten, die sie heute haben, schnell überholt sein werden und durch neues Wissen und neue Fertigkeiten ersetzt werden. Wenn Sie diese nicht haben oder jemand anders über sie verfügt, laufen Sie Gefahr, von Ihrem Konkurrenten übernommen zu werden.

Schließen Sie zu den oberen 20 Prozent auf

In Kapitel 1 erwähnte ich, dass sich die 80/20-Regel auf Einkommen anwenden lässt: Die oberen 20 Prozent der Menschen in unserer Gesellschaft verdienen und kontrollieren 80 Prozent des Aktivvermögens. Laut *Forbes*, *Fortune*, *Business Week*, dem *Wall Street Journal* und der obersten Steuerbehörde der Vereinigten Staaten (IRS) kontrolliert das obere eine Prozent der Amerikaner schätzungsweise etwa 33 Prozent der Aktivvermögen.

Die interessanteste Entdeckung zur Ungleichheit der Einkommen besteht darin, dass die meisten Millionäre, Multimillionäre und Milliardäre in Amerika in *erster* Generation reich geworden sind. Sie haben mit gar nichts oder mit wenig Geld angefangen und sich alles in ihrem Leben selbst verdient.

Sie können es an die Spitze schaffen.

In Amerika gibt es ein hohes Niveau an Einkommensmobilität; das bedeutet, dass man in der Lage ist, von einem unteren Einkommensniveau auf ein höheres zu gelangen. Fast alle, die heute zu den oberen 20 Prozent gehören, haben einmal bei den unteren 80 Prozent angefangen. Von diesem Punkt an begannen sie, etwas mit ihrer Zeit und in ihrem Leben anders zu machen als zuvor, und infolgedessen führten sie sich selbst auf direktem Wege die finanzielle Erfolgsleiter hinauf.

Keine Begrenzungen für Ihr Potenzial

Der durchschnittliche Einkommenszuwachs in Amerika beträgt ungefähr drei Prozent pro Jahr. Das ist in etwa so viel wie die Inflationsrate und die Zunahme der Lebenshaltungskosten. Menschen, deren Einkommen pro Jahr um drei Prozent wächst, kommen nur selten weiter. Sie haben einen *Job*, den man als Akronym für »*J*ust *O*ver *B*roke« (gerade noch nicht bankrott) treffend beschreiben kann.

Aber es ist eine Tatsache, dass niemand besser und schlauer ist als Sie. Wenn irgendjemand etwas besser macht als Sie heute, dann ist das schlicht der Beweis dafür, dass er gelernt hat, wie sich das Gesetz von Ursache und Wirkung auf seine Arbeit anwenden lässt. Und er hat begonnen, Dinge zu tun, die auch andere erfolgreiche Menschen getan haben. Die Anwendung des Gesetzes von Ursache und Wirkung auf Ihr persönliches Leben lautet: »Lerne und handle!«

Ob Sie persönliche Spitzenleistung erreichen wollen, das ist eine Entscheidung, die Sie fällen – oder bei der Sie darin versagt haben, sie zu fällen. Aber wenn es Ihnen nicht gelingt, sich in einem selbst gewählten Bereich auf Exzellenz zu verpflichten, fallen Sie automatisch auf eine Durchschnittsleistung zurück – oder gar auf Mittelmäßigkeit. Niemand wird durch Zufall exzellent oder dadurch, dass er einfach jeden Tag zur Arbeit geht. Spitzenleistung setzt eine eindeutige Entscheidung und eine lebenslange Verpflichtung voraus.

Der Schlüssel zum 21. Jahrhundert

Wissen und Fertigkeiten sind der Schlüssel zum 21. Jahrhundert. Um zur bestmöglichen Person zu werden und zur Spitze Ihres Bereichs vorzudringen, müssen Sie sich über Ihr gesamtes Leben hinweg in Selbstdisziplin üben. Geistige Fitness ist vergleichbar mit körperlicher Fitness: Wenn Sie beides erreichen wollen, müssen Sie Ihr gesamtes Leben lang daran arbeiten. Sie dürfen nie nachlassen. Wenn Sie zu den oberen 20 Prozent gehören und dort bleiben wollen, müssen Sie ständig lernen und daran wachsen – jeden Tag, jede Woche und jeden Monat –, über Ihre gesamte berufliche Entwicklung hinweg (und in anderen Lebensbereichen). Um mehr zu verdienen, müssen Sie mehr *lernen*.

Abraham Lincoln schrieb einmal: »Dass einige reich sind, zeigt, dass auch andere reich werden können.«

Lebenslanges Lernen ist eine Bedingung für Erfolg.

Was andere gemacht haben, können auch Sie tun – wenn Sie lernen *wie*. Jeder, der ganz oben ist, war einmal unten. Viele Menschen, die aus durchschnittlichen oder armen Familien mit durchschnittlichen Einkommen stammen oder unter durchschnittlichen Umständen aufwuchsen, haben sich darangemacht, zu den wenigen herausragenden Menschen in ihrem Bereich zu werden. Und was Hunderttausende oder gar Millionen anderer Menschen gemacht haben, können auch Sie tun. Der Philosoph Bertrand Russell schrieb einmal: »Der wirklich beste Beweis dafür, dass man etwas tun kann, ist, dass jemand anders es bereits getan hat.«

Vom Gewöhnlichen zum Außergewöhnlichen

Sehr oft trifft man auf Menschen, die nicht so intelligent oder begabt wie Sie zu sein scheinen, die aber dennoch bemerkenswerte Dinge in ihrem Leben erreichen. Es gibt nichts, was Sie ärgerlicher macht, als auf jemanden zu stoßen, der allem Anschein nach *dümmer* als Sie ist und dem es besser als Ihnen geht. Wie kann das sein?

Die Antwort ist einfach: An einem bestimmten Punkt in ihrem Leben haben diese Menschen erkannt, dass der Schlüssel zum Erfolg persönliches und berufliches Wachstum war. Das war die Hinwendung an das lebenslange Lernen.

Die gute Botschaft ist, dass fast jede wichtige Fertigkeit *erlernbar* ist. Jede Fertigkeit, die Sie in der Wirtschaft brauchen, ist erlernbar. Jeder, der in irgendeinem Bereich der Wirtschaft kompetent ist, war auf diesem Gebiet irgendwann einmal völlig unwissend. Jede Verkaufsfähigkeit ist erlernbar. Jeder Spitzenverkäufer hat einmal das Verkaufen gelernt, bevor er in der Lage war, jemanden anzurufen oder bei einem Verkauf zum Abschluss zu kommen. Auch alle Fertigkeiten, die etwas mit dem Geldverdienen zu tun haben, sind erlernbar. Fast jeder reiche Mensch war einmal arm. Sie können alles lernen, was Sie lernen müssen, um irgendein Ziel zu erreichen, das Sie sich setzen können.

Fällen Sie eine Entscheidung

Der Ausgangspunkt dafür, dass Sie nach vorne und nach oben kommen, dafür, dass Sie eine der kompetentesten, meistgeachteten und am besten bezahlten Personen in Ihrem Bereich werden, ist ganz einfach: *Fällen Sie eine Entscheidung!*

Man sagt: Zu jeder größeren Veränderung im Leben kommt es, indem man sich geistig mit einer neuen Idee konfrontiert und dann die Entscheidung fällt, etwas anders zu machen als bisher. Sie fällen die Entscheidung, sich weiterzubilden, Ihre Fertigkeiten auszubauen oder auf eine gute Hochschule zu gehen. Sie fällen die Entscheidung, eine neue Firma zu gründen. Sie fällen die Entscheidung, eine bestimmte berufliche Position anzunehmen oder eine bestimmte Karriere zu beginnen. Sie fällen die Entscheidung, Ihr Geld auf eine besondere Weise zu investieren. Und vor allem fällen Sie die Entscheidung, der Beste auf Ihrem Gebiet zu sein.

Entscheiden Sie sich dafür, der oder die Beste zu werden.

Viele Menschen sagen, dass sie gerne *glücklich, gesund, schlank* und *reich* wären. Aber (wie in Kapitel 4 erörtert) reichen *Wünschen* und *Hoffen* nicht aus. Sie müssen eine unumkehrbare, unmissverständliche Entscheidung fällen, dass Sie jeden Preis zahlen und jede Entfernung gehen wollen, um die Ziele zu erreichen, die Sie sich selbst gesetzt haben. Sie müssen diese Entscheidung fällen und dann die geistigen Brücken zur Vergangenheit abbrechen. Von dieser Minute an beschließen Sie, ständig an sich selbst und an Ihren Fertigkeiten zu arbeiten, bis Sie die oberen 20 Prozent – oder mehr – erreicht haben.

Folgen Sie den Führungskräften, nicht den Gefolgsleuten

Wenn Sie sich dafür entscheiden, einer der Besten auf Ihrem Gebiet zu sein, schauen Sie sich um, und finden Sie heraus, welche Leute bereits an der Spitze stehen:

- Welche gemeinsamen Merkmale haben sie?
- Wie planen und organisieren sie ihren Tag?
- Wie kleiden sie sich?
- Wie gehen sie, wie sprechen sie, und wie verhalten sie sich gegenüber anderen Menschen?
- Welche Bücher lesen sie?
- Wie verbringen sie ihre Freizeit?
- Wem schließen sie sich an?
- An welchen Seminaren haben sie teilgenommen?
- Welche Audioprogramme hören sie sich bei langen Autofahrten an?

Dies sind nur einige der Fragen, die Sie sich stellen sollten, um herauszufinden, was erfolgreiche Menschen tun und was vielleicht auch Sie tun sollten. Schließlich können Sie kein Ziel erreichen, das Sie gar nicht erkennen können.

Ihre Entscheidung für die richtigen Vorbilder kann eine ungeheure Auswirkung auf Ihre Zukunft haben. Dr. David MacLelland von der Harvard University und Autor des Buchs *Die Leistungsgesellschaft* kam zu dem Schluss, dass Ihre Entscheidung für eine »Bezugsgruppe« über mehr als 95 Prozent Ihres Erfolgs und Ihrer Leistungen im Leben bestimmen kann. Ihre Bezugsgruppe besteht aus den Menschen, bei denen Sie das Gefühl haben, dass sie »so sind wie ich«. Ihre natürliche Neigung besteht darin, die Einstellung, den Kleidungsstil, die Meinung und den Lebensstil der Menschen zu übernehmen, mit denen Sie sich identifizieren und mit denen Sie die meiste Zeit verbringen.

Fliegen Sie mit den Adlern

Vor einigen Jahren erzählte mir einer meiner Seminarteilnehmer seine Geschichte. Bob Barton sagte, er sei in seinen Zwanzigern bei einer großen Firma zusammen mit etwa 32 Verkäufern in seiner Branche eingestiegen. Es war sein erster richtiger Job, und er fing ganz unten an. Weil er neu war, war er immer mit den anderen jungen Verkäufern zusammen. Man sagt ja: »Gleich und Gleich gesellt sich gern.«

Nach einem oder zwei Monaten bemerkte Bob, dass auch die besten Verkäufer im Geschäft immer im kleinen Kreis zusammensaßen. Sie gaben sich in diesen Pausen nicht mit den jungen Verkäufern ab. Sie gingen auch anders mit ihrer Zeit um. Wenn Bob morgens zur Arbeit kam, waren die Spitzenverkäufer bereits da, stellten Pläne für ihren Tag auf, saßen arbeitend am Telefon und vereinbarten Termine. Bob bemerkte auch, dass die jungen Verkäufer später kamen, Kaffee tranken, Zeitung lasen und nach Ausreden dafür suchten, dass sie keine Verkaufsgespräche führen mussten.

Lernen Sie von den Besten

Bob beschloss, dass er sich nach dem Vorbild der Spitzenverkäufer im Geschäft entwickeln wollte. Er schaute sich die Art und Weise an, wie sie sich kleideten und frisierten, und er entschied sich dafür, sich so wie sie zu kleiden und zu frisieren. Jeden Morgen stand er vor dem Spiegel und fragte sich: »Sehe ich so aus wie einer der Spitzenverkäufer im Geschäft?«

Lautete die Antwort »Nein«, ging er zurück und wechselte seine Kleidung, bis er das Gefühl hatte, dass er so gut aussah wie die Besten. Er begann, vor halb neun Uhr morgens ins Geschäft zu kommen und seinen Tag zu organisieren. So war er bereit, Gespräche zu führen, sobald seine Kunden da waren, um ihn zu sehen.

Eines Tages fragte Bob einen der Spitzenverkäufer, ob er ihm ein Buch oder ein Audioprogramm empfehlen könne, das vielleicht hilfreich für ihn wäre. Es stellte sich heraus, dass Spitzenleute immer bereit sind, anderen dabei zu helfen, es besser zu machen. Als er einen Lektüretipp bekam, ging Bob sofort los, kaufte das Buch und bestellte das Audioprogramm. Er las das Buch, hörte sich das Programm an und berichtete dem Spitzenverkäufer anschließend darüber. Der Spitzenverkäufer gab ihm einige weitere Ratschläge über lesenswerte Bücher und hörenswerte Audioprogramme, und Bob befolgte alle diese Empfehlungen.

Tun Sie, was die Spitzenleute tun

Bob fragte einen weiteren Verkäufer, wie er seinen Tag plane, und dieser Verkäufer zeigte ihm sein System zum Zeitmanagement. So begann Bob, seinen Tag auf die gleiche Weise zu planen und zu organisieren, wie es die Spitzenverkäufer taten. Indem er sich diese Spitzenverkäufer zum Vorbild nahm und sie nachahmte, wann immer es möglich war, begann er mehr Termine zu vereinbaren, mehr potenzielle Käufer zu treffen und mehr Verkäufe zu tätigen. Innerhalb von sechs Monaten war er auch einer der Spitzenverkäufer im Geschäft.

Zu diesem Zeitpunkt hatten die Spitzenverkäufer ihn zum Kaffee und zum Mittagessen eingeladen, und er war einer von ihnen geworden, nicht mehr nur einer von den jungen Leuten. Im nächsten Jahr besuchte Bob die landesweite Vertriebskonferenz, wo er viele der Spitzenleute aus dem ganzen Land traf. Mit Absicht wählte er sie aus und bat sie um ihren Rat: Welche Bücher schlugen sie vor? Welche Audioprogramme empfahlen sie? Welche Seminare hatten sie besucht? Welche Strategien waren beim Aufbau ihres Verkaufsgeschäfts für sie die wirkungsvollsten?

Suchen Sie sich die richtigen Mentoren.

Befolgen Sie den Rat, den Sie bekommen

Bob tat etwas, was nur wenige Leute je tun: Wenn er einen Rat bekam, befolgte er ihn auch. Er ergriff sofort Maßnahmen zur Umsetzung und berichtete dann seinen Ratgebern darüber.

Innerhalb von vier Jahren wurde Bob zu einem der Spitzenverkäufer im Land. Seine Freunde und Kollegen waren andere Spitzenverkäufer in seiner Branche und anderen Branchen. Sein Einkommen war um ein Vielfaches angewachsen. Er trug erlesene Kleidung, fuhr einen neuen Wagen, lebte in einem prächtigen Haus und hatte eine wunderbare Frau. Und er sagte, es habe sich alles so ergeben, weil er die Spitzenleute um Informationen gebeten, sich dann an diese Informationen gehalten und sie bei seinen Verkaufsaktivitäten umgesetzt habe.

Doch hier das Besondere: Die Spitzenleute, diejenigen, die ein Jahr nach dem anderen den Preis für die besten Verkäufe gewonnen hatten, hatten Bob immer wieder dasselbe gesagt: Er war der Erste, der auf sie zugekommen war und sie um Rat gebeten hatte. Kein anderer hatte sich je an sie gewandt und sie gefragt, warum sie so erfolgreich seien.

Alle Antworten sind bereits gefunden

Und hier eine wichtige Entdeckung: Alle Antworten sind bereits gefunden. Alle Wege zum Erfolg wurden schon entdeckt. Alles, was Sie lernen müssen, um auf Ihrem Gebiet an die Spitze zu gelangen, haben bereits Hunderte oder gar Tausende anderer Menschen vor Ihnen gelernt. Und wenn Sie sie um einen Rat bitten, werden sie Ihnen diesen erteilen. Erfolgreiche Menschen lassen das Telefon klingeln, sagen andere Termine ab und legen ihre Arbeit beiseite, um anderen dabei zu helfen, erfolgreich zu sein. Aber Sie müssen sie *um Rat bitten* und sich dann, wenn er Ihnen gegeben wurde, auch *danach richten*.

Falls Sie sie nicht direkt fragen können, lesen Sie ihre Bücher, und nehmen Sie an ihren Vorträgen und Seminaren teil. Hören Sie sich die Audioprogramme an, die erfolgreiche Menschen produziert haben. Manchmal können Sie ihnen E-Mails schicken und sie um Rat bitten. Lernen Sie von den Besten.

Setzen Sie sich ein hohes Einkommen als Ziel

Wenn Ihr Ziel darin besteht, zu den oberen 20 Prozent der Geldverdiener in Ihrem Bereich zu gehören, dann müssen Sie als Erstes herausfinden, was die Personen im Bereich der oberen 20 Prozent heutzutage verdienen. Diese Informationen stehen zur Verfügung. Hören Sie sich einfach um. Schlagen Sie in den Statistiken für die Branche nach. Googeln Sie. Sie können die Informationen finden, wenn Sie danach suchen.

Wenn Sie dann das Einkommensziel einmal kennen, das Sie anstreben, notieren Sie es sich als Ihr Ziel. Stellen Sie einen Plan auf,

Wie viel wollen Sie verdienen?

um das Einkommensniveau zu erreichen, und arbeiten Sie jeden Tag daran. Hören Sie nicht auf, bevor Sie alles erreicht haben.

Das Geheimnis eines hohen Einkommens in der Wirtschaft im Allgemeinen und im Verkauf im Besonderen ist recht einfach: *Lerne und handle*. Es ist so, als würden Sie ein Auto mit einem Wagenheber hochbocken. Mit jeder Drehung der Kurbel geht es leichter. Jedes Mal, wenn Sie eine neue Fertigkeit erlernen und einüben, steigern Sie Ihre Fähigkeit zum Geldverdienen – und sie bleibt bestehen. Solange Sie diese Fähigkeit immer weiter verbessern, bringen Sie sie zugleich auf ein hohes Niveau, von dem Sie nur selten wieder absteigen werden.

Nutzen Sie die 3-Prozent-Regel, um in die eigene Person zu investieren

Um sich selbst einen lebenslangen Erfolg zu sichern, sollten Sie heute die Entscheidung treffen, drei Prozent Ihres Einkommens wieder in die eigene Person zu investieren. Dies scheint eine magische Zahl für lebenslanges Lernen zu sein. Der American Society for Training and Development zufolge ist dies der Prozentsatz, den die gewinnträchtigsten 20 Prozent der Firmen in jeder Branche in das Training und die Entwicklung ihres Personals investieren. Entscheiden Sie sich heute dafür, drei Prozent Ihres Einkommens in die eigene Person zu investieren, um aus Ihnen selbst einen wertsteigernden Aktivposten zu machen. So werden Sie Ihre Fähigkeit zum Geldverdienen kontinuierlich verbessern.

Die 3-Prozent-Regel zahlt sich aus

Als ich vor ein paar Jahren ein Seminar in Detroit hielt, kam in der Pause ein etwa 30-jähriger Mann zu mir. Er erzählte mir, dass er zum ersten Mal eines meiner Seminare besuche und schon vor etwa zehn Jahren von meiner 3-Prozent-Regel gehört habe. Zu diesem Zeitpunkt habe er gerade vorzeitig sein Studium abgebrochen, habe zu Hause gelebt, einen alten Wagen gefahren und etwa 20 000 Dollar pro Jahr als Außenvertriebsmitarbeiter verdient; er habe dabei ein Büro nach dem andern aufsuchen müssen.

Nach dem Seminar beschloss er, die 3-Prozent-Regel auf sich selbst anzuwenden, und er tat das sofort. Er rechnete sich aus, dass drei Prozent seines Einkommens von 20 000 Dollar 600 Dollar wären. Er fing an, Bücher über den Vertrieb zu kaufen und jeden Tag in ihnen zu lesen. Er investierte etwas Geld in zwei Audio-Lernprogramme über Vertrieb und Zeitmanagement. Er nahm an einem Verkaufsseminar teil. Er investierte die gesamten 600 Dollar in sich selbst, um zu lernen, wie man besser wird.

Investieren Sie 3 Prozent Ihres Einkommens in sich selbst.

Im gleichen Jahr stieg sein Einkommen von 20 000 Dollar auf 30 000 Dollar; das ist eine Steigerung um 50 Prozent. Er sagte, er habe den Zuwachs mit großer Genauigkeit auf die Dinge zurückführen können, die er gelernt und aus den gelesenen Büchern und den angehörten Audioprogrammen umgesetzt habe. Daher investierte er im folgenden Jahr wieder drei Prozent von 30 000 Dollar, insgesamt 900 Dollar, in sich selbst. In dem Jahr machte sein Einkommen einen Sprung von 30 000 Dollar auf 50 000 Dollar. Er begann, nachdenklich zu werden: »Nehmen wir einmal an, mein Einkommen steigt jedes Jahr um 50 Prozent, wenn ich drei Prozent wieder in mich selbst investiere. Was würde geschehen, wenn ich fünf Prozent investierte?«

Legen Sie die Latte immer höher

Im nächsten Jahr investierte er fünf Prozent seines Einkommens in sein Lernprogramm, also 2500 Dollar. Er nahm an mehreren Seminaren teil, reiste zu einer Konferenz am anderen Ende des Landes, kaufte weitere Audio- und Video-Lernprogramme und engagierte sogar einen Teilzeittrainer. Und in diesem Jahr verdoppelte sich sein Einkommen auf 100 000 Dollar.

Wie beim Roulette beschloss er danach, »alles auf eine Farbe zu setzen« und seine Investitionen in sich selbst auf zehn Prozent pro Jahr anzuheben. Er erzählte mir, dass er es seitdem immer so gemacht habe.

Ich fragte ihn: »Sie haben erneut zehn Prozent in sich selbst investiert. Wie hat sich das auf Ihr Einkommen ausgewirkt?«

Er lächelte und sagte: »Ich hatte im letzten Jahr ein persönliches Einkommen von über 1 000 000 Dollar. Und ich investiere immer noch jedes Jahr zehn Prozent meines Einkommens in mich selbst.«

Ich sagte: »Das ist eine ganze Menge Geld. Wie schaffen Sie es, so viel Geld für Ihre eigene persönliche Entwicklung auszugeben?«

Er erwiderte: »Das ist schwierig! Ich muss im Januar anfangen, Geld in mich selbst zu investieren, um am Ende des Jahres alles ausgegeben zu haben. Zu Hause habe ich einen Imagetrainer, einen Verkaufstrainer und einen Trainer für Vorträge. Ich habe eine große Bibliothek mit jedem verfügbaren Buch, Audio- und Videoprogramm zum Thema Verkauf und persönlicher Erfolg. Ich nehme an nationalen und internationalen Konferenzen zu meinem Bereich teil. Und mein Einkommen steigt weiterhin jedes Jahr an.«

Drei einfache Schritte, um der Beste zu werden

Einer der Spitzenleute im eigenen Bereich zu werden, erfordert vor allem Disziplin und Einsatz. Es gibt drei einfache Schritte, an die Sie sich halten können, um wirklich der Beste auf Ihrem Gebiet zu werden:

1. *Lesen Sie 60 Minuten am Tag Bücher und Artikel aus Ihrem Bereich.* Stellen Sie das Fernsehen und das Radio ab, legen Sie die Zeitung zur Seite, und lesen Sie täglich vor Arbeitsbeginn eine Stunde lang etwas über Ihr Spezialgebiet.
2. *Hören Sie sich Audio-Ausbildungsprogramme im Auto an.* Beginnen Sie damit, und halten Sie sie zwischendurch an, damit Sie über das *nachdenken* können, was Sie gerade gehört haben. *Überlegen* Sie, wie Sie die Ideen auf Ihre Arbeit anwenden können.
3. *Nehmen Sie regelmäßig an Kursen und Seminaren zu Ihrem Spezialgebiet teil.* Suchen Sie danach. Nehmen Sie bequem von zu Hause aus an Onlinekursen teil, an Kursen, die Sie in die Lage versetzen, Ihre Fertigkeiten zu erweitern, und die Ihnen wichtige Ideen vermitteln, wie Sie noch erfolgreicher werden können.

Die Kraft des progressiv zunehmenden Lernens – das lässt sich mit Zinseszins vergleichen – ist wirklich erstaunlich. Je mehr Sie lernen, desto mehr können Sie lernen. Je mehr Sie lernen, desto besser funktioniert Ihr Gehirn und desto klüger werden Sie. Ihr Gedächtnis verbessert sich, und die Menge dessen, was Sie behalten, nimmt zu. Je mehr Sie lernen, desto mehr Zusammenhänge finden Sie zwischen dem, was Sie einmal gelernt haben, und dem, was Sie zu einem späteren Zeitpunkt lernen.

Je mehr Sie lernen, desto mehr können Sie lernen.

Hören Sie nie auf zu lernen und zu wachsen.

Wie man die Meisterschaft erreicht

Wie lange dauert es, bis man auf seinem Spezialgebiet die Meisterschaft erreicht? Nach Meinung von Experten braucht man etwa sieben Jahre oder 10 000 Stunden harter Arbeit, bis man die Stufe der »Meisterschaft« erreicht hat. Man braucht sieben Jahre, um ein Spitzenverkäufer zu werden. Man braucht sieben Jahre, um ein erfolgreicher Geschäftsmann oder eine erfolgreiche Geschäftsfrau zu werden. Man braucht sieben Jahre, um zu einem hervorragenden Kfz-Mechatroniker zu werden. Man braucht sieben Jahre, um zu einem exzellenten Hirnchirurgen zu werden. Man braucht sieben Jahre oder 10 000 Stunden harter Arbeit, um in irgendeinem Bereich an die Spitze zu gelangen. Deshalb sollten auch Sie jetzt in die Hände spucken. Die Zeit vergeht sowieso wie im Fluge.

Der Ausgangspunkt dafür, dass Sie die Stufe der Meisterschaft erreichen, besteht darin, *sich auf Spitzenleistung zu verpflichten*. Ich habe noch nie einen Menschen getroffen, der beschlossen hatte, in die Gruppe der oberen 20 Prozent seines Bereichs zu kommen, und der es am Ende nicht geschafft hat. Und ich habe noch nie einen Menschen getroffen, der dorthin gelangt ist, ohne zuvor diese Entscheidung getroffen zu haben. Es ist wesentlich, die Entscheidung zu fällen und sie dann kontinuierlich, zielgerichtet und diszipliniert umzusetzen.

Begabung reicht nicht aus

Wie ich zuvor erwähnte, wird Begabung überbewertet. Und so lautet auch der Titel eines Bestsellers von Geoffrey Colvin: *Talent is Overrated*. Die meisten Menschen lernen im ersten Jahr, wie sie ihren Job machen, und verbessern sich danach nicht mehr. Sie lassen ihren Job einfach so laufen. Doch die einzige Richtung, in die man etwas laufen lassen kann, ist *bergab*.

Viele Menschen arbeiten viele Jahre drauflos und werden nie wesentlich besser als der Durchschnitt. Sie machen ihren Job von 8 bis 17 Uhr, doch sie unternehmen keine Anstrengungen, um ihre Fähigkeiten auszubauen. Sie investieren keine Zeit, ihr Handwerk zu lernen, es sei denn, ihre Firma zahlt extra Geld für die Ausbildung und gibt ihnen Sonderurlaub, um daran teilzunehmen.

Talent ohne Disziplin bringt keinen Erfolg.

Der Durchschnittsmensch macht nur eine Durchschnittsarbeit. Daher verdient er ein durchschnittliches Einkommen und macht sich sein ganzes Leben lang Sorgen ums Geld. Er erkennt nicht, dass es nur ein dünner Schleier ist, der den Durchschnittsmenschen von der exzellenten Persönlichkeit trennt. Tatsache ist, dass »man schlechter wird, wenn man nicht besser wird«. Niemand bleibt lange am selben Fleck.

Zwei Stunden am Tag bringen Sie ganz nach oben

Man hat ausgerechnet, dass alles, was man investieren muss, etwa zwei *zusätzliche Stunden* am Tag sind, damit aus einem Durchschnittsmenschen ein überdurchschnittlicher Mensch wird. Nur zwei zusätzliche Stunden am Tag tragen dazu bei, dass Sie sich Ihr Leben lang keine Gedanken mehr über Geld machen müssen, sondern zu einer der bestbezahlten Personen auf Ihrem Gebiet werden.

Die Leute fragen sofort: »Woher soll ich denn die beiden zusätzlichen Stunden am Tag nehmen?«

Es ist einfach: Holen Sie sich ein Blatt Papier, und machen Sie die folgende einfache Rechnung auf:

- Rechnen Sie aus, wie viele Stunden eine Woche hat: 7 Tage mal 24 Stunden gleich 168 Stunden.
- Wenn Sie 40 Stunden für Arbeit und 56 Stunden für Schlaf abziehen, bleiben 72 Stunden übrig.
- Wenn Sie drei Stunden pro Tag (21 Stunden) dafür abziehen, dass Sie sich für die Arbeit fertig machen und dorthin und zurück fahren, bleiben Ihnen 51 Stunden Freizeit, um zu tun, was Sie wollen.
- Wenn Sie zwei Stunden pro Tag in Ihre Weiterbildung investieren, das sind 14 Stunden pro Woche, haben Sie immer noch 37 Stunden übrig. Das sind im Schnitt mehr als fünf Stunden freie Zeit pro Tag.

Sie müssen nur zwei Stunden am Tag aufwenden, damit Sie bei allem, was Sie machen wollen, von einer durchschnittlichen zu einer überdurchschnittlichen Leistung kommen.

Machen Sie sich kontinuierliches Lernen zur Gewohnheit

Die gute Nachricht lautet, dass es Ihnen schon bald zur Gewohnheit werden wird, kontinuierlich zu lernen, wenn Sie erst einmal damit anfangen, Literatur zur persönlichen oder zur beruflichen Entwicklung zu lesen, Audioprogramme im Auto zu hören, an Weiterbildungskursen teilzunehmen und Ihre Fähigkeiten an den Abenden und an den Wochenenden auszubauen, statt fernzusehen. Im Handumdrehen wird es zum Automatismus und somit leicht für Sie werden, jeden Tag und jede Woche zu lernen, zu wachsen und Ihre Fähigkeiten auszubauen.

Nutzen Sie jede Gelegenheit, um zu lernen.

Der durchschnittliche Erwachsene sieht jeden Tag fünf Stunden fern. Bei manchem sind es sogar sieben oder acht Stunden. Das Erste, was er morgens macht, besteht darin, dass er das Gerät einschaltet und so lange fernsieht, bis er zur Arbeit geht. Nach der Arbeit sieht er sich bis elf oder zwölf Uhr nachts Sendungen an und geht ins Bett, sodass er nachts nicht genügend Schlaf bekommt. Dann steht er morgens auf, trinkt Kaffee und sieht so lange fern, wie er kann, bevor er wieder zur Arbeit geht.

Sie können reich oder arm sein: Die Entscheidung liegt bei Ihnen

Ihr Fernseher kann Sie reich oder arm machen. Wenn Sie die ganze Zeit über fernsehen, wird das Gerät Sie arm machen. Psychologen haben Folgendes herausgefunden: Je mehr Sie fernsehen, desto geringer sind Ihre Energie und Ihr Selbstwertgefühl. Unbewusst mögen oder respektieren Sie sich selbst nicht sehr, wenn Sie nur dasitzen und Stunde um Stunde fernsehen. Die Menschen, die zu viel fernsehen, nehmen außerdem zu und sind körperlich nicht mehr so fit, weil sie zu viel herumsitzen.

Ihr Fernseher kann Sie aber auch *reich* machen – allerdings nur, wenn Sie ihn ausschalten. Wenn Sie Ihr Fernsehgerät abstellen, haben Sie mehr Zeit. Die können Sie dann für Investitionen in die Bildung *nutzen*, damit Sie besser, klüger und kompetenter werden. Falls Sie Ihren Fernseher ausgeschaltet lassen, wenn Sie mit Ihrer Familie zusammen sind, werden Sie feststellen, dass Sie sich häufiger unterhalten, Anteil nehmen, kommunizieren und lachen. Wenn Sie Ihr Fernsehgerät für längere Zeit ausgeschaltet lassen, brechen Sie mit der Gewohnheit fernzusehen – und Sie werden es überhaupt nicht vermissen. Ihr Fernsehgerät kann sehr nützlich für Sie sein, es kann Sie aber auch in schrecklicher Weise dominieren. Die Entscheidung liegt bei Ihnen.

Steigern Sie Ihr Einkommen um 1000 Prozent

Es gibt eine einfache Sieben-Schritte-Formel, an die Sie sich halten können, um Ihre Produktivität, Ihre Leistungsfähigkeit, Ihren Ertrag und Ihr Einkommen im Laufe der nächsten zehn Jahre um 1000 Prozent zu steigern. Sie funktioniert bei jedem, der es nur versucht. Es ist ganz einfach:

Beantworten Sie zunächst die folgende Frage: Ist es Ihnen möglich, Ihre Gesamtproduktivität, Ihre Leistung und Ihren Ertrag eines ganzen Arbeitstages um ein Zehntel eines Prozents (also um ein Tausendstel) zu steigern? Ihre Antwort wird wahrscheinlich »Ja« lauten. Wenn Sie ein wenig besser mit Ihrer Zeit umgehen und an bedeutenderen Aufgaben arbeiten würden, würden Sie Ihren Ertrag pro Tag ganz leicht um ein Tausendstel steigern.

Wenn Sie das am ersten Tag gemacht haben, könnten Sie dann Ihren Ertrag am zweiten Tag um ein Zehntel eines Prozents steigern? Und die Antwort lautet natürlich: »Ja.«

Nachdem Sie Ihre Leistung am Montag und am Dienstag um ein Zehntel eines Prozents gesteigert haben, könnten Sie dann am Mittwoch, Donnerstag und Freitag so weitermachen? Und wieder lautet die Antwort: »Ja.«

Steigern Sie sich täglich um ein Zehntel Prozent.

Ein halbes Prozent pro Woche

Ein Zehntel eines Prozents in fünf Tagen ergibt ein halbes Prozent pro Woche. Ist es für einen normalen, intelligenten, arbeitsamen Menschen in einer einzigen Woche möglich, seinen Ertrag um ein halbes Prozent (zwei Hundertstel) zu steigern? Natürlich ist das möglich!

Wenn Sie es in der ersten Woche gekonnt haben, könnten Sie dann dieselbe Geschwindigkeit Ihrer persönlichen Steigerung auch in der zweiten Woche durchhalten? Natürlich könnten Sie das!

Könnten Sie einen ganzen Monat lang an fünf Tagen pro Woche jeweils um ein Tausendstel Prozent besser werden? Wenn Sie das könnten, bedeutete dies, dass Sie um ein halbes Prozent pro Woche mal vier, also um zwei Prozent im Monat produktiver wären.

Das Jahr besteht aus 13 Vier-Wochen-Monaten (4 x 13 = 52). Wenn Sie zwei Prozent besser im Monat geworden sind, könnten Sie das dann im zweiten Monat wiederholen? Und im dritten Monat? Und im vierten Monat? Und so weiter?

Jedes Jahr um 26 Prozent besser

Natürlich können Sie das! Wenn Sie jeden Tag ein wenig an sich arbeiten – neue Fähigkeiten erlernen, bei Ihren zentralen Aufgaben besser werden, sich Prioritäten setzen und sich stärker auf höherwertige Aktivitäten konzentrieren –, können Sie im Verlauf eines ganzen Jahres um 26 Prozent produktiver werden.

Wenn Sie dieses Ziel im ersten Jahr erreicht hätten, könnten Sie dann ein zweites Jahr lang so weitermachen und dann ein drittes? Könnten Sie zehn Jahre lang so weitermachen? Und die Antwort lautet natürlich: »Ja.« Und die gute Nachricht ist, dass es Ihnen, wenn Sie weiterhin an sich selbst arbeiten, im Laufe der Wochen und Monate immer leichter fallen wird, immer besser zu werden.

Nach dem Gesetz der Anhäufung oder dem Gesetz der Verbesserung in kleinen Schritten wären Sie am Ende der zwölf Monate um 26 Prozent besser. Wenn Sie sich weiterhin um 26 Prozent pro Jahr verbesserten, wären Sie am Ende der zehn Jahre (mit Zinseszins gerechnet) um 1004 Prozent produktiver. Ihr Einkommen würde um denselben Zinssatz zunehmen. Dieses Rezept funktioniert – wenn Sie funktionieren.

In sieben Schritten an die Spitze

Hier sind die sieben Schritte des 1000-Prozent-Rezepts:

Schritt 1: Stehen Sie zwei Stunden vor Ihrem ersten Termin oder vor Arbeitsbeginn auf. Investieren Sie die erste Stunde in sich selbst, indem Sie etwas Bildendes, Motivierendes oder Spirituelles lesen. Henry Ward Beecher sagte einmal: »Die erste Stunde ist das Ruder des Tages.«

Wenn Sie aufstehen und die erste Stunde in sich selbst investieren, stellen Sie sich mental darauf ein, einen hervorragenden Tag zu haben. Indem Sie Ihren Tag damit beginnen, dass Sie die erste Stunde in sich selbst investieren, werden Sie den ganzen Tag über positiver, wacher, kreativer und produktiver sein.

Wenn Sie eine Stunde am Tag etwas über Ihr Fachgebiet lesen, dann ergibt das ein Buch pro Woche. Ein Buch pro Woche entspricht

52 Büchern pro Jahr. Da der durchschnittliche Erwachsene weniger als ein Sachbuch pro Jahr liest: was glauben Sie, geschieht dann? Gibt es Ihnen einen Vorsprung im Beruf, wenn Sie 50 Bücher aus Ihrem Fachgebiet lesen würden? Sind Sie der Auffassung, dass es Sie praktisch vor allen anderen in Ihrer Branche an die Spitze katapultieren würde? Natürlich würde das geschehen!

Wenn Sie zehn Jahre lang 50 Bücher im Jahr läsen, dann wären das 500 Bücher, die Ihnen dabei helfen würden, Ihre Produktivität, Ihre Leistung und Ihr Einkommen zu steigern. Zumindest würden Sie ein größeres Haus brauchen, nur um Ihre Bücher aufzustellen. Und Sie würden es sich leisten können!

Wenn Sie eine Stunde täglich etwas über Ihr Fachgebiet lesen, wird Sie das innerhalb von drei bis fünf Jahren landesweit zu einer Autorität machen. Im Verlauf Ihrer Karriere kann allein das für Sie mit einer 1000-prozentigen Einkommensverbesserung verbunden sein.

7 Schritte bringen Sie zum Erfolg.

Schritt 2: Schreiben Sie jeden Tag von Neuem Ihre Ziele auf. Kaufen Sie sich einen Notizblock, und schreiben Sie jeden Morgen, bevor Sie das Haus verlassen, in der Präsensform Ihre Hauptziele auf. Dabei sollten Sie nicht nachschlagen, was Sie sich am vorangegangenen Tag aufgeschrieben haben. Dieses Aufschreiben und Wiederaufschreiben ist der Prozess, durch den Sie sich die Instruktionen in den Führungsmechanismus Ihres Denkens einprogrammieren.

Wenn Sie Ihre zehn Ziele jeden Morgen von Neuem aufschreiben, sehen Sie ständig die Möglichkeiten, wie Sie diese Ziele erreichen können, und denken den ganzen Tag lang darüber nach. Sie werden konzentrierter, fokussierter und zielgerichteter werden. Sie werden entschlossener und zielstrebiger werden. Und Sie werden Ihre Ziele viel schneller erreichen, als wenn es sich lediglich um *Wünsche* handelte, die Sie im Hinterkopf hätten.

Wenn Sie sich Ihre Ziele jeden Tag von Neuem aufschreiben, dann kann das für Sie über zehn Jahre gerechnet eine Einkommenssteigerung um 100 Prozent ergeben.

Schritt 3: Planen Sie jeden Tag im Voraus. Stellen Sie eine Liste auf, und setzen Sie, bevor Sie mit Ihrer Arbeit anfangen, Prioritäten. Ihre Fähigkeit, Prioritäten zu setzen und sich das Wichtigste auszusuchen, was Sie in jedem einzelnen Augenblick machen können, ist der Schlüssel dafür, dass Sie Ihr Leben strukturieren und Ihre Produktivität verdoppeln. (Im Detail werden wir auf die Techniken des Zeitmanagements in Kapitel 12 zu sprechen kommen.)

Wenn Sie an Ihren höchsten Prioritäten arbeiten, kann das Ihr Einkommen über zehn Jahre hinweg um 1000 Prozent erhöhen; umgekehrt ist es höchst unwahrscheinlich, dies ohne Prioritäten zu erreichen.

Schritt 4: Seien Sie diszipliniert, und konzentrieren Sie sich zielstrebig auf eine Sache. Wählen Sie das Wichtigste aus, das Sie an jedem einzelnen Tag machen können. Beginnen Sie dann erst einmal damit, und arbeiten Sie weiter daran, bis es zu 100 Prozent fertig ist. Durch Ihre Fähigkeit, sich auf etwas zu fokussieren und zu konzentrieren, können Sie Ihre Produktivität *verdoppeln*. Wenn Sie diese Fähigkeit weiterentwickeln und sie zu einer Gewohnheit verfeinern, können Sie auch Ihre Leistung und Ihren Ertrag im nächsten Monat verdoppeln – und sie wird Ihnen einen Zuwachs von 1000 Prozent über zehn Jahre ermöglichen.

Schritt 5: Hören Sie sich bei Autofahrten Trainingsprogramme an. Im Schnitt verbringt eine Person, die in der Wirtschaft arbeitet, 500 bis 1000 Stunden pro Jahr hinter dem Steuer eines Wagens. Verwandeln Sie Ihr Auto in eine »Universität auf Rädern« oder in ein »mobiles Klassenzimmer«. Einfach indem Sie in der Gegend herumfahren, gewinnen Sie ein Mehr an Bildung, das ein bis zwei Hochschulsemestern entspricht.

Viele Menschen sind schlicht dadurch vom Tellerwäscher zum Millionär geworden, dass sie sich, wenn sie von einem Ort zum andern fuhren, Trainingsprogramme anhörten. Sie könnten dasselbe machen. Allein das könnte Ihnen eine Einkommenssteigerung von 1000 Prozent ermöglichen.

Schritt 6: Stellen Sie sich nach jedem Telefonat und nach jeder Veranstaltung zwei magische Fragen. Fragen Sie sich zunächst: »Was habe ich *richtig* gemacht?« Dann fragen Sie sich: »Was würde ich *anders* machen?«

Die erste Frage – »Was habe ich *richtig* gemacht?« – zwingt Sie, alles, was Sie beim letzten Meeting, bei der letzten Präsentation oder bei der letzten Veranstaltung richtig gemacht haben, zu durchdenken und sich daran zu erinnern, selbst wenn es insgesamt nicht erfolgreich war. Schreiben Sie es sich auf.

Die zweite Frage – »Was würde ich *anders* machen?« – zwingt Sie, all die unterschiedlichen Methoden, wie Sie Ihre Leistung in einer ähnlichen Situation *verbessern* können, zu durchdenken. Schreiben Sie auch diese Ideen auf.

In beiden Fällen programmieren Sie sich, das nächste Mal eine bessere Leistung zu zeigen. Und das geschieht einfach dadurch, dass Sie Ihre Leistung kritisch Revue passieren lassen, dass Sie über das nachdenken, was Sie *richtig* gemacht haben und was Sie *anders* machen würden. Hier handelt es sich um eine der schnellsten und wirkungsvollsten Übungen zum persönlichen Wachstum und zur persönlichen Entwicklung, die ich je entdeckt habe. Die Geschwindigkeit, mit der Sie in den Bereich der oberen 20 Prozent gelangen, nimmt dadurch auf dramatische Weise zu.

Schritt 7: Behandeln Sie jeden Menschen, dem Sie begegnen, wie einen Eine-Million-Dollar-Kunden. Behandeln Sie jede Person, der Sie begegnen oder mit der Sie zusammenarbeiten, sei es zu Hause oder an Ihrem Arbeitsplatz, als wäre sie der wichtigste Mensch auf der Welt. Wenn Sie Menschen so behandeln, als wären sie für Sie wertvoll und wichtig, dann werden diese umgekehrt auch Sie so behandeln, als wären Sie ihnen wertvoll und wichtig. Sie möchten mit Ihnen in Zusammenhang gebracht werden, mit Ihnen zusammenarbeiten, von Ihnen etwas kaufen und Sie ihren Freunden vorstellen.

Sie können zu Hause bei Ihren Familienmitgliedern damit anfangen, Menschen wie Eine-Million-Dollar-Kunden zu behandeln. Denken Sie daran, dass sie die wichtigsten Menschen in Ihrem Leben sind. Sie werden einen guten Start in den Tag haben, wenn Sie Ihren Familienmitgliedern als Erstes am Morgen das Gefühl geben, etwas Besonderes für Sie zu sein. Und wenn Sie ihnen sagen, dass

Sie sie lieben, werden Sie für den Rest des Tages positiver, entspannter und glücklicher sein.

Ganze 85 Prozent Ihres Erfolgs hängen davon ab, wie viele Menschen Sie mögen und achten, vor allem im Geschäftsleben und im Verkauf. Lassen Sie nie eine Möglichkeit aus, Menschen gut zu behandeln.

Wiederholen Sie die sieben Schritte täglich.

Wenn Sie diese sieben Punkte einen Monat lang jeden Tag praktizieren, werden Sie in Ihrem Leben, bei Ihrer Arbeit und Ihrem Einkommen Veränderungen und Verbesserungen erkennen, die Sie erstaunen werden. Nach einem Monat der regelmäßigen Anwendung werden Sie eine neue Gewohnheit ausgebildet haben. Dadurch werden Sie sich persönlich steigern und sich für den Rest Ihres Lebens nach vorne und nach oben katapultieren.

Seien Sie der oder die Beste!

Wenn Sie ein Leben lang Ihre Persönlichkeit entwickeln und sich zu persönlicher Spitzenleistung verpflichten, so verlangt dies ungeheuren Einsatz, ungeheure Disziplin und Willenskraft. Das zahlt sich vor allem dadurch aus, dass Ihr Gehirn jedes Mal, wenn Sie etwas lernen und etwas Neues umsetzen, *Endorphine* ausschüttet. Dies führt dazu, dass Sie sich, was die Zukunft angeht, glücklicher und angeregter fühlen.

Jedes Mal, wenn Sie etwas lernen und etwas Neues umsetzen, werden Sie ein intensiveres Gefühl persönlicher Macht haben. Ihr Selbstwertgefühl, Ihre Selbstachtung und Ihr Stolz auf sich selbst werden zunehmen. Das Gefühl, dass Sie Ihre Fähigkeit, Geld zu verdienen, unter Kontrolle haben, wird stärker werden; und dies ist einer der wichtigsten Bestandteile Ihres Lebens.

Im nächsten Kapitel werden wir auf die Bedeutung des *Mutes* zu sprechen kommen, das heißt, dass man Ängste und Zweifel überwindet, die die meisten Menschen blockieren. Oft ist es so, dass wir wissen, was wir tun müssten, aber uns fehlt der Mut, die Risiken in Kauf zu nehmen, die mit dem Versuch einhergehen, etwas Neues zu machen. Stattdessen suchen wir nach Ausreden für unsere Untätigkeit.

Übungen

KEINE AUSREDEN!

1. Treffen Sie heute die Entscheidung, in sich selbst zu investieren und besser zu werden, und zwar so, als hinge Ihre Zukunft davon ab – denn es ist so.

2. Machen Sie die wichtigsten Fähigkeiten aus, über die Sie verfügen und die darüber bestimmen, wie gute und wie viele Ergebnisse Sie an Ihrem Arbeitsplatz erzielen. Stellen Sie anschließend einen Plan auf, wie Sie in Bezug auf jede einzelne dieser Fähigkeiten besser werden können.

3. Wenn Sie zaubern könnten und so im Hinblick auf jede Fähigkeit ausgesprochen exzellent werden könnten, welche einzelne Fähigkeit hätte dann den größten Einfluss auf Ihre Fähigkeit, Geld zu verdienen? Was immer Sie antworten, setzen Sie sich diese Fähigkeit als Ziel, stellen Sie einen Plan auf, und arbeiten Sie jeden Tag daran.

4. Setzen Sie sich Spitzenleistung bei Ihrer Arbeit als Ziel, und bestimmen Sie genau, was Sie jeden Tag tun müssen, um zu den oberen 20 Prozent auf Ihrem Gebiet zu gehören.

___

___

5. Blicken Sie drei bis fünf Jahre in die Zukunft, und legen Sie das neue Wissen und die neuen Fertigkeiten fest, die Sie benötigen werden, um in Zukunft auf Ihrem Gebiet an der Spitze zu stehen. Beginnen Sie heute damit, sie sich anzueignen.

___

___

6. Wählen Sie die beste Person auf Ihrem Gebiet aus, die Person, die Sie am meisten bewundern, und nehmen Sie sie sich für Ihre eigene Entwicklung zum Vorbild.

___

___

7. Verpflichten Sie sich heute auf lebenslanges Lernen, und lassen Sie nie auch nur einen Tag verstreichen, ohne dass Sie auf einem Gebiet besser werden.

___

___

KAPITEL 6

Selbstdisziplin und Mut

»Mut zu haben bedeutet, der Furcht zu widerstehen; es bedeutet, sie zu beherrschen – nicht, keine Furcht zu haben.«

MARK TWAIN

Um mutig mit all den furchteinflößenden Ereignissen in Ihrem Leben umzugehen, brauchen Sie sehr viel Selbstdisziplin. Das ist wahrscheinlich der Grund dafür, dass Churchill sagte: »Man betrachtet Mut zu Recht als die Höchste der Tugenden, denn er ist die Voraussetzung für alle anderen Tugenden.«

Es ist eine Tatsache, dass jedermann Ängste hat – und gewöhnlich hat jeder vor vielen Dingen Angst. Das ist völlig normal. Oft ist Angst notwendig, um zu überleben, Verletzungen zu vermeiden und sich gegen finanzielle Fehlentscheidungen abzusichern.

Wenn also jeder ängstlich ist, worin besteht dann der Unterschied zwischen einem mutigen Menschen und einem Feigling? Der einzige Unterschied besteht darin, dass der mutige Mensch *die Disziplin aufbringt,* sich trotz seiner Angst mit dieser zu konfrontieren, mit ihr umzugehen und dann zu handeln. Im Gegensatz dazu gestattet es sich der Feigling, von der Furcht überwältigt und kontrolliert zu werden. Bezogen auf den Krieg – das trifft aber auch auf alle möglichen anderen Situationen zu – sagte einmal jemand: »Der Unterschied zwischen einem Helden und einem Feigling ist, dass der Held fünf Minuten länger dabeibleibt.«

Ängste kann man verlernen

Erfreulicherweise sind alle Ängste *erlernt*; niemand kommt mit Ängsten auf die Welt. Daher kann man Ängste wieder verlernen, indem man sich wiederholt bezogen auf die Angst in Selbstdisziplin übt.

Die am häufigsten vorkommenden Ängste, die wir erleben und die oft all unsere Hoffnungen auf Erfolg unterminieren, sind die Ängste vor Misserfolg, Armut und finanziellem Verlust. Diese Ängste bringen die Menschen dazu, Risiken jeder Art zu vermeiden und somit Chancen abzulehnen, die ihnen geboten werden. Sie haben eine solche Angst vor Misserfolg, dass sie wie gelähmt sind, wenn es darum geht, überhaupt irgendwelche Risiken einzugehen.

Es gibt noch zahlreiche weitere Ängste, die unser Glück schmälern: Menschen fürchten sich vor dem Verlust der Liebe oder vor dem Verlust ihrer Arbeitsstelle und ihrer finanziellen Sicherheit. Menschen befürchten, dass sie in Verlegenheit gebracht oder lächerlich gemacht werden. Menschen haben Angst vor Ablehnung und Kritik jeglicher Art. Und sie fürchten sich vor dem Verlust der Achtung oder der Wertschätzung durch andere. Diese und viele andere Ängste blockieren uns über das ganze Leben hinweg.

Angst macht handlungsunfähig

Die häufigste Reaktion in einer furchteinflößenden Situation ist »Ich kann nicht!«. Hierbei handelt es sich um die Angst vor Misserfolg und Verlust, die uns davon abhält, aktiv zu werden. Sie ist körperlich wahrnehmbar und geht vom Solarplexus aus. Wenn Menschen wirklich Angst haben, werden ihr Mund und ihre Kehle trocken und ihr Herz beginnt zu rasen. Manchmal atmen sie flach und haben Sodbrennen. Oft haben sie das Gefühl, dass sie aufstehen und zur Toilette müssten.

Ängste blockieren Sie in Ihrem Handeln.

In all dem äußert sich das *hemmende* negative Gewohnheitsmuster, mit dem wir alle von Zeit zu Zeit Erfahrung machen, körperlich. Immer wenn eine Person wie gebannt vor Angst ist, fühlt sie sich wie ein Reh, das starr vor den

Scheinwerfern eines Autos steht. Diese Angst macht sie handlungsunfähig. Oft wird die Denkfähigkeit ausgeschaltet und die Person wird dazu gebracht, in eine Fight-or-flight-Reaktion, also Kampf oder Flucht, zurückzufallen. Angst ist ein schreckliches Gefühl, das unser Glück schmälert und uns ein Leben lang von Dingen abhalten kann.

Machen Sie das Gegenteil

Aristoteles beschrieb Mut als den »goldenen Mittelweg« zwischen den Extremen Feigheit und Ungestüm. Er lehrte Folgendes: »Um eine Eigenschaft, die Ihnen fehlt, zu entwickeln, sollten Sie handeln, als verfügten Sie über diese Eigenschaft bereits in jeder Situation, in der sie erforderlich ist.« Heute würden wir sagen: »Fake it until you make it.«

Sie können Ihr Verhalten tatsächlich dadurch verändern, dass Sie so auftreten, sich darstellen und *handeln, als ob* Sie über die Eigenschaft, die Sie anstreben, bereits verfügten. Durch ausdrückliches Bekräftigen, durch Wiederholen der Worte »Ich schaff' das!«, wann immer Sie aus irgendeinem Grund Angst haben, können Sie das Gefühl »Ich kann nicht!« beenden.

Jedes Mal, wenn Sie die Worte »Ich schaff' das!« aus voller Überzeugung wiederholen, schalten Sie Ihre Angst aus und steigern Ihr Selbstbewusstsein. Indem Sie diese Bekräftigung ständig wiederholen, können Sie am Ende Ihren Mut und Ihr Selbstbewusstsein aufbauen, bis Sie an einen Punkt gelangen, an dem Sie keine Angst mehr haben.

Stellen Sie sich vor, Sie wären furchtlos

Stellen Sie sich bildlich vor, wie Sie selbstbewusst und kompetent in einem Bereich handeln, in dem Sie eigentlich ängstlich sind. Dann wird Ihr Unbewusstes am Ende Ihr Bild als *Instruktion* für Ihre Handlungsweise akzeptieren. Ihr Selbstbild, das heißt die Art und Weise, wie Sie sich selbst sehen und wie Sie über sich denken, wird schließlich dadurch verändert, dass Sie Ihr Denken mit solchen positiven imaginären Bildern füttern, die Sie selbst im besten Licht zeigen.

Wenn man die »So tun, als ob«-Methode anwendet, spricht man, geht man und verhält man sich genau so, als hätte man in einer bestimmten Situation überhaupt *keine Angst*. Man steht aufrecht, lächelt, bewegt sich schnell und selbstsicher und handelt in jeder Hinsicht so, als hätte man den Mut, den man sich wünscht.

Das Gesetz der Umkehrbarkeit besagt Folgendes: »Man handelt stets so, wie es dem momentanen Gefühlszustand entspricht.« Wenn man aber einem bestimmten Gefühl entsprechend handelt, auch wenn man dieses eigentlich gar nicht fühlt, wird durch das Gesetz der Umkehrbarkeit letztendlich das Gefühl erzeugt, das mit den eigenen Handlungen korrespondiert.

Die »So-tun-als-ob-Methode« macht Sie handlungsfähig.

Bei dieser Erkenntnis handelt es sich um einen der größten Durchbrüche in der Psychologie des Erfolgs. Sie *entwickeln* den Mut, den Sie sich wünschen, indem Sie sich selbst wiederholt in Disziplin üben, das zu tun, wovor Sie Angst haben, bis diese Angst am Ende verschwindet – und das wird geschehen.

Machen Sie der Angst ein Ende

Wenn ich mit Vertriebsgesellschaften zusammenarbeite, dann fragt man mich oft, ob ich einem Verkäufer helfen könnte, einen Rückgang der Verkäufe zu überwinden, besonders in Zeiten der wirtschaftlichen Krise.

Ich gebe ihnen ein einfaches Rezept, das garantiert immer funktioniert: Es heißt die »100-Anrufe-Methode«. Um diese Methode zu üben, gebe ich dem Verkäufer die folgende Aufgabe: Er soll so schnell, wie er kann, 100 mögliche Kunden anrufen, ohne sich Gedanken darüber zu machen, ob er etwas verkauft oder nicht.

Wenn sich der Verkäufer nicht darum kümmert, ob er einen Verkauf tätigt, verschwindet seine Angst vor Zurückweisung weitgehend. Er hört auf, sich Gedanken darüber zu machen, ob der potenzielle Kunde, mit dem er spricht, interessiert ist oder nicht. Er konzentriert sich ganz auf eine Sache. Es geht nur darum, so schnell, wie er nur kann, 100 Anrufe zu machen.

Eine Vertriebsgesellschaft, mit der ich zusammenarbeite, lobt jeden Tag einen Preis für den ersten Verkäufer aus, der an diesem Morgen zehnmal zurückgewiesen wird. Um 8.30 Uhr setzen sich alle Verkäufer an ihren Schreibtisch und beginnen, Leute anzurufen; sie versuchen auf diese Weise, den Preis zu gewinnen. Wenn der Wettbewerb vorüber ist, gewöhnlich um 10 Uhr, ist bei jedem die Angst vor Zurückweisung so gut wie weggeblasen. Sie sind jetzt bereit, den ganzen Tag lang potenzielle Kunden anzurufen und sich überhaupt nicht um die möglichen Reaktionen zu kümmern.

Lernen Sie, vor Publikum zu sprechen

1923 wurden die Toastmasters International gegründet. Ihr ausdrückliches Ziel bestand darin, sich der Menschen anzunehmen, die Angst davor hatten, öffentlich zu sprechen, und ihnen zu helfen, selbstbewusst und kompetent zu werden, wenn sie vor Publikum sprechen mussten.

Dem *Book of Lists* zufolge stufen 54 Prozent der Erwachsenen ihre Angst vor dem Sprechen in der Öffentlichkeit als schlimmer ein als die Furcht vor dem Tod. Die Toastmasters International haben jedoch eine Lösung. Sie haben eine systematische Vorgehensweise entwickelt, die auf dem beruht, was die Psychologen »systematische Desensibilisierung« nennen.

Einmal in der Woche kommen kleine Gruppen von Toastmastern zum Mittagessen oder zum Abendessen zusammen. Jeder Einzelne muss aufstehen und vor einer Gruppe von Gleichrangigen eine kurze Rede über ein bestimmtes Thema halten. Nach jeder Rede bekommt der Vortragende von den anderen Mitgliedern des Clubs Applaus, positiven Input und Kommentare. Am Ende des Abends gibt man jedem Einzelnen eine Note für seine Rede, auch wenn sie nur 30 oder 60 Sekunden gedauert hat.

Üben Sie freies Reden.

Nach sechs Monaten Teilnahme an den Treffen der Toastmaster wird der Betreffende 26 Mal einen Vortrag vor Publikum gehalten und jedes Mal Applaus und eine Rückmeldung bekommen haben. Aufgrund dieser kontinuierlichen positiven Verstärkung nimmt sein

Selbstbewusstsein dramatisch zu. Infolge dieses Prozesses haben zahllose Toastmaster ihren Weg gemacht; sie wurden zu ausgezeichneten Rednern und zu prominenten Personen im Wirtschaftsleben, in Organisationen und in Gemeinschaften. Ihre Angst vor dem Reden in der Öffentlichkeit ist für immer überwunden.

Bauen Sie zwei Ängste auf einmal ab

Psychologen haben herausgefunden, dass bestimmte Ängste im Unbewussten gebündelt auftreten, wie Drähte im selben Schaltkreis. Wenn man seine Ängste in einem dieser Bereiche bewältigt, baut man zugleich andere Ängste im selben Schaltkreis ab.

Die Angst vor Zurückweisung oder die Abneigung gegen das Telefonieren scheint mit der Angst vor dem Reden in der Öffentlichkeit gebündelt zu sein. Wenn Sie sich in Disziplin üben und bei den Toastmastern mitmachen oder einen Dale-Carnegie-Kurs belegen, damit Sie lernen, selbstbewusst vor Publikum zu reden, verschwinden auch Ihre Ängste vor Zurückweisung. In allen Situationen, in denen Sie mit anderen interagieren, nimmt Ihr Selbstbewusstsein dramatisch zu. Ihr gesamtes Leben verändert sich in positiver Weise.

Konfrontieren Sie sich mit Ihren Ängsten

Ihre Fähigkeit, sich mit Ihren Ängsten zu konfrontieren, damit umzugehen und trotz ihres Vorhandenseins zu handeln, ist der Schlüssel zu Glück und Erfolg. Eine der besten Übungen, die Sie durchführen können, besteht darin, eine Person oder eine Situation in Ihrem Leben auszumachen, vor der Sie Angst haben, und zu beschließen, diese Angstsituation sofort anzugehen. Lassen Sie nicht zu, dass sie Sie auch nur eine weitere Minute unglücklich macht. Beschließen Sie, sich mit der Situation oder Person zu konfrontieren und die Angst hinter sich zu lassen.

Kontrollieren Sie Ihre Ängste – nicht umgekehrt.

»Eine Frau erzählte mir in einem meiner Seminare, dass ihr Chef ein sehr negativer Mensch sei. Er kritisiere sie ständig und äußere sich ihr gegenüber negativ über ihre Arbeit, obwohl sie eine der hochrangigsten Angestellten im Unternehmen sei. Er mache ihr das Leben schwer. Sie wolle ihren Beruf nicht aufgeben, habe jedoch Angst, ihn mit ihrem Problem zu konfrontieren. Sie fragte mich, was sie tun solle.

Ich gab ihr die folgende Empfehlung, die ich anschließend noch vielen anderen Menschen gegeben habe: Der einzige Grund, warum ein Mensch einen anderen drangsaliert, ist, dass er das Gefühl hat, er könne damit ungestraft davonkommen. Die einzige Methode, wie man mit einem Drangsalierer umgehen kann, besteht darin, ihm entgegenzutreten. Drangsalierer sind tief in ihrem Herzen eigentlich Feiglinge, und sie werden einer Konfrontation aus dem Weg gehen.

Ich gab ihr auf, Folgendes zu tun: Das nächste Mal, wenn ihr Chef sie aus irgendeinem Grunde kritisiere, solle sie sich ihm zuwenden und ganz deutlich sagen: ›Ich würde es sehr zu schätzen wissen, wenn Sie nie wieder so zu mir sprechen. Es verletzt meine Gefühle und hält mich davon ab, meine Arbeit so zu machen, wie ich es gerne möchte.‹

Ich riet ihr, ihm direkt in die Augen zu schauen, nachdem sie das gesagt hatte. Sie hatte einen ungeheuren Mut. Statt sich mit dieser Situation weiter abzufinden, stellte sie sich, als ihr Chef begann, sich negativ über sie zu äußern, vor ihm auf und sagte genau diese Worte.

Sie schrieb mir und erzählte mir, was geschehen war. Genauso, wie ich es vorhergesagt hatte, hörte er abrupt damit auf. Er entschuldigte sich sofort, murmelte etwas und ging dann in sein Büro zurück. Er kritisierte sie nie wieder. Sie sagte mir, dass sie ihre schlechte Behandlung schon vor vielen Monaten hätte beenden können, wenn sie nur den Mut gehabt hätte, ihn beim ersten Mal, als das geschah, direkt damit zu konfrontieren.

Eleanor Roosevelt sagte einmal: ›Niemand kann Sie ohne Ihre Zustimmung dazu bringen, sich unterlegen zu fühlen.‹«

Gehen Sie einen Schritt auf Ihre Angst zu

Wenn Sie eine Angst identifiziert haben und die Disziplin aufbringen, einen Schritt auf sie zuzugehen, wird sie kleiner und ist leichter zu bewältigen. Mehr noch: In dem Maße, in dem Ihre Ängste kleiner werden, nimmt Ihr Selbstbewusstsein zu. Schon bald haben Ihre Ängste Sie nicht mehr im Griff.

Wenn Sie dagegen vor einer furchteinflößenden Situation oder Person zurückweichen, wird Ihre Angst immer größer. Schon bald dominiert sie Ihr Denken und Fühlen; während des Tages sind Sie übermäßig damit beschäftigt und liegen nachts lange wach im Bett.

Führungskräfte haben zwei Arten von Mut

Bei Führungskräften findet man am häufigsten die Eigenschaft, *visionär* zu sein. Führungskräfte haben eine klare Vision, wohin sie ihre Unternehmen mitnehmen wollen. Führungskräfte haben auch eine klare Vision, wo sie in ihrem persönlichen Leben zukünftig stehen wollen.

Die zweithäufigste Eigenschaft von Führungskräften besteht darin, mutig zu sein. Führungskräfte haben den Mut, alles Erforderliche zu tun, um ihre Visionen umzusetzen. Sie führen mit offenem Visier und wagen es, voranzugehen.

Entschlussfreude und Geduld zeichnen eine Führungskraft aus.

Es gibt zwei Arten von Mut, die Sie brauchen:

Zunächst einmal brauchen Sie den Mut, *etwas in Gang zu bringen, Maßnahmen zu ergreifen*, einen Vertrauensvorschuss in Anspruch zu nehmen. Sie brauchen den Mut, ohne irgendeine Garantie für Erfolg und mit einer zumindest kurzfristig hohen Misserfolgswahrscheinlichkeit aufs Ganze zu gehen. Der größte Fehler, der die meisten Menschen von etwas abhält, ist es, dass sie trotz all ihrer besten Absichten nicht den Mut haben, den ersten Schritt zu machen.

Die zweite Art von Mut, die Sie brauchen, nennt man »mutige Geduld«. Hier handelt es sich um die Fähigkeit, dranzubleiben, weiter an etwas zu arbeiten und dafür zu kämpfen, nachdem Sie aufs Ganze gegangen sind und bevor Sie schon irgendwelche Resultate oder Belohnungen erkennen können. Viele Menschen bringen zwar den Mut auf, Maßnahmen in Richtung auf ein neues Ziel hin zu ergreifen. Aber wenn sie kein unmittelbares Ergebnis erkennen können, lassen sie sich schnell entmutigen und ziehen sich in die Sicherheit und die Geborgenheit zurück. Sie haben kein *Durchhaltevermögen*.

Gehen Sie die Angst direkt an

Die einzige Methode, mit einer Angst umzugehen, besteht darin, sich direkt mit ihr zu konfrontieren. Bedenken Sie, dass Leugnen nicht nur bei anderen vorkommt. Viele Menschen haben die natürliche Neigung, zu leugnen, dass sie ein durch irgendeine Form von Angst verursachtes Problem haben. Sie haben Angst, sich damit zu konfrontieren. Und umgekehrt wird diese Angst zu einer Hauptursache für Stress, Unzufriedenheit und psychosomatische Störungen.

Seien Sie bereit, die Situation oder Person, die die Angst auslöst, direkt anzugehen. Shakespeares Hamlet sagt: »Ergreifen Sie die Waffen gegen ein Meer von Sorgen, und indem Sie das tun, bereiten Sie ihnen ein Ende.«

Der Gefährte der Angst ist die *Sorge*. Wie Zwillingsschwestern gehen Angst und Sorge miteinander einher. Mark Twain schrieb einmal: »Ich habe mir über viele Dinge im Leben Sorgen gemacht, und die meisten von ihnen sind nie eingetreten.«

Schätzungen zufolge treten 99 Prozent der Dinge, über die man sich Sorgen macht, nie ein. Und die meisten der Dinge, die tatsächlich geschehen, ereignen sich so schnell, dass Sie gar nicht die Zeit haben, sich Sorgen darüber zu machen.

Der Katastrophenbericht

Immer wenn Sie sich Sorgen über etwas machen, sollten Sie einen »Katastrophenbericht« über die Situation verfassen. Dadurch werden sich Ihre Angst und Ihre Sorge fast sofort in nichts auflösen. Oft bezeichnet man das auch als den »Worrybuster« (Sorgenknacker). Der Katastrophenbericht besteht aus vier Teilen:

Wenn Sie Ihre Ängste systematisch angehen, können Sie sie überwinden.

- *Erstens sollten Sie die Sorgensituation klar definieren.* Worüber genau machen Sie sich Sorgen? Wenn Sie sich die Zeit nehmen, sich über die Sorgensituation voll und ganz klar zu werden, liegt häufig die Methode, wie man die Situation klären kann, sofort auf der Hand.
- *Zweitens sollten Sie sich überlegen, was das Schlimmste ist, das möglicherweise geschehen könnte, wenn diese Sorgensituation eintreten sollte.* Würden Sie Ihre Arbeitsstelle verlieren? Wäre Ihre Beziehung am Ende? Wäre die Situation mit einem finanziellen Verlust verbunden? Was ist das Schlimmste, das möglicherweise passieren könnte? Sie sollten sich voll und ganz im Klaren darüber sein. In vielen Fällen werden Sie Folgendes erkennen: Selbst wenn das Schlimmste eintreten sollte, würde es Sie nicht in den Ruin treiben. Es könnte ungelegen kommen oder unangenehm sein, aber Sie werden sich am Ende davon erholen. Sie werden herausfinden, dass es wahrscheinlich nicht der Sorge wert ist, die Sie dem beimessen.
- *Drittens sollten Sie beschließen, das schlimmstmögliche Ergebnis zu akzeptieren, wenn es denn eintreten sollte.* Sagen Sie sich selbst: »Na ja, wenn es denn passiert, wird es mich nicht umbringen. Ich werde einen Weg finden, wie ich damit zurechtkomme.« Wenn man sich Sorgen macht, geht die Belastung größtenteils auf Leugnen zurück, darauf, nicht bereit zu sein, sich mit dem zu konfrontieren, was schlimmstenfalls eintreten könnte. Haben Sie aber erst einmal beschlossen, das Schlimmste (wenn es denn so kommen sollte) zu akzeptieren, scheinen all die Sorgen und die Belastung wie weggeblasen zu sein.
- *Viertens sollten Sie sofort damit anfangen, das Schlimmste zu verbessern.* Unternehmen Sie alle Schritte, die Ihnen möglich sind, um sicherzustellen, dass das schlimmstmögliche Ergebnis nicht eintritt. Ergreifen Sie sofort die erforderlichen Maßnahmen. Tun Sie etwas. Bleiben Sie dran. Handeln Sie schnell. Beschäftigen Sie sich intensiv damit, etwas zu tun, damit das Schlimmste nicht eintritt. Dann haben Sie gar keine Zeit dafür, sich Sorgen zu machen.

Das wirkliche Gegenmittel

Wenn man sich am Ende noch einmal alles genau anschaut, ist das einzige wirkliche Heilmittel gegen Angst und Sorgen das *disziplinierte, zielgerichtete Handeln*. Werden Sie so umtriebig dabei, an Ihren Zielen und den Lösungen für Ihre Probleme zu arbeiten, dass Sie gar keine Zeit haben, ängstlich zu sein oder sich über irgendetwas Sorgen zu machen.

Wenn Sie sich selbst zu Mut und Kraft disziplinieren, um sich mit jeder Angst auslösenden Situation im Leben konfrontieren zu können, nimmt Ihr Selbstwertgefühl zu, Ihre Selbstachtung steigt, und Ihr Gefühl, auf sich selbst stolz sein zu können, wächst. Am Ende werden Sie den Punkt in Ihrem Leben erreichen, an dem Sie vor *nichts* mehr Angst haben.

Wenn Sie erst einmal den Mut entwickelt haben, mit dem Glauben an sich selbst nach außen zu treten, dann müssen Sie die Form von Selbstdisziplin entwickeln, die man als *Beharrlichkeit* bezeichnet und auf die ich im nächsten Kapitel zu sprechen komme.

Übungen

1. Finden Sie jetzt sofort heraus, was Ihre drei größten Ängste im Leben sind. Worin bestehen sie?

____

____

____

2. Legen Sie fest, was Sie in jeder einzelnen dieser drei Situationen tun würden, wenn Sie sich des vollen Erfolgs sicher sein könnten. Was würden Sie unternehmen?

____

____

____

3. Was wollten Sie schon immer tun, hatten aber Angst, es zu versuchen? Was würden Sie anders machen, wenn man Ihnen den Erfolg garantierte?

____

____

____

4. In welchen drei Bereichen Ihres Lebens im Allgemeinen und Ihrer Arbeit im Besonderen empfinden Sie am meisten Angst vor Versagen und Verlust? Welche Schritte könnten Sie sofort unternehmen, um sich mit diesen Ängsten zu konfrontieren und sie abzubauen?

____

____

5. In welchen drei Bereichen Ihres Lebens erleben Sie die Ängste vor Kritik, vor Zurückweisung und vor dem Gefühl, dass Ihnen etwas peinlich ist, am stärksten? Wie könnten Sie diesen Ängsten entgegentreten und sie überwinden?

____

____

6. Welches eine große Ziel würden Sie sich setzen, wenn Sie wüssten, dass Sie nicht scheitern könnten?

____

____

7. Was würden Sie anders machen im Leben, wenn Sie 15 Millionen Euro auf dem Bankkonto hätten, Ihnen jedoch nur zehn Jahre zum Leben blieben?

____

____

KAPITEL 7

Selbstdisziplin und Beharrlichkeit

> *»Hüten Sie sich davor, danach zu trachten, ganz schnell ein großer Mann zu werden. Das kann nur bei einem von 10 000 Versuchen gelingen. Das ist eine furchteinflößende Quote.«*
>
> BENJAMIN DISRAELI

Beharrlichkeit ist praktizierte Selbstdisziplin. Ihre Fähigkeit, angesichts aller Rückschläge und zeitweiligen Misserfolge beharrlich zu bleiben, ist wesentlich für den Erfolg im Leben.

Napoleon Hill sagte: »Beharrlichkeit ist in Bezug auf den Charakter eines Menschen das Gleiche wie Kohlenstoff in Bezug auf Stahl.« Der Hauptgrund für Erfolg ist Beharrlichkeit, und entsprechend ist der Hauptgrund für Misserfolg mangelnde Beharrlichkeit, also die Tatsache, dass man zu früh aufgibt.

»Dranbleiben« ist das Mittel zum Erfolg.

Es gibt einen unmittelbaren Zusammenhang zwischen Selbstdisziplin und Selbstwertgefühl. Jedes Mal, wenn Sie sich disziplinieren, das zu tun, was Sie tun sollten, wenn Sie es tun sollten, ob Sie es nun mögen oder nicht, nimmt Ihr Selbstwertgefühl zu. Und genau darum gibt es auch einen direkten Zusammenhang zwischen Selbstwertgefühl und Beharrlichkeit: Jedes Mal, wenn Sie beharrlich sind und sich selbst zwingen, weiterzumachen, auch wenn Sie das Gefühl haben, aufgeben zu müssen, nimmt Ihr Selbstwertgefühl zu.

Jeder einzelne Akt der Selbstdisziplin festigt jeden weiteren Akt der Selbstdisziplin. Jeder einzelne Akt der Beharrlichkeit festigt jeden weiteren Akt der Beharrlichkeit. Wenn Sie sich immer wieder disziplinieren, beharrlich zu sein, mögen und respektieren Sie sich selbst immer mehr. Sie werden stärker und selbstbewusster. Und am Ende sind Sie *nicht mehr zu stoppen*.

Die Belohnung für Beharrlichkeit

Beharrlichkeit ist für sich genommen schon eine Belohnung. Jedes Mal, wenn Sie sich zwingen, sich kontinuierlich einer Aufgabe zu widmen, sei sie nun groß oder klein, fühlen Sie sich glücklicher und besser.

Wenn Sie einen weiteren Weg gehen und mehr machen als das, wofür Sie bezahlt werden oder was von Ihnen erwartet wird, nimmt Ihr Selbstwertgefühl zu. Sie fühlen sich kraftvoller und spüren, dass Sie Ihr Leben besser im Griff haben. Was Ihre Karriere angeht, verhalten Sie sich genau richtig, wenn Sie einen zusätzlichen Weg gehen. Der hauptsächliche Unterschied zwischen Gewinnern und Verlierern im Leben ist einfach: Gewinner geben nie auf, und Versager siegen nie.

Sie können Ihre Fähigkeit, beharrlich zu sein, dadurch steigern, dass Sie positiv mit sich selbst sprechen. Sagen Sie zu sich folgende Worte: »Ich bin nicht zu stoppen!« Bevor Sie irgendein größeres Vorhaben beginnen, sollten Sie sich vorher selbst programmieren, indem Sie sich selbst sagen: »Ich gebe nie auf.«

Bevor Sie etwas Wertvolles im Leben erreichen können, müssen Sie einen »Beharrlichkeitstest« bestehen. Das ist eine »Denksportaufgabe«, mit der Sie unerwartet, also ohne vorherige Warnung, konfrontiert werden. Sie haben es plötzlich mit einem großen Rückschlag zu tun, einem Problem, einem zeitweiligen Misserfolg oder gar einem völligen Desaster. Wenn dies geschieht, sollten Sie sich daran erinnern, dass es sich hier um eine »Zeit der Prüfung« handelt. Jetzt können Sie zeigen, was wirklich in Ihnen steckt. Jetzt können Sie sich selbst und anderen Ihre Charakterstärke und Ihre wahre Entschlossenheit, wirklich erfolgreich zu sein, demonstrieren.

Ihre Reaktionsfähigkeit

Ihre Fähigkeit, wirksam auf Rückschläge zu reagieren – Ihr Niveau der »Reaktionsfähigkeit« –, ist das Maß für Ihre Bereitschaft, Erfolg haben zu wollen. Wenn Sie einen großen Rückschlag hinnehmen müssen oder ein großes Problem haben, werden Sie sich zeitweise wie benommen fühlen. Dieses Gefühl ist quasi wie ein Schlag in Ihren *emotionalen* Solarplexus. Für ein paar Sekunden oder Minuten sind Sie außer Kraft gesetzt. In dieser Zeit werden Sie sich oft entmutigt fühlen oder Selbstmitleid empfinden. Sie werden fragen: »Warum ich?«

Wie gehen Sie mit Rückschlägen um?

Es geht jedoch nicht darum, wie tief Sie fallen, sondern vielmehr darum, wie schnell Sie wieder auf die Füße kommen. Belastbarkeit angesichts unerwarteter Niederlagen ist entscheidend für langfristigen Erfolg. Rufen Sie sich das Credo des Kriegers in Erinnerung: »Ich lege mich hin, um eine Weile zu bluten, und dann stehe ich auf und kämpfe wieder.«

Seien Sie nicht überrascht, schockiert oder niedergeschlagen, wenn etwas misslingt. Die Pläne, die Sie am besten ausgearbeitet haben, lösen sich oft in nichts auf. Sie sollten Enttäuschungen und Rückschläge als Bestandteile Ihres Lebens *einplanen*. Atmen Sie tief durch, kehren Sie die Scherben auf, und machen Sie weiter.

Optimismus verleiht Ihnen Belastbarkeit

Die wichtigste Eigenschaft, die Sie für Erfolg und Beharrlichkeit brauchen, ist *Optimismus*. Hierbei handelt es sich um grenzenloses Vertrauen in die eigene Person und in Ihre Fähigkeit, am Ende erfolgreich zu sein. Um optimistisch zu bleiben, müssen Sie Ihr Denken kontrollieren und disziplinieren, wenn etwas schiefgeht. Vermeiden Sie Selbstmitleid. Denken Sie immer daran, dass Sie kein *Opfer* sind. Sie sind erwachsen und tragen die alleinige Verantwortung für Ihr eigenes Leben. Sie machen das, was Sie aus freiem Willen entschieden haben zu tun. Rückschläge gehören nun mal dazu. Hier handelt es sich lediglich um Bodenschwellen auf dem Straße zum Erfolg.

Schieben Sie anderen nicht die Schuld zu, und suchen Sie nicht nach Ausreden. Wenn Sie sich über andere Leute beklagen oder ihnen die Schuld in die Schuhe schieben, dann führt dies nur dazu, dass Sie sich selbst unbedeutend und klein vorkommen. Und schlimmer noch: Es raubt Ihnen die persönliche Kraft. Wenn Sie einen anderen kritisieren oder sich beklagen, führt dies dazu, dass Sie sich schwächer fühlen und Ihre Fähigkeit, wirkungsvoll mit der Situation umzugehen, abnimmt. Stattdessen sollten Sie jeden einzelnen Rückschlag willkommen heißen, indem Sie wiederholen: »Ich trage die Verantwortung dafür.«

Suchen Sie nach den Gründen, warum *Sie* für das verantwortlich sind, was geschehen ist, und versuchen Sie nicht, die Schuld anderen Menschen zuzuschieben. Keine Ausreden.

Handeln Sie proaktiv statt reaktiv

Beschließen Sie, sich auf die *Lösung* und darauf zu konzentrieren, was Sie jetzt tun können, statt darauf, was geschehen ist und wer Schuld daran hat. Denken Sie an die Handlungen, die Sie ausführen können, um die Situation zu klären, und denken Sie nicht daran, was misslungen ist und wer Schuld daran hat.

Bleiben Sie optimistisch: Konzentrieren Sie sich in jeder Situation auf die *gute* Seite der Sache. Wenn Sie nach etwas Gutem suchen, werden Sie es immer finden. Indem Sie nach etwas Gutem suchen, werden Sie zudem automatisch positiv und optimistisch werden und die Situation in den Griff bekommen. Denn Ihr Unbewusstes kann sich zu einem Zeitpunkt nur mit einem Gedanken beschäftigen.

Lernen Sie aus Ihren Fehlern.

Suchen Sie bei jedem Problem oder jeder Schwierigkeit nach der *nützlichen Lektion*. Jeder Rückschlag, mit dem Sie es zu tun haben, enthält eine oder mehrere Lektionen, die Ihnen erteilt wurden, um Ihnen zu helfen, künftig erfolgreicher zu sein. Der Unterschied zwischen Erfolgsmotivierten und Misserfolgsmotivierten ist einfach: Misserfolgsmotivierte haben Mitleid mit sich selbst, wenn etwas misslingt, während erfolgreiche Menschen nach der nützlichen Lektion suchen, die sie lernen können und die ihnen künftig helfen wird.

Suchen Sie nach dem Geschenk

Norman Vincent Peale pflegte zu sagen: »Wenn Gott Ihnen ein Geschenk schicken möchte, dann wickelt er es in ein Problem ein. Je größer das Geschenk ist, das Gott Ihnen schicken möchte, desto größer ist das Problem, in das er es einwickelt.«

Statt sich auf das Problem zu konzentrieren, sollten Sie nach dem *Geschenk* suchen. Und wie wunderbar ist es doch, dass Sie es immer finden werden. Mehr noch: Manchmal kann das Geschenk oder die nützliche Lektion weitaus teurer sein als der Aufwand für das Problem selbst. Manchmal kann eine Lektion, die Sie lernen, wenn Sie mit einem Problem zu tun haben, der Schlüssel für Ihren langfristigen Erfolg sein. So schrieb Napoleon Hill Folgendes: »In jedem Problem oder Hindernis steckt der Samen für eine ebensogroße oder größere Chance oder einen ebensogroßen oder größeren Nutzen. Ihre Aufgabe ist es, dies zu finden.«

Sie sollten sich die eigene Person ständig als einen Menschen vorstellen, der angesichts von Widrigkeiten stark, kräftig und entschlossen ist. Im Ersten Weltkrieg wurde ein britischer General von seinen Untergebenen folgendermaßen beschrieben: »Da steht er unverrückbar wie ein eiserner Pflock, der in den gefrorenen Boden getrieben wurde.«

Sorgen Sie dafür, dass dies, immer wenn Sie mit Schwierigkeiten oder Problemen irgendwelcher Art zu tun haben, eine angemessene Beschreibung Ihrer selbst ist. Nehmen Sie sich vor, dazustehen wie ein eiserner Pflock, der in den gefrorenen Boden getrieben wurde.

Beschließen Sie etwas im Voraus

Wenn Sie im Voraus beschließen, dass Sie nie aufgeben werden, ist Ihnen der Erfolg praktisch garantiert. Am Ende kann Sie keiner aufhalten – außer *Sie selbst*.

Im Leben spielt es keine Rolle, wie oft Sie niedergeschlagen werden. Alles, was zählt, ist, wie oft Sie wieder aufstehen. Wenn Sie immer wieder aufstehen und nach vorne drängen, müssen Sie am Ende Ihr Ziel erreichen.

Jedes Mal, wenn Sie sich in Selbstdisziplin üben, um angesichts von Widrigkeiten beharrlich zu sein, werden auch Ihr Selbstwertgefühl und Ihr Selbstvertrauen größer. In dem Maße, wie Ihr Selbstwertgefühl zunimmt, fühlen Sie sich stärker, kräftiger und unaufhaltbarer. Wenn Sie sich besser und stärker fühlen, werden Sie das nächste Mal auch eher in der Lage sein, beharrlich zu sein – und dann immer wieder.

Behalten Sie Ihr Ziel stets im Auge.

Wenn Sie sich angesichts aller Widrigkeiten disziplinieren, beharrlich zu sein, dann führt der Weg Ihres Lebens spiralförmig nach oben zu Selbstwertgefühl, Selbstdisziplin und Beharrlichkeit, bis Sie am Ende so etwas werden wie eine Naturkraft.

Beharrlichkeit ist praktizierte Selbstdisziplin.

Im zweiten Teil des Buches werden Sie etwas darüber erfahren, was speziell Sie tun können, um diese Prinzipien auf die praktischen Bereiche des Lebens anzuwenden, um größeren Erfolg in Ihrem Beruf und in Ihrer Karriere zu erzielen und Ihr Potenzial in den Monaten und Jahren, die vor Ihnen liegen, auszuschöpfen.

Übungen

1. Machen Sie einen Lebensbereich aus, in dem Sie noch beharrlicher sein müssen, um Ihr Ziel zu erreichen, und ergreifen Sie dann Maßnahmen in diesem Bereich.

____

____

____

2. Machen Sie ein Lebensziel aus, das Sie nicht erreicht haben, weil es Ihnen nicht gelungen ist, bis zum Ende beharrlich zu bleiben. Welche Schritte könnten Sie heute unternehmen, um Erfolg in diesem Bereich zu haben?

____

____

____

3. Geben Sie ein großes Ziel an, das Sie erreicht haben, weil Sie beharrlich geblieben sind und nicht aufgegeben haben, ganz gleich wie schwierig es wurde.

____

____

____

4. Entscheiden Sie, welches Ihre hauptsächliche, klar umrissene Zielsetzung im Leben ist – das eine Ziel, das, wenn Sie es denn erreichen würden, den größten positiven Einfluss auf Ihr Leben hätte.

____

____

5. Schreiben Sie Ihr Ziel klar und deutlich auf, stellen Sie einen detaillierten Handlungsplan auf, um es zu erreichen, und sagen Sie sich dann, dass »Misserfolg keine Option ist«.

____

____

6. Fassen Sie heute den Beschluss, dass Sie hartnäckig bleiben werden, bis Sie Erfolg haben, ganz gleich was geschieht. Sagen Sie sich: »Ich bin nicht zu stoppen.«

____

____

7. Beschließen Sie, sich ein wichtiges Ziel zu setzen und es zu erreichen, die unvermeidlichen Schwierigkeiten, Probleme und Rückfälle, mit denen Sie zu tun haben werden, zu bewältigen und daran zu arbeiten, bis Sie Erfolg haben. Gehen Sie diese Abfolge von Schritten immer wieder erneut durch, bis die Beharrlichkeit für Sie zu einer Gewohnheit wird.

____

____

TEIL II

Selbstdisziplin im Geschäftsleben, Handel und Finanzwesen

In diesem Teil des Buches werden Sie lernen, wie Sie die Disziplin entwickeln können, die erforderlich ist, um zu den oberen zehn Prozent der Menschen in Ihrem Bereich zu gehören. Sie werden lernen, wie Sie Ihre Produktivität, Ihre Leistungsfähigkeit, Ihren Ertrag und Ihre Arbeitsergebnisse steigern können. Sie werden lernen, wie Sie zu einem der am meisten geachteten und geschätzten Menschen in Ihrem Unternehmen und in Ihrer Branche werden.

KAPITEL 8

Selbstdisziplin und Arbeit

> *»Führungskräfte kommen nicht als solche auf die Welt; sie werden erst dazu. Und wie alles andere werden sie durch harte Arbeit dazu. Das ist der Preis, den wir bezahlen müssen, um dieses oder jedes andere Ziel zu erreichen.«*
>
> VINCE LOMBARDI

Es gibt wohl keinen Bereich Ihres Lebens, in dem Selbstdisziplin eine größere Auswirkung auf Ihre Zukunft hat, als im Beruf. Doch wenn es Ihnen so ergeht wie den meisten Menschen, sind Sie vom Arbeitsbeginn bis zum Ende eines Arbeitstages von Menschen und Ereignissen umgeben, die Sie davon abhalten, das zu tun, was am wichtigsten ist. Dadurch jedoch, dass Sie Ihre wichtigsten Aufgaben erfüllen, kommen Sie in Ihrer Karriere schnell und verlässlich voran und nach oben.

Eine Gruppe aus dem höheren Management wurde einmal gefragt: »Welches sind die wichtigsten Eigenschaften, die eine Person braucht, um in einer Firma befördert zu werden?« 85 Prozent waren sich einig, dass dies die beiden wichtigsten Eigenschaften sind:

1. die Fähigkeit, sich Prioritäten zu setzen und an wichtigen Aufgaben zu arbeiten, und
2. die Disziplin, die Arbeit schnell und gut zu erledigen.

Anscheinend sind diese beiden Eigenschaften förderlicher für beruflichen Erfolg als alles andere, was man tun kann. Fleißige, disziplinierte und konzentrierte Arbeit wird Sie in die Lage versetzen, beständig und zuverlässig mehr zu erledigen, ein höheres Gehalt zu beziehen und über Ihre gesamte Karriere hinweg schneller befördert zu werden als der durchschnittliche Arbeitnehmer.

Trennen Sie Wichtiges vom Unwichtigen

Ich habe bereits mehrmals in diesem Buch das Pareto-Prinzip (die 80/20-Regel) erwähnt, und es lässt sich auch hier wieder anwenden. Ganze 80 Prozent dessen, was Sie erreichen, gehen auf 20 Prozent der Dinge zurück, die Sie tun. Ihre Aufgabe ist es folglich, diese oberen 20 Prozent Ihrer Aufgaben auszumachen und sich zielstrebig darauf zu konzentrieren, dass sie schnell und gut erledigt werden.

Lernen Sie, Prioritäten zu setzen.

In Kapitel 13 wird das Zeitmanagement im Einzelnen erörtert; doch lassen Sie uns zunächst einmal einen Blick auf das Gegenteil eines guten Zeitmanagements werfen – das *schlechte* Zeitmanagement. Dem Personaldienstleistungsunternehmen Robert Half International zufolge *verschwendet* der durchschnittliche Mitarbeiter etwa 50 Prozent seiner Zeit mit Aktivitäten, die nichts mit seiner Arbeit zu tun haben:

- 37 Prozent der Arbeitszeit werden für nutzlose Gespräche über persönliche Themen mit Kollegen verschwendet, Gespräche, die überhaupt nichts mit den anstehenden Aufgaben zu tun haben.
- Die anderen 13 Prozent der verschwendeten Zeit werden damit verbracht, zu spät zu kommen oder zu früh wegzugehen, mit langen Mittags- und Kaffeepausen, mit Surfen im Internet, dem Lesen von Zeitungen oder der Erledigung persönlicher Angelegenheiten während der Arbeitszeit.

Schlimmer noch: Wenn die Personen, die viel Zeit verschwenden, dann tatsächlich an die Arbeit gehen, verschwenden sie zu viel Zeit mit geringwertigen Aufgaben und Aktivitäten. Infolgedessen schaffen sie sehr wenig, was sie schließlich zu der Auffassung bringt, sie seien ständig unter Druck, um etwas nachzuholen.

Wenn man im Beruf Zeit verschwendet, erledigt sich die Arbeit leider nicht von selbst. Sie baut sich kontinuierlich auf, wie eine Schneebrettlawine. Termine rücken immer näher. Die Belastung nimmt zu, bis man sich am Ende zwingt, die Aufgabe zu erledigen. Das geschieht gewöhnlich in der letzten Minute, und dann macht man oft kostspielige Fehler.

Sorgen Sie dafür, dass Sie einen hervorragenden Ruf haben

Es gibt nichts, wodurch Menschen, die Ihnen helfen können, schneller ihr Augenmerk auf Sie richten, als wenn Sie im Ruf stehen, dass Sie jede Stunde eines Tages hart und diszipliniert arbeiten.

Die durchschnittlichen Mitarbeiter steigern ihr Einkommen etwa um drei Prozent pro Jahr, was ungefähr der Inflationsrate oder dem Anstieg der Lebenshaltungskosten entspricht. Anders ausgedrückt: Wenn Sie ein durchschnittlicher Mitarbeiter sind, verdienen Sie Jahr für Jahr eigentlich nicht mehr Geld. Stattdessen können Sie nur weiter Ihre Ausgaben decken. Doch die oberen 20 Prozent erhöhen in den meisten Bereichen ihr Einkommen um zwischen zehn und 25 Prozent pro Jahr. Und das summiert sich nicht einfach nur Jahr für Jahr, sondern entwickelt sich mit Zinseszins.

Ein guter Ruf bringt Sie nach vorn.

Die oberen 20 Prozent der Menschen, die arbeiten, verdienen 80 Prozent des Geldes. Die unteren 80 Prozent der Mitarbeiter haben keine Wahl, als sich die 20 Prozent des Geldes zu teilen, das übrig geblieben ist. Sie müssen sich um die Brotkrumen streiten, die vom Tisch der hochproduktiven Menschen in ihrem Bereich herunterbröseln.

Sie können Ihr Einkommen verdoppeln

Wenn ich den Teilnehmern in meinen Seminaren sage, dass sie sich ein Ziel setzen sollten, um in den nächsten Monaten und Jahren »ihr Einkommen zu verdoppeln«, reagieren sie ganz unterschiedlich. Häufig kommt in der Pause jemand zu mir und sagt: »Sie haben keine Ahnung, wie das in meiner Firma ist. Es gibt keine Möglichkeit, wie ich mein Einkommen in der Firma, in der ich jetzt bin, verdoppeln könnte. Sie würden mir einfach nicht so viel Geld zahlen.«

Weil ich das schon einmal gehört habe, stelle ich dann die entscheidende Frage: »Gibt es irgendjemanden *in Ihrer Firma, der doppelt so viel verdient wie Sie?«*

Die Person, mit der ich spreche, wird das immer bestätigen: »Ja, es gibt Menschen in meiner Firma, die zwei- oder dreimal so viel verdienen wie ich.«

Ich bringe dann das entscheidende Argument: »Ihre Firma ist also durchaus bereit, manchen Menschen zweimal so viel zu zahlen wie Ihnen. Sie ist einfach nicht bereit, Ihnen *zweimal so viel zu zahlen. Woran liegt das?«*

Dann geht ihm plötzlich ein Licht auf. Er erkennt, dass es nicht die Firma *ist, die nicht bereit ist, das Geld zu zahlen. Es ist* der Einzelne, *der nicht genug dazu beiträgt, dass er dieses zusätzliche Geld wert ist. Die Verantwortung liegt bei ihm, nicht bei seiner* Firma.

Das Dreiergesetz hilft Ihnen dabei, Prioritäten zu setzen

Wenn wir ein Coaching für Unternehmer, Manager und Firmeneigentümer durchführen, lassen wir sie eine Übung machen, die dazu entworfen wurde, ihnen zu helfen, dass sie ihre Produktivität, ihre Leistung und ihren Ertrag innerhalb von zwölf Monaten verdoppeln – manchmal sogar innerhalb von 30 Tagen. Die Übung ist einfach. Und sie funktioniert folgendermaßen.

Erstens sollten Sie eine Liste all der Dinge aufstellen, die Sie im Laufe einer Woche oder eines Tages machen, von Montagmorgen, wenn Sie beginnen, bis zum Ende der Woche. Schreiben Sie alles auf, sowohl das Kleine als auch das Große, und dazu gehören auch das Lesen von E-Mails und Telefon-Rückrufe.

Dann schauen Sie sich die Liste noch einmal genau an, und beantworten Sie die folgende zentrale Frage: »Wenn ich nur *eins* auf dieser Liste machen könnte, den ganzen Tag lang, welche Aufgabe oder Aktivität schafft für meine Firma am meisten Wert?«

Wenn Sie Ihre Liste durchgehen, wird Ihnen die richtige Antwort wahrscheinlich ins Auge springen. Was immer es auch sein mag, kreisen Sie es mit einem Stift ein.

Dann stellen Sie sich die zweite Frage: »Wenn ich den ganzen Tag lang *zwei* Dinge auf dieser Liste machen könnte, welches wäre die zweite Aufgabe oder Aktivität?«

Schauen Sie sich Ihre Liste noch einmal genau an, und finden Sie Ihre zweitwichtigste Aufgabe im Hinblick darauf, welchen Beitrag sie für Ihre Firma leistet.

Und fragen Sie sich schließlich noch: »Wenn ich den ganzen Tag lang *drei* Dinge auf dieser Liste machen könnte, was wäre dann das Dritte?«

Das nennen wir das »Dreiergesetz«. Das Dreiergesetz besagt, dass es drei hauptsächliche Dinge zu tun gibt, die zu 90 Prozent oder mehr Ihren Wert für Ihre Firma oder Organisation bestimmen. Ihre Aufgabe ist es, diese drei entscheidenden Aufgaben zu finden und *die Disziplin aufzubringen*, sie *den ganzen Tag lang* anzugehen. All Ihre anderen kleineren Aufgaben sind unterstützende, ergänzende, vergnügliche oder nutzlose Aufgaben. Es handelt sich um Kleinigkeiten, die Sie sich oft unbewusst angewöhnt haben zu tun, um die großen und wichtigen Aufgaben zu meiden, die aber für Ihre Arbeit und Ihre Karriere ungeheuer viel bedeuten können.

Welche sind Ihre Top-3-Aufgaben?

Berechnen Sie Ihren Stundenlohn

Eine andere Methode, wie Sie Ihr Einkommen verdoppeln können, besteht darin, dass Sie die »Stundenlohn-Methode« anwenden, um Ihren persönlichen Wert und Ihren Zeitetat zu berechnen. Bestimmen Sie zunächst, wie viel Sie pro Stunde verdienen. Das machen Sie, indem Sie Ihr jährliches Einkommen durch 2000 dividieren (das ist ungefähr die Anzahl der Stunden, die ein Unternehmer oder Manager in den USA pro Jahr arbeitet: 40 Stunden die Woche mal 50 Wochen im Jahr).

Wenn Sie beispielsweise 50 000 Dollar pro Jahr verdienen und das durch 2000 teilen, dann läge Ihr Stundenlohn bei 25 Dollar. Wenn

Sie 100 000 Dollar pro Jahr verdienen und man das durch 2000 teilt, läge Ihr Stundenlohn bei 50 Dollar.

Worum immer es geht, beschließen Sie von diesem Augenblick an, *nur* das zu tun, wofür Sie Ihren Stundenlohn oder mehr bekommen. Lehnen Sie es ab, etwas zu tun, was jemand anders mit einem geringeren Stundenlohn als Sie machen kann. Verschwenden Sie Ihre Zeit nicht mit Dingen, die einen geringen oder gar keinen Wert haben, während sich Ihre anderen wichtigen Aufgaben zu einem Berg auftürmen.

Einigen Sie sich darauf, welche Arbeit am wichtigsten ist

Warum hat man Sie eingestellt? Sie sollten sich zuerst einmal diese Frage stellen und alle Arbeitsergebnisse auflisten, von denen Sie meinen, dass man sie von Ihnen erwartet. Und Sie sollten die drei wichtigsten Aufgaben bestimmen, die Ihren Stundenlohn rechtfertigen. Mit dieser Liste von zentralen Aufgaben sollten Sie zu Ihrem Chef gehen und ihn auf der Grundlage seiner Prioritäten Ihre Arbeit organisieren lassen. Das müssen Sie tun, um auf Nummer sicher zu gehen.

Benjamin Tregoe, Mitbegründer der Beratungsfirma Kepner-Tregoe und Autor des Buches *Entscheidungen vorbereiten und richtig treffen – Rationales Management: Die neue Herausforderung* sagte einmal: »Die schlechteste Nutzung der Zeit besteht darin, etwas sehr gut zu machen, was überhaupt nicht gemacht werden muss.«

Dennoch ist es erstaunlich, wie viele Menschen hart an Aufgaben arbeiten, die für ihre Chefs von wenig oder überhaupt keinem Wert sind. Ganz gleich wie gut Sie eine *unwichtige* Aufgabe erledigen, es hilft Ihnen nichts. Schlimmer noch: Wenn Sie an geringwertigen Aufgaben arbeiten, hält Sie das davon ab, an den wichtigsten Dingen zu arbeiten, die Sie tun könnten. Harte Arbeit an der falschen Aufgabe kann tatsächlich *schädlich* für Ihre Karriere sein.

Vergeuden Sie keine Zeit mit Unwichtigem.

Die glücklichsten Tage, die Sie an Ihrem Arbeitsplatz verbringen, werden die sein, während der Sie an den Aufgaben arbeiten, die nach Auffassung Ihres Chefs die wichtigsten sind. Die unglücklichsten Tage an Ihrem Arbeitsplatz werden die sein, an denen Sie und Ihr Chef aneinander vorbeireden. Sie werden dann vor allem deswegen nicht gut miteinander auskommen, weil Sie gerade die Aufgaben nicht erledigen, die für ihn und seine Karriere am wichtigsten sind.

Ihr Ziel besteht darin, mehr Geld zu verdienen und schneller befördert zu werden. Ihr Ziel ist es, einer der wertvollsten und am besten bezahlten Personen in Ihrem Fachgebiet zu werden. Zunächst einmal ist es Ihre Aufgabe, für die Firma wertvoll zu sein und sich dann *unersetzlich* zu machen. Das erfordert zuallererst, dass Sie immer an den Aufgaben arbeiten, die Ihr Chef für die wichtigsten hält.

Arbeiten Sie, wenn Sie arbeiten

Der Schlüssel dafür, Ihre Produktivität und Ihren Arbeitsertrag zu verdoppeln – und am Ende Ihr Einkommen –, besteht darin, die ganze Zeit, die Sie am Arbeitsplatz verbringen, auch wirklich zu *arbeiten*. Einfach ausgedrückt: Wenn Sie arbeiten, *arbeiten* Sie. Verschwenden Sie keine Zeit. Schieben Sie nichts auf. Schwätzen Sie nicht mit den Kollegen beziehungsweise sitzen Sie nicht mit ihnen beim Kaffee zusammen. Lesen Sie nicht die Zeitung, oder surfen Sie nicht im Internet. Wenn Sie morgens zur Arbeit kommen, sollten Sie Ihren Kopf einziehen und den ganzen Tag lang arbeiten.

Die größten Zeitverschwender in der Arbeitswelt sind andere Menschen, die mit Ihnen reden, Sie ablenken, Sie aufhalten und Ihnen die Zeit stehlen wollen, die Sie mit höherwertigen Aufgaben verbringen sollten. Wenn ein Zeitverschwender zu Ihnen kommt und sagt: »Haben Sie eine Minute Zeit für ein Gespräch mit mir?«, erwidern Sie Folgendes: »Ja, aber nicht jetzt. Warum sprechen wir nicht beim Mittagessen oder nach der Arbeit miteinander? In der Zwischenzeit muss ich diese Aufgabe hier erledigen. Ich muss *wieder an die Arbeit.*«

Wenn Sie Menschen sagen, dass Sie unter Zeitdruck stehen und dass Sie eine Aufgabe für Ihren Chef erledigen müssen, werden sie Sie gewöhnlich in Ruhe lassen. Wenn Sie das oft genug tun, werden Sie es sich zur Gewohnheit machen, Sie in Ruhe zu lassen, und stattdessen jemand anders finden, mit dem sie Zeit verschwenden können.

Sorgen Sie dafür, dass Sie motiviert und konzentriert bleiben, indem Sie positiv auf sich selbst einreden. Ihr Mantra für den Augenblick sollte lauten: »An die Arbeit! An die Arbeit! An die Arbeit!«

Immer wenn Sie feststellen, dass Sie bei Ihrer Hauptaufgabe ausgebremst werden, wiederholen Sie die magischen Worte für sich selbst: »An die Arbeit!«

Wer arbeitet am härtesten? Die geheime Umfrage

Stellen Sie sich vor, ein externes Unternehmen würde eine Studie über alle Mitarbeiter Ihrer Firma durchführen. Sie würden jeder einzelnen Person eine Liste aller Mitarbeiter geben und sie bitten, ihre Kollegen in Bezug darauf zu bewerten, wer am härtesten arbeitet, wer am zweithärtesten usw.

Vermeiden Sie Ablenkungen.

Sie würden dann diese Liste, gestaffelt vom eifrigsten Mitarbeiter bis zum faulsten, an Ihre Vorgesetzten weitergeben. Diese Liste würde dazu verwendet werden, festzulegen, wer mehr Geld bekommt und schneller befördert wird als die anderen.

Stellen Sie sich nun vor, dass diese Umfrage bereits durchgeführt worden ist, aber insgeheim. Es ist eine Tatsache, dass in allen Unternehmen jeder weiß, wer härter arbeitet als alle anderen. Jeder weiß, wer weniger arbeitet und keinen Beitrag leistet. *Jeder weiß es* – es ist überhaupt kein Geheimnis.

Beschließen Sie heute Folgendes: Wenn von heute an in einem Jahr eine derartige Umfrage gemacht werden sollte, werden Sie den Wettbewerb »gewinnen«. Beschließen Sie heute, dass Sie im Ruf stehen wollen, die am härtesten arbeitende Person in Ihrem Bereich zu sein. Dies wird Ihnen mehr helfen als alles andere.

Nehmen wir einmal an, Sie sind von Menschen und Situationen umgeben, die Zeit verschwenden beziehungsweise rauben. Dann brauchen Sie eine ungeheure Selbstdisziplin, um während der gesamten Zeit, die Sie am Arbeitsplatz verbringen, auch wirklich zu arbeiten. Sie müssen ständig gegen Ablenkungen und Unterbrechungen ankämpfen, damit Sie sich wieder an die Arbeit machen können.

Das Erfolgsrezept

Als ich meine Karriere in einer großen Firma begann, stand ich ganz unten in der Hierarchie. Alle anderen waren schon länger da als ich und standen über mir in der Hackordnung. Obwohl ich Anfang 30 war, hatte ich noch keine Vorstellung davon, welche Spielregeln galten und was man tun musste, um im Verdrängungswettbewerb, den es in der Firma gab, voranzukommen.

Durch Zufall stieß ich auf das Rezept, das mich zu einem erfolgreichen Mann machte. Es war einfach: Immer wenn mir mein Chef etwas zum Erledigen gab, machte ich es umgehend. Wie ein Hund, der hinter einem in die Luft geworfenen Stöckchen hinterherjagt, beschäftigte ich mich sofort mit der Aufgabe, arbeitete sie ab und ging mit der erledigten Aufgabe umgehend zu meinem Chef zurück.

Anfangs lächelte er und sagte etwa Folgendes: »Eigentlich brauchte ich es ja gar nicht so schnell, aber vielen Dank, dass Sie es gleich erledigt haben.«

Bitten Sie um mehr Verantwortung

Immer wenn ich meine Arbeit erledigt hatte, ging ich, statt mich zu entspannen, zu meinem Chef und sagte: »Ich bin fertig. Ich möchte mehr Arbeit erledigen. Ich möchte mehr Verantwortung.« Diese Worte wurden zu meinem Mantra: »Ich möchte mehr Verantwortung.«

Mein Chef, der mit einer ungeheuren Anzahl von Projekten sehr viel zu tun hatte, sagte dann so etwas wie: »Na gut, lassen Sie das meine Sorge sein; ich denke darüber nach, was ich Ihnen sonst noch zum Arbeiten geben kann.«

Jeden Tag ging ich am Ende des Arbeitstags zu meinem Chef und sagte, wie eine Schallplatte mit einem Sprung: »Ich bin mit allem fertig; ich möchte mehr Verantwortung haben.«

Nach und nach begann er, mir »Stöckchen« zuzuwerfen. Er gab mir eine kleine Aufgabe, um mich zu beschäftigen. Und was immer es war, ich nahm die Aufgabe sofort mit, erledigte sie und brachte ihm die Ergebnisse. Dann sagte ich: »Ich bin mit allem fertig. Ich möchte mehr Verantwortung.«

Innerhalb von sechs Monaten begann er, mich als denjenigen zu sehen, an den er sich wenden konnte. Immer wenn er etwas hatte, was schnell erledigt werden musste, ging er an allen anderen vorbei und gab es mir. Worum immer er mich bat, er wusste, dass ich es schnell erledigen würde.

Zeit ist wesentlich

Einmal bat mich mein Chef, nach Reno zu fliegen, um mit der Entwicklungsarbeit an einem Grundstück zu beginnen, das die Firma erworben hatte. Er sagte mir, ich könnte irgendwann in den nächsten paar Wochen dorthin reisen. Stattdessen tat ich es gleich am nächsten Morgen. Ich ging direkt zu dem Rechtsanwalt, der mit dem Vorgang betraut war, und dann zu dem Bauingenieur, der die Verantwortung für die Entwicklungsarbeit hatte. Und ich hatte sofort das Gefühl, dass etwas Gravierendes bei diesem Grundstückskauf nicht in Ordnung war. Ich wusste nicht, was es war, doch ich ging von einer Person zur nächsten, stellte Fragen und sammelte Informationen.

Am Ende des Tages, nur ein paar Stunden bevor diese Zwei-Millionen-Dollar-Transaktion abgeschlossen werden und das Geld auf immer den Besitzer wechseln sollte, fand ich heraus, dass uns ein Stück Land verkauft werden sollte, auf dem es kein Wasser gab und das daher nicht ausbaufähig war. Wegen der komplexen Gesetzeslage und der begrenzten Wasserrechte handelte es sich bei dem Grundstück um einen wertlosen Boden, den man noch nicht einmal in den nächsten 100 Jahren ausbauen konnte. Wenn wir mit dem Grundstückskauf weitergemacht hätten, hätten wir 2 000 000 Dollar verloren!

Ich stoppte die Transaktion sofort, forderte, dass der Rechtsanwalt mir einen Scheck mit einer Einlösungsgarantie über die 250 000 Dollar ausstellte, die sich auf seinem Treuhandkonto befanden, und flog zu meinem Chef nach Hause, um ihm die Geschichte zu erzählen. Wie Sie sich vorstellen können, war mein Chef sehr froh über das, was ich getan hatte.

Der große Erfolg

Von diesem Tag an erhielt ich immer mehr Verantwortung. Innerhalb eines Jahres war ich für drei Abteilungen in der Firma verantwortlich und hatte 42 Mitarbeiter in drei Städten. Später erfuhr ich, dass mein Chef mir mehr Geld als irgendjemand anderem zahlte, der für ihn gearbeitet hatte, und er tat das alles aufgrund meiner Arbeitsergebnisse und Profitabilität.

Jedes Mal, wenn mich jemand fragt, wie man im Arbeitsleben damit Erfolg hat, dass man sich *wirklich Mühe gibt*, rate ich ihm genau deshalb Folgendes: Was immer Ihnen Ihr Chef zum Erledigen gibt, machen Sie es rasch und gut. Dann gehen Sie zu ihm und bitten ihn um mehr Verantwortung. Und wenn Sie sie bekommen, erledigen Sie Ihre Aufgabe rasch und gut, bis Sie den Ruf haben, jemand zu sein, der Dinge schnell erledigt. Dies wird Ihnen stärker dabei helfen, in Ihrer Karriere voranzukommen, als jeder andere Ruf, in den Sie kommen könnten.

Bezahlen Sie den Preis

Im Folgenden finden Sie ein einfaches Rezept für den Erfolg am Arbeitsplatz, der auf drei Elementen beruht: Kommen Sie ein wenig *früher*, arbeiten Sie etwas *härter*, und bleiben Sie ein bisschen *länger*. Das wird Ihnen einen so großen Vorsprung vor Ihren Konkurrenten bringen, dass diese Sie nie einholen werden.

Kommen Sie eine Stunde früher zur Arbeit, bevor irgendjemand sonst da ist. Nutzen Sie diese Zeit, um Ihren Tag zu planen und zu strukturieren, und beginnen Sie mit Ihren wichtigsten Aufgaben. Wann auch immer Ihr Chef ins Büro kommt, stellen Sie sicher, dass Sie bereits bei der Arbeit sind, bevor er eintrifft.

Zweitens sollten Sie etwas härter arbeiten. Verschwenden Sie keine Zeit. Schwätzen Sie nicht mit Kollegen. Arbeiten Sie mittags durch, damit Sie bei Ihren hauptsächlichen Aufgaben und Verantwortlichkeiten obenauf – und an der Spitze – bleiben.

Drittens sollten Sie eine Stunde länger arbeiten als Ihre Kollegen. Wenn diese um fünf Uhr das Büro verlassen, verlassen Sie es um sechs Uhr. Nutzen Sie diese zusätzliche Zeit, um Ihre wichtigen Aufgaben zu Ende zu bringen und dafür zu sorgen, dass der folgende Tag vorgeplant wird.

Wenn Sie eine Stunde früher kommen, mittags durcharbeiten und eine Stunde länger arbeiten, kommen zu Ihrem Arbeitstag ganze *drei* produktive Stunden hinzu. Weil es keine Unterbrechungen gibt, wenn Sie in diesen Zeiten arbeiten, erreichen Sie tatsächlich zwei oder dreimal so viel wie während Ihrer anderen Arbeitsstunden, in denen Sie ständig von Kollegen und Telefonanrufen unterbrochen werden.

Arbeiten Sie stets konzentriert an Ihren Aufgaben.

Tatsächlich können Sie Ihre Produktivität, Ihre Leistung und Ihren Arbeitsertrag verdoppeln oder gar verdreifachen, indem Sie diese drei Stunden einfach zu Ihrem Arbeitstag hinzugewinnen. Die gute Nachricht ist, dass Sie nichts verlieren, wenn Sie früher kommen und später gehen. Sie meiden nur die Verkehrsstaus und -stockungen, unter denen die meisten Menschen auf ihrem Weg zur Arbeit und nach Hause leiden.

Das Rezept 40+

Um bei der Arbeit schneller Erfolg zu haben, sollten Sie sich das »Rezept 40+« zunutze machen. Das Erfolgsrezept lautet, dass Sie vorhersagen können, wo Sie in fünf Jahren stehen werden. Dazu müssen Sie sich nur die Anzahl der Stunden ansehen, die Sie heute *über die 40 Stunden pro Woche hinaus* arbeiten.

Wenn alles, was Sie tun, darin besteht, regelmäßig 40 Stunden zu arbeiten, wie es alle anderen machen, werden Sie lediglich überleben. Ihr jährlicher Gehaltszuwachs wird drei oder vier Prozent betragen. Sie werden einen »Job« haben, aber Ihr Einkommenszuwachs wird genauso hoch sein wie der aller anderen.

Nur wenn Sie *mehr als 40 Stunden* arbeiten, haben Sie einen Vorteil gegenüber den meisten anderen in Ihrer Firma – und in Ihrer Branche. Machen Sie es sich zur *Gewohnheit*, mehr zu tun als das, wofür Sie bezahlt werden. Bringen Sie die Disziplin auf, mehr einzusetzen, als Sie nehmen. Jede Stunde, die Sie zusätzlich zu Ihrer

40-Stunden-Woche arbeiten, ist eine Investition in Ihren künftigen Erfolg.

Die am höchsten bezahlten Menschen der USA arbeiten – unabhängig von der Branche – 50 oder 60 Stunden pro Woche. Der durchschnittliche Selfmade-Millionär arbeitet 59 Stunden pro Woche. Dies entspricht fünf Zwölfstundentagen oder sechs Zehnstundentagen. Die meisten erfolgreichen Menschen arbeiten zu Beginn ihrer Karriere sechs Tage die Woche – manchmal auch sieben. Außerdem arbeiten sie, wenn sie an ihrem Arbeitsplatz sind, die ganze Zeit über. Sie verschwenden keine Zeit. Sie haben Folgendes eingesehen: Um im Herbst ihrer Karriere eine reiche Ernte einzufahren, müssen sie im Frühling ihrer Karriere reichlich aussäen.

Bereit für den Erfolg: Kleiden Sie sich wie die Erfolgreichen

Am Ende müssen Sie die Disziplin aufbringen, sich in Ihre Rolle einzufügen. Behalten Sie den Spruch »Gleich und Gleich gesellt sich gern« im Hinterkopf. Wenn es um die Selbstdarstellung geht, bedeutet das: Menschen fördern gerne Personen, die so aussehen wie sie selbst. Ihre Chefs reagieren sehr sensibel auf die äußere Erscheinung des Personals. Sie befördern gerne Menschen, die sie voller Stolz ihren Freunden und Kollegen vorstellen können. Stellen Sie sicher, dass Sie sich so kleiden und frisieren, dass Ihr Chef stolz darauf wäre, Sie zum Essen einzuladen und Sie anderen als Repräsentanten seiner Firma vorzustellen.

Sie sollten jeden Morgen, bevor Sie zur Arbeit gehen, in den Spiegel schauen und sich fragen: »Sehe ich aus wie einer der Spitzenleute in meinem Bereich?« Wenn das nicht der Fall ist, kehren Sie noch einmal um und wechseln Sie Ihre Kleidung – und wechseln Sie sie noch einmal, bis Sie wie eine der Spitzenkräfte in Ihrer Branche aussehen.

Suchen Sie sich Vorbilder.

Lernen Sie, wie man sich *kleidet, um Erfolg zu haben*. Lesen Sie Bücher und Artikel, oder bitten Sie andere um Rat. Schauen Sie sich die erfolgreichsten Leute in Ihrer Branche an, und kleiden Sie sich auf dieselbe Weise wie sie. Kleiden Sie sich für die Arbeit *zwei* Ebenen über Ihrer momentanen Stellung.

Behalten Sie Folgendes im Hinterkopf: Ganze 95 Prozent des ersten Eindrucks, den Sie auf andere Menschen machen, werden durch Ihre Kleidung und dadurch bestimmt, wie gepflegt Sie aussehen. Stellen Sie sicher, dass der erste Eindruck – und dann der zweite und dritte Eindruck – im Einklang mit der Botschaft steht, die Sie aussenden wollen.

Viele Menschen arbeiten ihr ganzes Leben lang, ohne zu erkennen, dass sie zu den wertvollsten Mitarbeitern in ihren Unternehmen gehören könnten, wenn sie sich etwas mehr anstrengen, ein wenig mehr arbeiten und sich stärker auf höherwertige Aufgaben konzentrieren würden. Wenn Sie die Disziplin dafür aufbringen, kontinuierlich den Wert Ihres Beitrags für Ihre Firma zu erhöhen, werden Sie Ihre Karriere vorantreiben und geradezu sichergehen können, dass Sie eine ausgezeichnete Zukunft vor sich haben.

Im nächsten Kapitel werden Sie erfahren, dass Ihr Verhalten im Job ganz selbstverständlich über Ihren Aufstieg in die Führung bestimmt, und Sie werden sehen, inwiefern Selbstdisziplin entscheidend dafür ist, dass Sie Ihr Potenzial als Führungskraft ausschöpfen.

Übungen

KEINE AUSREDEN!

1. Fällen Sie heute die Entscheidung, dass Sie zu den oberen 20 Prozent der Personen in Ihrer Firma – oder in Ihrer Branche – gehören wollen. Was sollten oder könnten Sie anders machen?

____

____

____

2. Stellen Sie eine Liste mit allem auf, was Sie in Ihrem Job machen, und legen Sie dann die drei Aufgaben fest, die von größtem Wert für Ihre Arbeit und Ihre Firma sind.

____

____

____

3. Stellen Sie einen neuen Arbeitsplan für sich auf, und fangen Sie früher an zu arbeiten, arbeiten Sie härter, und bleiben Sie länger, bis es Ihnen zur Gewohnheit wird.

____

____

____

4. Bestimmen Sie die wichtigsten Arbeitsergebnisse, die man von Ihnen erwartet, und arbeiten Sie dann den ganzen Tag über auf diese Ergebnisse hin.

____

____

5. Suchen Sie sich die Person in Ihrer Firma aus, die am besten gekleidet und am gepflegtesten ist, und beschließen Sie dann, sie als Vorbild für Ihre eigene äußere Erscheinung zu nehmen.

____

____

6. Beschließen Sie heute, dass Sie von nun an tatsächlich die ganze Zeit, die Sie am Arbeitsplatz sind, arbeiten und dass Sie in den Ruf kommen werden, die am härtesten arbeitende Person in Ihrer Firma zu sein.

____

____

7. Entwickeln Sie ein Gefühl dafür, wann etwas dringend ist. Beschließen Sie, alles schnell zu erledigen, wenn man Ihnen eine Aufgabe gibt oder eine Herausforderung an Sie stellt. Dies kann Ihr Leben verändern.

____

____

KAPITEL 9

Selbstdisziplin und Führung

»Nichts ist schädlicher für den Militärdienst als die Vernachlässigung der Disziplin; denn es ist vielmehr die Disziplin als die Zahl, die einer Armee Überlegenheit über eine andere verleiht.«

GEORGE WASHINGTON

Führung und Selbstdisziplin gehen Hand in Hand. Man kann sich keine effektive Führungskraft vorstellen, der es an Selbstdisziplin, Willenskraft, Selbstkontrolle und Selbstbeherrschung fehlt. Das allumfassende Kennzeichen einer Führungskraft besteht darin, dass sie die vollständige Kontrolle über sich selbst und über jede Situation hat.

Es gab selten eine Zeit in der Geschichte, in der Führungskräfte so sehr gebraucht und so stark gefordert waren wie heute. Wir benötigen in allen gesellschaftlichen Bereichen Führungskräfte – sowohl in gewinnorientierten als auch in nicht gewinnorientierten. Wir brauchen Führungskräfte in unseren Familien, in der Wirtschaft, in Glaubensgemeinschaften, in kommunalen Organisationen und besonders in der Politik. Wir brauchen Männer und Frauen, die ihre Verantwortung ernst nehmen und bereit sind, vorzutreten und das Kommando zu übernehmen.

Führung kann man lernen.

Erfreulicherweise ist Führung *erlernbar*. Führungskräfte entwickeln sich im Laufe der Zeit durch harte Arbeit, Erfahrung und Ausbildung – gewöhnlich von selbst. Peter Drucker sagte einmal: »Es mag Führungskräfte geben, die als solche auf die Welt kommen, aber es gibt so wenige von ihnen, dass sie am Lauf der Welt nichts ändern.«

Vier Entwicklungsphasen

In Ihrer beruflichen Karriere durchlaufen Sie vier Aktivitäts- und Leistungsniveaus. Zunächst beginnen Sie als *Mitarbeiter* mit begrenztem Wissen und begrenzter Erfahrung. Dann steigern Sie sich, lernen dazu und erzielen schließlich Resultate. Sie steigen auf und werden zum *Vorgesetzten* mit Verantwortung für die Leistung und die Arbeitsergebnisse anderer.

Wenn Sie als Vorgesetzter weiter aufsteigen, verbessert sich Ihr Vermögen zu delegieren und Sie werden zum *Manager*, zu jemandem, der Menschen kompetent Arbeitsbereiche und Aufgaben zuteilt. Manager haben einen weiteren Horizont, und dies geht mit größerer Verantwortung einher.

In dem Maße, in dem Sie im Management aufsteigen, wissensreicher und effektiver werden sowie mehr und bessere Arbeitsergebnisse von mehr und unterschiedlichen Menschen erzielen, erreichen Sie das höchste Niveau, das einer *Führungskraft*. In dieser Phase sind Sie verantwortlich dafür, zu bestimmen, *was* gemacht werden soll und nicht mehr nur, *wie* es gemacht werden soll.

Man sagt: »Manche Führungskräfte werden gemacht, einige kommen als solche auf die Welt, und wieder anderen wird die Führungsrolle aufgedrängt.« Führungskräfte bilden sich heraus oder steigen auf, um mit einer Situation umzugehen, die Führungsfähigkeit erfordert. In ihrer einfachsten Form besteht die Rolle der Führungskraft darin, »Verantwortung für Arbeitsergebnisse zu übernehmen«.

Der Hauptgrund dafür, dass Menschen auf immer höhere Stufen der Führung aufsteigen, besteht darin, dass sie die Fähigkeit zeigen, auf jedem Niveau die geforderten Resultate zu erzielen. Eine Führungskraft muss sich immer die Frage stellen: »Welche Resultate werden von mir erwartet?« Und Klarheit ist dabei wesentlich.

Der Hauptgrund dafür, dass einige Menschen nicht in höhere Führungspositionen aufsteigen – oder dass sie vielleicht sogar entlassen werden –, ist, dass sie »bei der Ausführung versagen«. Sie erfüllen nicht die wichtigsten Aufgaben, die man von ihnen erwartet, und sie erzielen auch nicht die Arbeitsergebnisse, die man von ihnen gefordert hat.

Führungskräfte haben eine Vision

James MacPherson gibt einen Überblick über 3300 Studien zum Thema Führungskräfte und nennt als wichtigstes Merkmal von Führung, eine *Vision* zu haben. Führungskräfte haben eine Vision. Sie haben die Fähigkeit, sich ein klares Bild von der Zukunft zu machen und dieses zu entwickeln. Dieses Bild gibt den Weg vor, den das Unternehmen ihrem Willen nach gehen soll. Sie haben darüber hinaus die Fähigkeit, andere an dieser Vision teilhaben zu lassen und darauf zu verpflichten, sie in die Realität umzusetzen.

Entwickeln Sie eine Vision für sich und Ihr Unternehmen.

Sie werden zur Führungskraft, wenn Sie die Verantwortung für die Arbeitsergebnisse übernehmen. Sie werden zur Führungskraft, wenn Sie anfangen, wie eine Führungskraft zu denken, zu handeln und zu reden. Sie werden zu einer Führungskraft, wenn Sie eine *Vision* für sich selbst und für Ihre Firma, Ihr Leben und Ihren Verantwortungsbereich entwickeln.

Es gibt Hunderte von Büchern über Führung und die Bedeutung einer Vision. Doch sie beruhen alle auf einem einzigen Prinzip: Eine Führungskraft beim Militär hat eine Vision vom *Sieg*, von der sie nie abweicht. Eine Führungskraft in der Wirtschaft hat eine Vision vom *Erfolg* im Geschäftsleben aufgrund einer herausragenden Leistung, der sie sich voll und ganz verpflichtet fühlt.

Eine Führungskraft legt Standards fest

Die Führungskraft legt die Standards für das Unternehmen fest. Nicht jeder im Unternehmen hat eine so klare Vision wie die Führungskraft und höhere Anforderungen an Spitzenleistung als sie. Aus diesem Grund ist die Führungskraft das Vorbild, derjenige, der den Ton angibt und die Arbeitsmoral für jeden im Unternehmen bestimmt. Die Persönlichkeit und der Einfluss der Führungskraft beeinflussen alle, die in der Firma, in der Organisation oder in der Abteilung unter ihr arbeiten.

Sie können in einer Firma die Arbeitsmoral nicht *heben*; sie sickert von oben nach unten durch, geht also von der Führungskraft aus. Das Verhalten der Führungskraft beeinflusst und bestimmt das Verhalten aller anderen. Wenn eine Führungskraft positiv, selbstbewusst und optimistisch ist, werden alle im Unternehmen durch dieses Verhalten beeinflusst werden und ebenfalls positiver, selbstbewusster und optimistischer sein.

Lassen Sie Ihren Worten Taten folgen

Wenn Sie zur Führungskraft werden, müssen Sie die Disziplin aufbringen, selbst »wie eine Führungskraft« zu agieren. Sie müssen so gehen, sprechen und handeln, wie es der Rolle einer Führungskraft entspricht. Sie müssen zu einer anderen Persönlichkeit mit anderen Verantwortlichkeiten werden.

Während Sie sich hocharbeiten, sind Sie Bestandteil des Personals oder der Vertriebsmannschaft. Wenn Sie zum Manager werden, sind Sie Bestandteil des Managements. Das heißt: Solange Sie Bestandteil des Personals sind, orientieren Sie sich nach oben und nach Ihrer eigenen Hierarchieebene. Wenn Sie jedoch Führungskraft werden, orientieren Sie sich nach unten, in Richtung auf die Menschen, für die Sie Verantwortung tragen.

Reden Sie nicht – handeln Sie.

Das vielleicht wichtigste Verhalten für Sie als Führungskraft besteht darin, die Disziplin aufzubringen, selbst ein *Vorbild* zu sein. Stellen Sie sich vor, dass alle Sie beobachten. Alles, was gemacht und gesagt wird, richtet sich an Ihrem Verhalten aus.

Wenn Sie zur Führungskraft werden, können Sie sich nicht mehr den Luxus erlauben, nachlässig zu sein. Von dem Zeitpunkt an, von dem an Sie in die Führungsriege aufsteigen, haben Sie eine besondere Verantwortung. Sie müssen Ihre Worte und Verhaltensweisen so disziplinieren und kontrollieren, dass dabei für Ihr Unternehmen und für andere Menschen die bestmöglichen Arbeitsergebnisse herauskommen.

Setzen Sie Maßstäbe

Die Führungskraft setzt die Maßstäbe für das Agieren des Unternehmens, die Qualität der Arbeit, die Personalorganisation, das Zeitmanagement und die äußere Erscheinungsform. In Spitzenunternehmen ist die Führungskraft die Person, zu der jeder aufschaut und die jeder nachahmen möchte.

In vielen Fällen arbeitet die Führungskraft härter als alle anderen in der Firma. Die Führungskraft scheint engagierter, entschlossener, mutiger, visionärer und hartnäckiger zu sein als jeder andere. Sie stimmt einen Ton an, den jeder nachahmen möchte, und setzt außerdem die Maßstäbe dafür, wie Menschen im Unternehmen zu behandeln sind. Wenn die Führungskraft ihre Mitarbeiter mit Höflichkeit, Rücksicht und Interesse behandelt, dann spricht sich schnell herum, dass dies die Maßstäbe sind, an die sich auch alle anderen halten müssen.

Legen Sie Wertvorstellungen und Prinzipien fest

Außer einer klaren Vision für das Unternehmen muss die Führungskraft über eine Reihe von Wertvorstellungen und Organisationsprinzipien verfügen, von denen sie sich in ihrem Verhalten und ihren Entscheidungen leiten lässt. Jeder muss wissen, wofür die Führungskraft und die Firma stehen und woran sie glauben. Die Aufgabe der Führungskraft ist es dann, diese Vision von Spitzenleistung im Rahmen hoher ethischer Anforderungen jederzeit zum Ausdruck zu bringen. Sie muss auf Worte Taten folgen lassen und die Wertvorstellungen und Verhaltensweisen vorleben, die sie predigt.

Die Führungskraft bestimmt die Leitlinien.

Die wirklich beste Anforderung an eine Führungskraft ist die Goldene Regel: »Behandle andere so, wie du von ihnen behandelt werden willst.«

Hier ein Beispiel: Als Jack Welch Präsident von General Electric war, ermutigte er die Manager, jeden Mitarbeiter so zu behandeln, als könne dieser Mitarbeiter irgendwann in der Zukunft an ihnen vorbeibefördert werden. Es könne eben durchaus irgendwann so sein, dass sie selbst unter der Person arbeiten, die ihnen jetzt zuarbeitet. Diese Denkweise stellte sicher, dass die Manager ihr Personal mit einem hohen Maß an Achtung und Höflichkeit behandelten.

Sieben Führungsprinzipien

Um als Führungskraft effektiv zu sein, müssen Sie sieben Prinzipien in Ihrem Führungsverhalten und bei Ihren Führungsaktivitäten berücksichtigen.

1. *Klarheit:* Hier handelt es sich vielleicht um Ihre wichtigste Verantwortung. Sie müssen sich völlig im Klaren darüber sein, wer Sie sind und wofür Sie stehen. Sie müssen sich völlig im Klaren über Ihre Vision sein und darüber, wohin Sie Ihre Mitarbeiter führen wollen. Sie müssen sich völlig im Klaren über die Ziele und die Zielvorgaben des Unternehmens sein und darüber, wie sie erreicht werden sollen.

   Vor allem müssen Sie sich völlig im Klaren über die Wertvorstellungen, die Mission und den Zweck des Unternehmens sein und darüber, wofür es steht. Jeder in Ihrem Umfeld und auf den unteren Ebenen muss genau wissen, warum er tut, was er tut, und zu welchem Zweck Ihre Firma gegründet wurde.
2. *Kompetenz:* Als Führungskraft müssen Sie Spitzenleistung für das Unternehmen, aber auch für jede Person und Funktion in der Firma, als Standard festlegen. Ihr Ziel für die Firma muss es sein, so gut wie oder besser als Ihre allerbesten Wettbewerber zu sein. Sie müssen ständig nach Methoden suchen, wie Sie die Qualität Ihrer Produkte und Dienstleistungen für Ihre Kunden verbessern können.

3. *Engagement:* Die Führungskraft ist vollständig dem Erfolg des Unternehmens verpflichtet und ist ganz und gar davon überzeugt, dass dieses Unternehmen in der Branche das beste ist oder in Zukunft sein wird. Dieses leidenschaftliche Engagement für das Unternehmen – sowie für Erfolg und Leistung – motiviert die Menschen und regt sie an, die bestmögliche Arbeitsleistung zu erbringen und ihre Arbeit mit Herzblut zu verrichten.
4. *Einschränkungen:* Die Aufgabe der Führungskraft besteht darin, die Einschränkungen oder restriktiven Faktoren auszumachen, die Einfluss darauf nehmen, wie schnell die Firma ihre wichtigsten Ziele in Bezug auf Erlös und Profitabilität erreicht. Die Führungskraft teilt dann Personen und Ressourcen zu, um diese Einschränkungen zu mindern und Hindernisse aus dem Weg zu räumen, sodass die Firma eine der besten Leistungen in der Branche vorweisen kann.
5. *Kreativität:* Die Führungskraft ist offen für neue Ideen, welcher Art sie auch sein und woher sie auch kommen mögen. Die Führungskraft ermutigt ständig Leute, schnellere, bessere, preiswertere und einfachere Methoden zu finden, um exzellente Produkte und Dienstleistungen hervorzubringen und sich besser um die Kunden kümmern zu können.
6. *Ständiges Lernen:* Die Führungskraft verpflichtet sich persönlich dazu, zu lesen, zuzuhören und ihr persönliches Wissen und ihre Fertigkeiten als Manager auf den neuesten Stand zu bringen. Die Führungskraft sollte an zusätzlichen Seminaren und Kursen teilnehmen, um ihre Fähigkeiten und Fertigkeiten zu verbessern.

   Zugleich ermutigt die Führungskraft jeden im Unternehmen, zu lernen und zu wachsen. Das ist ein normaler und natürlicher Bestandteil des Wirtschaftslebens. Die Führungskraft stellt Zeit und Ressourcen für Weiterbildung und Entwicklung zur Verfügung. Sie weiß, dass die besten Firmen optimal ausgebildete Mitarbeiter haben. Die zweitbesten Firmen haben das am zweitbesten ausgebildete Personal. Und die drittbesten Firmen haben das am schlechtesten ausgebildete Personal – und sind auf dem Weg in den Bankrott.
7. *Konsistenz:* Die Führungskraft hat die Selbstdisziplin, in allen Situationen beständig, konsequent, verlässlich, ruhig und berechen-

bar zu sein. Eine der größten Annehmlichkeiten im Geschäftsleben besteht für einen Mitarbeiter darin, zu wissen, dass die Führungskraft vollkommen beständig und verlässlich ist. Eine effektive Führungskraft verändert sich nicht von heute auf morgen. Sie hängt nicht in jeder neuen Situation, bei jedem neuen Problem und Notstand, zu dem es kommt, »ihr Fähnchen nach dem Wind«. Stattdessen ist die Führungskraft ruhig, positiv und selbstbewusst – vor allem, wenn sie unter Druck steht.

Die unvermeidliche Krise

Das Einzige im Leben der Führungskraft, was unvermeidlich ist, ist die *Krise*. Wenn Sie in eine Führungsposition aufsteigen, werden Sie immer wieder Erfahrungen mit Krisen machen – Krisen, die unvorhersagbar, unerbeten und geeignet sind, der Organisation einen schweren Schaden zuzufügen.

Überlegtes Handeln in Krisenzeiten zeichnet Führungskräfte aus.

Gerade in der Krise zeigt die Führungskraft ihre Kompetenz. In Zeiten der Krise wird die Führungskraft ruhig, cool, objektiv und hat alles vollständig im Griff. Sie stellt Fragen, sammelt Informationen, bewertet die Situation sorgfältig und tut, was immer entschieden werden muss, um den Schaden zu minimieren und die Verluste in Grenzen zu halten.

Spitzenführungskräfte bringen die Disziplin auf, ihre Ängste und Befürchtungen *für sich zu behalten*. Sie teilen ihre Sorgen ihrem Personal nicht mit, weil sie wissen, dass dies zu Verwirrung und dem Verlust der Arbeitsmoral führen kann. Stattdessen stellt die Führungskraft eine Menge Fragen, sondiert die Situationen intensiv, sodass sie sie gründlich versteht, und behält ihre Gefühle für sich.

Den Mitarbeitern des Unternehmens gegenüber ist die Führungskraft immer ruhig, positiv, entspannt und hat alles im Griff – egal was geschieht.

Selbstkontrolle und Führung

Es gibt einen direkten Zusammenhang zwischen Ihrer Fähigkeit, sich selbst zu disziplinieren, Ihren Verhaltensweisen und Ihrer Bereitschaft zu führen. Nur wenn Sie anderen beweisen, dass Sie sich selbst im Griff haben, entwickeln diese das Vertrauen, Sie in eine Führungsposition zu bringen – und Sie dort zu belassen.

Die Führungskraft erkennt, dass alles, was sie über eine andere Person sagt, aufgebauscht wird. Daher lobt und ermutigt sie andere Menschen, egal ob diese nun anwesend sind oder nicht. Sie sagt nie etwas Negatives, das missverstanden werden könnte oder das eine andere Person demotivieren oder verletzen könnte. Wenn sie Probleme mit irgendjemandem hat, dann spricht sie ihn privat an, ohne dass jemand anders dabei ist oder mithört.

Führungseigenschaften

Führungskräfte bringen die Disziplin auf, jedes Detail zu planen, vorzubereiten, zu organisieren und zu überprüfen. Sie setzen nichts als selbstverständlich voraus. Sie stellen Fragen, um zu gewährleisten, dass sie eine Situation, ein Problem oder eine Schwierigkeit vollständig verstanden haben.

Spitzenführungskräfte handeln so, als gehöre ihnen die gesamte Firma. Sie übernehmen ein hohes Maß an persönlicher Verantwortung. Die Führungskraft beklagt sich nie, sie sucht weder nach Ausreden noch schiebt sie die Schuld für Probleme anderen zu.

Fühlen Sie sich verantwortlich für Ihr Unternehmen.

Führungskräfte sind in starkem Maße *handlungsorientiert*. Sie sammeln sorgsam Informationen und fällen Entscheidungen, die notwendig sind. Sie legen Maßnahmen und Anforderungen fest und binden andere an sich. Sie beharren darauf, dass die Aufgabe schnell und gut erledigt werden muss.

Führungskräfte steigen zur Spitze auf

Führungskräfte steigen an die Spitze eines Unternehmens auf, so wie sich die Sahne beim Schlagen der Milch auftürmt. Wenn Sie die gesamte Verantwortung dafür übernehmen, dass Resultate erreicht werden, sich zielstrebig darauf konzentrieren, Ihre wichtigsten Aufgaben zu erledigen, ständig Ihr Wissen und Ihre Fertigkeiten, aber auch Ihre Fähigkeit erneuern, etwas zum Wert Ihrer Firma beizutragen, und wenn Sie andere Menschen mit Liebenswürdigkeit und Rücksicht behandeln, werden Sie ganz selbstverständlich zur Führungskraft werden.

In dem Maße, in dem Sie die Fähigkeit zeigen, einen immer wertvolleren Beitrag für Ihr Unternehmen zu leisten, werden die Menschen über, unter und neben ihnen wollen, dass Sie in die Führungsebene befördert werden. Und sie werden Sie unterstützen, wenn Sie diese Position erreicht haben. Eines Ihrer hauptsächlichen Ziele im Leben besteht darin, zu gehen, zu sprechen, zu handeln, zu reden und andere zu behandeln, wie dies eine Führungskraft tun würde. Letztendlich wird Ihre Position Ihrer Leistung entsprechen.

Im nächsten Kapitel werden Sie erfahren, wie man die dazu erforderliche Disziplin entwickelt und aufrechterhält, damit man im Geschäftsleben und bei wirtschaftlichen Aktivitäten erfolgreicher wird.

Übungen

1. Fragen Sie sich: »Welche Arbeitsergebnisse erwartet man von mir?«, und konzentrieren Sie sich dann zielstrebig darauf, jeden Tag diese Ergebnisse zu erreichen.

2. Betrachten Sie sich selbst als Führungskraft Ihres Unternehmens, und fragen Sie sich: »Welche Art von Firma wäre diese Firma, wenn jeder Mitarbeiter so wäre wie ich?«

3. Entwickeln Sie auf der Grundlage von Erfolg und Spitzenleistung eine klare, spannende Vision von Ihrer eigenen Person und Ihrem Unternehmen.

4. Legen Sie fest, wer die wichtigsten Leute in Ihrem Arbeitsumfeld sind und wie Sie sich ihnen gegenüber verhalten müssen, um zu erreichen, dass sie so viel leisten wie möglich.

___

___

5. Beschließen Sie im Voraus, dass Sie, wenn die unvermeidliche Krise eintritt, ruhig, kontrolliert und intelligent reagieren werden.

___

___

6. Werden Sie sich über die genauen Wertvorstellungen und Prinzipien im Klaren, an die Sie glauben und für die Sie stehen, und teilen Sie sie den Leuten in Ihrem Umfeld mit.

___

___

7. Behandeln Sie jede Person in Ihrem Umfeld so, als wäre sie kompetent, wertvoll und bedeutend. Das ist der Schlüssel dafür, dass Ihnen Loyalität und Engagement entgegengebracht werden, die Sie als Führungskraft benötigen.

___

___

KAPITEL 10
Selbstdisziplin und Geschäftsleben

> *»Die Eigenschaft, bei der Verfolgung eines langfristigen Ziels sich selbst einmal etwas zu versagen, und sicherlich auch die Willenskraft, dieses Niveau der Selbstbescheidung aufrechtzuerhalten, sind ein ausgezeichnetes Training für die Vorstandsetage.«*
>
> JOHN VINEY

Die meisten Menschen arbeiten im Laufe ihres Lebens in einer oder für eine Firma beziehungsweise ihnen gehört eine Firma. Wenn Sie wirtschaftlichen Erfolg haben möchten, so erfordert das von Ihnen in jedem Bereich geschäftlicher Aktivität, sei er nun groß oder klein, ein hohes Maß an Disziplin. Ohne Selbstdisziplin ist kein Erfolg in der Wirtschaft möglich.

Es gibt in unserer heutigen Volkswirtschaft keinen Tätigkeitsbereich, der mehr Selbstdisziplin erfordert, als eine erfolgreiche Firma zu gründen und zu leiten.

Das erste Gesetz der Wirtschaft lautet *Knappheit*. In der Regel gibt es nie genug von etwas für alle, die es besitzen wollen. Speziell gibt es nie genügend Kunden, denen Sie alles verkaufen können, was Sie Ihnen verkaufen wollen. Es gibt nie genügend Umsatzerlöse, die Ihnen helfen könnten, all Ihre finanziellen Ziele zu erreichen. Es gibt nie genügend Gewinne, die Sie in die Lage versetzten, so stark zu expandieren, wie Sie es wollen. Insbesondere gibt es nie genügend gute Leute, mit denen Sie zusammenarbeiten und die Ihnen helfen könnten, Ihre wirtschaftlichen Ziele zu erreichen.

Das Gesetz des Wettbewerbs

Wenn es beim ersten Gesetz der Wirtschaft um Knappheit geht, dann geht es beim ersten Gesetz eines Unternehmens um *Wettbewerb*. Es erfordert eine hohe Konzentration und Disziplin, alles zu tun, was dazu erforderlich ist, das knappe Geld der Kunden für *Ihr* Produkt oder Ihre Dienstleistungen zu gewinnen.

Um nicht nur zu überleben, sondern auch zu florieren, müssen Sie ständig in Konkurrenz treten zu allen anderen Verwendungsformen des gleichen Geldbetrags, den Sie für das in Rechnung stellen wollen, was Sie verkaufen.

Bieten Sie Ihren Kunden Lösungen.

Die erste Disziplin des geschäftlichen Erfolgs besteht darin, dass Sie ein Produkt oder eine Dienstleistung anbieten, die die Menschen wollen, die sie brauchen und für die sie einen annehmbaren Preis zahlen – einen Preis, der konkurrenzfähig im Vergleich mit jeder anderen Firma ist, die den gleichen Geldbetrag vom Kunden haben möchte.

Sie müssen mit Ihrem Mix aus Produkt und Dienstleistungen ehrlich sein, um zu gewährleisten, dass er sich für den momentanen Markt eignet. Falsche Annahmen oder Schlussfolgerungen in diesem Bereich führen zu wirtschaftlichem Misserfolg. Die Antwort darauf ist, dass man sich ständig in dem Maße verändert, in dem sich auch der Wettbewerb und der Geschmack des Kunden ändern.

Der Kunde hat immer recht

Jede Woche spreche ich mit Menschen aus der Wirtschaft, die mit dem Niveau der Verkäufe und der Profitabilität nicht zufrieden sind. Sie bestehen darauf, dass ihr Produkt oder ihre Dienstleistung ausgezeichnet sind und dass die Menschen viel größere Mengen davon kaufen sollten. Jedes Mal muss ich sie höflich darauf hinweisen, dass es nur einen einzigen Nachweis dafür gibt, dass ihr Produkt oder ihre Dienstleistung wirklich attraktiv und wertvoll ist: Die Menschen müssen bereit sein, es beziehungsweise sie zu kaufen – und dann wieder zu kaufen und ihren Freunden zu sagen, dass sie auch kaufen sollten.

Nach Auffassung von Experten stellen sich am Ende ganze 70 Prozent Ihrer wirtschaftlichen Entscheidungen als falsch heraus. Und dies ist nur der *Durchschnitt*. Wenn Sie Anfänger sind und eine neue Firma gründen, fällen Sie sogar noch häufiger Fehlentscheidungen. Für einen Unternehmer ist es zu Beginn seiner beruflichen Entwicklung nicht ungewöhnlich, in 90 Prozent der Fälle auf das falsche Pferd zu setzen.

Es erfordert ungeheuer viel Selbstdisziplin und Charakter, sich mit der Möglichkeit zu konfrontieren, dass man mit seinen felsenfesten Überzeugungen und Voranahmen auf dem Holzweg sein könnte. Trotzdem ist diese Disziplin von grundlegender Bedeutung, wenn Sie Fehler minimieren, Verluste verringern und Ressourcen neu darauf ausrichten wollen, Ihren Kunden mehr von den Dingen anzubieten, die sie wirklich wollen, die sie brauchen und für die sie bereit sind, heute Geld zu zahlen.

Glauben Sie an Ihre Produkte und Leistungen.

Jede wirtschaftliche Investition und jede neue Firma erfordern ein hohes Maß an Optimismus. Sie müssen, was Ihre neuen Produkte und Dienstleistungen angeht, an die künftigen Möglichkeiten Ihrer Firma glauben. Sie müssen so viel Vertrauen in deren Marktchancen setzen, dass Sie bereit sind, finanzielle Risiken in Kauf zu nehmen und viele Stunden, Wochen oder gar Jahre zu investieren, um Ihre Firmenziele zu erreichen. Und Sie müssen all dies tun, ohne dass Ihnen jemand den Erfolg wirklich garantieren kann.

Gleichzeitig brauchen Sie Disziplin, um Ihr Selbstvertrauen zu zügeln, um objektiv und realistisch zu bleiben. Übermäßiges Selbstvertrauen kann in der Wirtschaft zu ökonomischen Fehlern, finanziellen Verlusten oder gar zum Bankrott führen.

Sie müssen besser sein

Weil es beim Wettbewerb im Kern um Aggressivität und Entschlossenheit geht, müssen Sie zum Überleben selbst die Disziplin aufbringen, gleich gut oder besser als Ihre Wettbewerber zu sein. Schließlich stehen Ihre Bewerber jeden Morgen auf und denken darüber nach, wie sie *Sie* in den Ruin treiben können. Sie möchten Ihnen Ihre Kunden und Ihre Umsätze abluchsen. Sie möchten Ihre Gewinne einfahren. Sie möchten Ihnen so viel von Ihrem Geschäft abspenstig machen wie möglich. Um Ihre Erfolgschancen gegenüber der Konkurrenz zu verbessern, müssen Sie jede erdenkliche Anstrengung unternehmen, um sie zu überlisten.

Wenn Sie in einer Branche eine Firma oder ein Unternehmen gründen, benötigen Sie die Disziplin, im Voraus Ihre Hausaufgaben gründlich zu machen. Bevor Sie mit dem Betrieb beginnen, stellen Sie einen vollständigen Businessplan auf. Bringen Sie ihn jedes Jahr auf den neuesten Stand und revidieren ihn wieder. Wie diszipliniert Sie in Ihrer zukunftsgerichteten Planung sind, entscheidet über Ihren Erfolg oder Misserfolg.

Stellen Sie Ihre Vorannahmen infrage

Die meisten Geschäftsideen funktionieren nicht, zumindest nicht in ihrer ursprünglichen Form. Peter Drucker sagte einmal: »Falsche Annahmen sind die Wurzel eines jeden Misserfolgs.« Ein Hauptgrund für wirtschaftlichen Misserfolg besteht darin, dass sich die Unternehmenseigner oder Manager zu sehr auf nicht überprüfte Annahmen verlassen. Sie setzen voraus, dass das Produkt oder die Dienstleistung im Vergleich zu anderen ausgezeichnet ist. Sie setzen voraus, dass sie eine ausreichende Anzahl dieser Produkte oder Dienstleistungen verkaufen können – und dies mit Gewinn. Sie setzen ferner voraus, dass die Vorteile groß genug sind, um die Investition von Zeit und Geld gegenüber jedem anderen Zweck der Investition desselben Betrags attraktiver werden zu lassen. All diese Annahmen müssen sorgfältig überprüft werden, bevor man sich unwiderruflich zu etwas verpflichtet.

Der Kaufman Foundation on Entrepreneurship zufolge verdienen 95 Prozent der Unternehmer und Kleingewerbetreibenden in den USA weniger als 50 000 Dollar pro Jahr. Woran liegt das? Nicht daran, dass es ihnen an der Energie, der Intelligenz oder der Fähigkeit fehlt, mehr zu verdienen. Die schiere Tatsache, dass eine Person den Mut und die Findigkeit hat, eine Firma zu gründen, bedeutet, dass sie über ein überdurchschnittliches Maß angeborener Begabung verfügt.

Der Grund dafür, dass so viele Unternehmer geringe Leistungen zeigen und scheitern, besteht darin, dass es ihnen an Disziplin fehlt. Es fehlt ihnen an der Disziplin, sich sorgfältig mit jedem einzelnen Aspekt der Branche auseinanderzusetzen, bevor sie sich darauf einlassen. Es fehlt ihnen an der Disziplin, ihre Annahmen zu überprüfen. Sie ziehen vielmehr vorschnelle Schlussfolgerungen und erhoffen sich das Beste. *Passen Sie auf, dass Ihnen das nicht passiert.*

Finden Sie Ihren idealen Kunden

Sie müssen die Disziplin aufbringen, Ihren idealen Kunden zu finden und seine Eigenschaften zu definieren: Bestimmen Sie genau *die* Person, die Ihr Produkt oder Ihre Dienstleistung in ausreichender Menge und zu dem Preis kaufen kann und wird, den Sie ansetzen müssen, um überhaupt in diesem Wirtschaftsbereich aktiv zu werden.

Welcher ist *Ihr* Kunde?

Sie brauchen Disziplin, um – auf der Basis von Versuch, Irrtum und Beharrlichkeit – einen Marketingplan zu entwickeln, der für Ihre Firma zu ständigen und vorhersagbaren Verkaufschancen führt. Für eine wirkungsvolle Vermarktung müssen Sie sich über Ihren *Wettbewerbsvorteil* und Ihr *Alleinstellungsmerkmal* klar werden: Was genau an Ihrem Produkt oder Ihrer Dienstleistung lässt es oder sie für den Kunden vorteilhafter und wertvoller erscheinen, verglichen mit irgendeinem ähnlichen Produkt oder einer ähnlichen Dienstleistung, die heute angeboten werden?

Sie müssen die Disziplin aufbringen, vom Anfang bis zum Ende ein umfassendes Vertriebssystem zu entwickeln, das potenzielle Käufer zu treuen Kunden macht. Es ist schon erstaunlich, wie viele Firmen einfach annehmen, dass sich das Produkt oder die Dienstleistung von selbst verkaufen wird – ob sie nun ein ausgezeichnetes Vertriebssystem haben oder nicht!

Sie sollten Ihre wahren Kosten kennen

Sie müssen die Disziplin aufbringen, die exakten Kosten und das geeignete Preismodell für Ihre Produkte und Dienstleistungen zu bestimmen. Vor allem wegen seiner Fachkompetenz auf diesem Gebiet ist WalMart zum größten Einzelhändler der Geschichte geworden. Es überrascht, wie viele Firmen Produkte und Dienstleistungen mit Verlust verkaufen. Denn sie haben nie all die Kosten exakt kalkuliert, die dafür anfallen, dass sie dieses Produkt oder diese Dienstleistung überhaupt erst auf den Markt bringen. Sie haben bestimmt schon einmal den alten Spruch gehört: »Wir verlieren Geld bei jedem Produkt, das wir verkaufen, aber wir versuchen, es mit der verkauften Menge wettzumachen.« Offensichtlich ist das nicht möglich!

Sie brauchen ein System der Qualitätskontrolle, um sicherzustellen, dass alle Produkte beziehungsweise alle Dienstleistungen, die Sie verkaufen, von hoher Qualität sind. Ihre Kunden sollten so zufrieden damit sein, dass sie sie wieder von Ihnen kaufen werden – und es wiederum ihren Freunden weitersagen.

Sie müssen die Disziplin aufbringen, eine Politik der Kundenbetreuung zu entwickeln, mithilfe derer Sie Ihre Kunden so gut behandeln, dass sie Ihnen treu bleiben und Ihnen vor allen Wettbewerbern den Vorzug geben.

Sinn und Zweck eines Unternehmens sind zufriedene Kunden

Worin bestehen Sinn und Zweck eines Unternehmens? Ein Unternehmen zielt darauf ab, auf kosteneffektive Weise *Kunden zu gewinnen und zu halten*. Gewinne sind nicht der Zweck einer Firma. Gewinne sind das Ergebnis dessen, dass man *eine ausreichende Anzahl von Kunden gewinnt und hält*, die nach Abzug aller Kosten zu einer ausreichenden Gewinnmarge führt.

Was ist das wichtigste Maß für wirtschaftlichen Erfolg? Die Antwort lautet: *Kundenzufriedenheit*. Jede Anstrengung und jede Aktivität Ihrer Firma muss darauf abzielen, Kunden besser zufriedenzustellen als jeder andere Wettbewerber.

Und was sind Maßnahmen zur Kundenzufriedenheit? Die Antwort lautet: *Nachverkäufe*. Nur wenn Kunden *wieder* etwas von Ihnen kaufen, zeigt sich Folgendes: Sie haben Ihre Versprechungen erfüllt, die Sie ihnen gegenüber gemacht haben, als Sie sie erstmals dafür gewinnen konnten, etwas von Ihnen zu kaufen. Ein erneuter Verkauf an einen zufriedenen Kunden erfordert ein Zehntel der Zeit und der Kosten verglichen mit einem Verkauf an einen neuen Kunden. Alle erfolgreichen Firmen sind auf Nachverkäufe angewiesen, was nur durch ein hohes Maß an Kundenzufriedenheit möglich ist. Hier handelt es sich um eine echte Disziplin.

Kundenzufriedenheit ist das Maß des Erfolgs.

Was ist der Schlüssel zu langfristiger Profitabilität? Die Antwort lautet *Empfehlungen und Weiterverweise*.

Die wichtigste Frage, die langfristig über Erfolg oder Misserfolg Ihrer Firma entscheidet, lautet: »Würden Sie uns aufgrund Ihrer Erfahrung mit uns an andere weiterempfehlen?«

Sie können nur überleben und gedeihen, wenn die Mehrheit der Kunden mit Ihren Produkten und Dienstleistungen so zufrieden ist, dass sie ihre Freunde und Kollegen dazu ermutigen wird, ebenfalls etwas von Ihnen zu kaufen. Jemandem, der mit einer Empfehlung von einem zufriedenen Kunden kam, kann man 15-mal leichter etwas verkaufen als jemandem, bei dem man ungebeten anruft (es verursacht mithin nur ein Fünfzehntel der Kosten). Deshalb ist das Geschäft mit Weiterempfehlungen der Schlüssel für Ihre Zukunft. Sie müssen sich sehr stark konzentrieren und disziplinieren, um eine Vertriebspolitik zu entwickeln und aufrechtzuerhalten, die die Menschen dazu bringt, von Ihnen zu kaufen, dann wieder von Ihnen zu kaufen und Sie danach an ihre Freunde weiterzuempfehlen.

Setzen Sie hohe Maßstäbe

Sie brauchen Disziplin, um in jedem Bereich Ihrer Firma hohe Maßstäbe für ausgezeichnete Leistungen zu setzen und dann kontinuierlich danach zu streben, sogar noch besser zu werden. Sie müssen sich an die CANEI-Formel halten, die für »Continuous and Never-Ending Improvement« (kontinuierliche und nie endende Verbesserung) steht. Ganz gleich wie hoch Ihr Qualitätsniveau heute ist, Sie sollten nie selbstzufrieden sein. Sie sollten für sich selbst – und für jeden in Ihrem Verantwortungsbereich – die Latte kontinuierlich höher legen.

Sie brauchen Selbstdisziplin, um viele Monate und sogar Jahre lang und hart daran zu arbeiten, dass Sie in Ihrer Branche an die Spitze kommen. Der durchschnittliche US-amerikanische Unternehmer, Firmeneigner oder Selfmade-Millionär arbeitet 55 Stunden pro Woche. Während der ersten paar Jahre, in denen sie ihre Firma aufbauen, arbeiten manche Unternehmer sogar 70 oder 80 Stunden die Woche. Sie müssen darauf vorbereitet sein, dass Sie selbst die Disziplin aufbringen müssen, so viel Zeit und so viel harte Arbeit zu investieren, wenn Sie der Beste sein und an die Spitze Ihres Gebiets gelangen wollen.

Denken Sie über die Lösung nach

Um wirtschaftlich erfolgreich zu sein, brauchen Sie die Selbstdisziplin, eher *proaktiv* als *reaktiv* zu handeln. Sie müssen sich eher auf *Lösungen* als auf Probleme konzentrieren. Sie müssen sich auf das Wichtigste konzentrieren, das Sie in jeder Stunde an jedem Tag tun könnten, statt durch Aufgaben von geringem oder gar keinem Wert abgelenkt zu werden.

Vor allem benötigen Sie Selbstdisziplin, um sich langfristig daran zu gewöhnen und eine *langfristige Perspektive* für Ihr Geschäftsleben zu entwickeln. Weil die Wettbewerber so stark sind, braucht man viele Jahre disziplinierter Anstrengung, um wirtschaftlichen Erfolg zu haben, sei dies nun in Ihrer eigenen Firma oder indem Sie für jemand anderen arbeiten. Es gibt keine Abkürzungen. Um an die Spitze zu gelangen, gibt es keine einfachen Wege. Es gibt nur einen Weg, und der führt über harte Arbeit, Disziplin und Willenskraft.

Konzentrieren Sie sich auf die Lösung, nicht auf das Problem.

Im Schnitt braucht man etwa zwei Jahre, bis man mit einem neuen Unternehmen Gewinne macht. Man braucht weitere zwei Jahre mit positiven Finanzströmen, um den Kredit, den man in den ersten beiden Jahren aufgenommen hat, zurückzahlen zu können. Dann dauert es weitere drei Jahre, bevor man wirklich Erfolg hat. Darüber hinaus kostet alles doppelt so viel, und man braucht dreimal so lange.

Warum sollte man angesichts dieser Statistiken eine eigene Firma gründen oder in einem neuen Geschäftsbereich ein Wagnis eingehen? Weil die Zeit so oder so vorübergeht! Letzten Endes werden Sie in fünf Jahren fünf Jahre älter sein und in zehn Jahren zehn Jahre älter. Am Ende dieses Zeitabschnitts werden Sie sich entweder an der Spitze Ihres Gebiets befinden oder immer noch zu den 80 Prozent gehören, die um jeden Dollar ringen und sich jeden Tag Sorgen um das liebe Geld machen müssen. Es ist Ihre Entscheidung. Und Disziplin ist der Schlüssel dazu.

Im nächsten Kapitel erlernen Sie die Disziplin, die den Lebensnerv Ihres Unternehmens darstellt: der Verkauf. Letzten Endes ist es, wie Peter Drucker sagte, »der Zweck einer Firma, einen Kunden zu erschaffen und ihn zu halten«.

KEINE AUSREDEN!

Übungen

1. Treten Sie einen Schritt zurück, und schauen Sie sich jeden Bereich Ihres Unternehmens so an, als wären Sie ein externer Berater. Welche Veränderungen würden Sie empfehlen?

____

____

____

2. Stellen Sie sich vor, Sie würden Ihre Firma heute noch einmal neu gründen. Gibt es irgendwelche Produkte oder Dienstleistungen, die Sie heute nicht auf den Markt bringen würden?

____

____

____

3. Bestimmen Sie die 20 Prozent Ihrer Produkte und Dienstleistungen, die 80 Prozent Ihrer Verkäufe und Gewinne ausmachen. Wie könnten Sie mehr von ihnen verkaufen?

____

____

____

4. Machen Sie Hochrechnungen für die nächsten ein, zwei und fünf Jahre in Ihrem Unternehmen. Worin bestehen die Trends? Was werden Ihre Kunden in Zukunft kaufen?

5. Listen Sie drei Methoden auf, wie Sie Ihren Vertrieb verbessern könnten, um sicherzustellen, dass Kunden wieder bei Ihnen kaufen und Sie ihren Freunden weiterempfehlen.

6. Listen Sie drei Methoden auf, wie Sie aus Ihren Marketing- und Werbeaktivitäten mehr und besser qualifizierte Verkaufschancen erzielen könnten.

7. Listen Sie drei Methoden auf, wie Sie mehr Verkäufe bei potenziellen Kunden tätigen könnten, für die Sie attraktiv sind, oder wie Sie mehr und bessere potenzielle Kunden anziehen könnten.

KAPITEL 11

Selbstdisziplin und Verkauf

»Nichts geschieht, bis ein Verkauf erfolgt.«

RED MOTLEY

Der wichtigste Faktor für wirtschaftlichen Erfolg ist der Verkauf. Nichts geschieht, bis ein Verkauf erfolgt. All die Fabriken, Firmen, Büros und Produzenten von Gütern und Dienstleistungen werden nur aktiv, wenn irgendjemand irgendwo irgendetwas an irgendjemanden verkauft.

Verkaufen ist einer der härtesten Berufe in den USA. Es handelt sich um den einzigen Beruf, bei dem eine Person mit begrenzten Fertigkeiten anfangen kann, um später eines der höchsten Einkommen in unserer Volkswirtschaft zu erreichen. Beim Voran- und Nach-oben-Kommen ist es so, als führe man auf einer deutschen Autobahn: Es gibt keine Geschwindigkeitsbeschränkungen. Man kann so weit und so schnell vorankommen, wie man will, indem man ehrgeizig und entschlossen auf das Gaspedal tritt, um im Beruf des Verkäufers wirklich gut zu sein.

Erfolg oder Misserfolg in der Wirtschaft

Über die Jahre hinweg hat man Tausende von bankrotten oder insolventen Firmen analysiert, um herauszufinden, warum sie gescheitert sind. Nachdem man alle Daten sortiert und ausgewertet hatte, kam zutage, dass sich praktisch jedes Scheitern einer Firma immer auf einen einzigen Grund zurückführen ließ: »geringe Verkäufe«.

Wenn dagegen eine Firma Erfolg hatte, wuchs, an Profitabilität gewann, steigende Aktienkurse aufwies und Arbeitsmöglichkeiten für immer mehr Menschen bot, lief der Grund dafür immer auf einen Faktor hinaus: »hohe Verkäufe«. Alles andere war sekundär.

Erzielen Sie hohe Verkäufe.

Fast alles, was man in einer Firma unternimmt, lässt die Verkäufe ansteigen oder abnehmen. *Alles* hilft entweder oder es schadet. *Alles* zieht entweder mehr Kunden an und hält sie – oder es vertreibt sie. Wenn es um Verkäufe geht, zählt *alles*.

Die Disziplin, Verkäufe zu erzielen

Ob Sie nun Verkäufer oder Firmeneigner sind, Sie benötigen Selbstdisziplin, um sich darauf konzentrieren zu können, *in jeder Stunde an jedem Arbeitstag* Verkäufe zu erzielen.

Eine Forschergruppe interviewte mehrere Hundert führende Manager und Firmeneigner und fragte sie: »Wie wichtig sind Verkäufe und Marketing für Ihr Geschäft?«

Ausnahmslos erwiderten sie: »Verkäufe und Marketing sind ohne Einschränkung von zentraler Bedeutung für unser Überleben und unser Wachstum.«

Die Forscher führten eine Zeit- und Bewegungsstudie bei den zuvor erwähnten Firmeneignern und Managern durch. Sie begleiteten sie und verfolgten im Laufe eines Monats ständig ihren Zeiteinsatz. Am Ende dieses Zeitraums schlossen sie ihre Berechnungen ab und stellten fest, dass die Firmeneigner oder Manager – die sich dazu bekannt hatten, dass »Verkäufe und Marketing ohne Einschränkung wesentlich« sind – im Durchschnitt *lediglich 11 Prozent* ihrer Zeit mit Verkäufen und Marketing verbrachten. Die restliche Zeit verbrachten sie mit Meetings, Diskussionen, Büroarbeit, Verwaltungsarbeit, Mittagessen und einer Vielzahl anderer Aktivitäten, die *nichts* dazu beitrugen, Verkäufe zu erzielen.

Wenn Sie Verkaufsleiter oder Firmeneigner sind, müssen Sie sich in Disziplin üben: Sie sollten den größten Teil Ihrer Zeit und Aufmerksamkeit darauf richten, Ihre Verkäufer dazu zu veranlassen, dass sie die Verkäufe generieren, von denen das Gedeihen Ihrer Firma abhängt. Sie müssen *75 Prozent Ihrer Zeit* damit verbringen, mit Ihren Verkäufern zu arbeiten, und sie begleiten, wenn sie ihre Kunden besuchen, um etwas zu präsentieren und zu verkaufen. Machen Sie Ihre Büroarbeit vor oder nach der eigentlichen Arbeit. Doch während der Arbeitsstunden, wenn die Kunden für ein Treffen verfügbar sind, sollten Sie sich voll und ganz dem Generieren von Verkäufen widmen.

Wie man bankrottgeht

Vor einigen Jahren habe ich eine neue Firma gegründet. Ich entwickelte das Produkt und fing an, es danach über Direct Mailing, Radio, Fernsehen und Zeitungen zu bewerben. Ich war durch Planung, Papierkram und Werbeaktivitäten völlig überlastet. Am Ende des Jahres hatte ich kein Geld mehr und meine Firma war nahezu bankrott.

Zu diesem Zeitpunkt erkannte ich, dass ich den Vertrieb nicht mehr richtig im Blick hatte. Ich setzte mich über Weihnachten hin und entwarf einen vollständig neuen Vertriebsprozess. Am 2. Januar griff ich zum Telefon und begann, Termine zu vereinbaren. Im Verlauf der nächsten beiden Monate machte ich dank einer aggressiven und konzentrierten Vertriebsaktivität mehr Geschäft als im gesamten vorigen Jahr. Ich rettete meine Firma – und mein Haus – und verlor diesen Fokus nie wieder aus den Augen.

Eine der wichtigsten Fragen, die man als Verkäufer, Unternehmer oder Firmeneigner stellen kann, lautet, ob das, was man im Moment tut, zu einem Verkauf führt. Stellen Sie sich diese Frage mehrmals am Tag. Jedes Mal, wenn die Antwort »Nein« lautet, müssen Sie mit allem Unnützen, was Sie gerade tun, aufhören und Ihre Aufmerksamkeit auf das Verkaufen richten. Zudem sollten Sie sicherstellen, dass all diejenigen, die in Ihrer Firma für den Vertrieb verantwortlich sind, sich diese Frage den ganzen Tag lang stellen und positiv beantworten.

Konzentrieren Sie sich auf die Aufgaben, die dem Verkauf dienen.

Lernen Sie, mit Ihrer Angst vor Zurückweisung umzugehen

Wenn man voraussetzt, dass man ein attraktives Produkt oder eine attraktive Dienstleistung hat, etwas, was einen vernünftigen Preis hat und sich gut für den momentanen Markt eignet, ist das größte Problem, mit dem Telefonverkäufer und Vertreter konfrontiert sind, *Zurückweisung*. Die Angst vor Zurückweisung trägt mehr zur Verhinderung einer Verkäuferkarriere bei und unterminiert die Verkaufsaktivitäten stärker als irgendein anderer Faktor. Sie ist das Haupthindernis für den Verkaufserfolg.

Es erfordert eine ungeheure Disziplin aufseiten des Verkäufers, jeden Morgen aufzustehen, zur Arbeit zu fahren und mit der unvermeidlichen Zurückweisung konfrontiert zu werden, von der er weiß, dass er ihr den ganzen Tag über ausgesetzt sein wird. Die meisten Menschen können mit dieser ständigen Zurückweisung nicht umgehen. Um den emotionalen Schmerz zu vermeiden, der mit der Zurückweisung verbunden ist, stürzen sich viele Verkäufer in eine Reihe von »Ersatzaktivitäten«. Auf diese Weise wollen sie vermeiden, dass sie zurückgewiesen werden.

Zunächst einmal machen sie *weniger* Telefonanrufe. Nach einer Studie der Columbia University arbeitet der durchschnittliche Verkäufer etwa 90 Minuten am Tag – also nur anderthalb Stunden eines Achtstundentags. Den Rest der Zeit verbringt er damit, sich warmzulaufen und bereit zu machen, Papier hin und her zu schieben, etwas im Internet zu suchen, Zeitung zu lesen, mit Kollegen zu schwätzen, zu spät zu kommen, zu früh zu gehen und überlange Mittags- und Kaffeepausen zu machen. Daher *hat der Verkäufer* am Ende des Tages durchschnittlich *nur 90 Minuten gearbeitet.*

Führen Sie mehr persönliche Gespräche mit Kunden und Interessenten

Wann arbeitet ein Verkäufer? Der Verkäufer arbeitetet nur, wenn er Ohr an Ohr (am Telefon) oder von Angesicht zu Angesicht mit jemandem konfrontiert ist, der innerhalb einer angemessenen Zeitspanne etwas kaufen kann und wird.

Die Regel für den Verkaufserfolg kann in acht Wörtern zusammengefasst werden: »Verbringen Sie mehr Zeit mit besseren potenziellen Kunden.« Es gibt keine andere Möglichkeit, ein hohes, beständiges und berechenbares Niveau von Verkaufsergebnissen zu erzielen.

Wegen der Angst vor Zurückweisung jedoch schieben Verkäufer den ganzen Tag über Dinge auf die lange Bank; sie tun alles Mögliche, um zu vermeiden, dass sie Menschen begegnen, die »Nein« sagen könnten. Der Schlüssel zum Verkaufserfolg besteht, wie ich von einem jungen Verkäufer erfuhr, in Folgendem: Man muss erkennen, dass *Zurückweisung nichts Persönliches ist.* Potenzielle Kunden sagen immer so etwas wie »Nein, ich bin nicht interessiert« oder Variationen davon: »Ich möchte es nicht«, »Ich brauche es nicht«, »Ich habe keine Verwendung dafür«, »Ich kann es mir nicht leisten«, »Ich bin im Moment nicht mit solchen Produkten auf dem Markt vertreten« oder »Ich bin mit meinem momentanen Lieferanten zufrieden«.

Nehmen Sie ein »Nein« nicht persönlich.

Der professionelle Verkäufer erkennt, dass es sich hier schlicht um normale und natürliche Reaktionen auf irgendein kommerzielles Angebot in einem konkurrenzfähigen Markt handelt. Noch einmal: Es handelt sich nicht um etwas Persönliches – nehmen Sie sie also nicht persönlich.

Bleiben Sie positiv und optimistisch

Der Schlüssel zum Verkaufserfolg besteht darin, die Angst vor Zurückweisung abzubauen und so selbstbewusst und optimistisch zu werden, dass Sie den ganzen Tag über ständig Anrufe tätigen und weiterhin positiv und fröhlich bleiben können. Winston Churchill sagte einmal: »Erfolg ist die Fähigkeit, von einem Misserfolg zum anderen zu gehen, ohne die Begeisterung zu verlieren.«

Es gibt einen unmittelbaren Zusammenhang zwischen der Anzahl der neuen Kundenkontakte, die Sie knüpfen, und Ihrem Verkaufsniveau. Wenn Sie die Anzahl der Verkäufe erhöhen wollen, müssen Sie einfach die *Disziplin aufbringen, mehr potenzielle Käufer anzurufen.*

Wenn Sie Ihr Verkaufsniveau verbessern, tragen Sie auch dazu bei, dass das Gesetz der Wahrscheinlichkeit für Sie arbeitet. Sie machen sich das Gesetz des Durchschnitts zunutze. Sie »schaffen die Zahlen«, um den Erfolg zu gewährleisten.

Wie man sein Einkommen aus Verkäufen verdoppelt

Praktizieren Sie bei Ihrer Verkaufstätigkeit das »Minutenprinzip«. Dieses Prinzip besagt Folgendes: Wenn Sie all das Geld, das Sie heute verdienen, nur mit der Anzahl der Minuten verdienen, die Sie direkt mit den Kunden verbringen, können Sie die Verkäufe auch dadurch verbessern, dass Sie diese Anzahl von Minuten erhöhen.

Bei Vertretern gehe ich so vor, dass ich sie ermutige, die Anzahl der Minuten zu erhöhen, die sie von Angesicht zu Angesicht mit ihren Kunden verbringen. Ich bringe ihnen bei, jedes Quäntchen Intelligenz und Kreativität, das sie haben, zu nutzen, um die Zeitmenge zu erhöhen, die sie im persönlichen Gespräch mit potenziellen Kunden verbringen. Sie sollen nicht dem Weg des geringsten Widerstands folgen und zulassen, dass sie Marktkontakte lange verschieben.

Nur tatsächliche Kundenkontakte bringen Verkaufserfolge.

Fast immer, wenn ein Verkäufer die Anzahl der Minuten, die er von Angesicht zu Angesicht oder Ohr an Ohr mit Kunden verbringt, verdoppelt, verdoppelt sich auch der Umsatz des Verkäufers. Das ist kein Zufall, sondern beruht auf einem Gesetz: dem Gesetz der Wahrscheinlichkeit.

Kontrollieren Sie Ihre Verkaufsaktivitäten

Man kann nur selten sagen, wann und wo es zum nächsten Verkauf kommt. Daher müssen Sie »ein breites Netz auswerfen« und mit so vielen potenziellen Kunden wie möglich sprechen.

Der eigentliche Verkauf selbst unterliegt nicht Ihrer unmittelbaren Kontrolle. Er wird durch eine Reihe von Faktoren gesteuert, an denen Sie nicht viel ändern können. Aber die *Aktivitäten*, die zu Verkäufen führen, unterliegen voll und ganz Ihrer Kontrolle. Die Regel lautet: »Machen Sie das, was Sie können, mit allen Mitteln, über die Sie im Moment verfügen.«

Um ein hohes Maß an Verkaufserfolgen zu erreichen, müssen Sie die Disziplin aufbringen, Ihre Tage und Wochen im Voraus zu planen. Sie müssen die Disziplin aufbringen, Ihre Verkaufsaktivitäten für jeden einzelnen Tag zu *planen* – speziell Ihre Aktivitäten mit potenziellen Kunden. Und dann müssen Sie die Disziplin aufbringen, Ihre Pläne und Entschlüsse *zu Ende zu führen*.

Verbessern Sie Ihre Kennzahlen

Es gibt im Vertrieb bestimmte Kennzahlen, die im Wesentlichen darüber bestimmen, wie viele Verkäufe Sie tätigen. Diese Kennzahlen sind je nach Erfahrung und Fähigkeit, dem Wettbewerb, den Preisen für Ihre Produkte oder Dienstleistungen und dem allgemeinen Markt recht unterschiedlich. Trotzdem gibt es diese Kennzahlen immer:

- Es gibt ein direktes Zahlenverhältnis zwischen der Anzahl der *Kaltanrufe*, die Sie tätigen, und der Anzahl der *potenziellen Kunden*, mit denen Sie tatsächlich sprechen oder die Sie besuchen konnten.
- Es gibt ein direktes Zahlenverhältnis zwischen der Anzahl der *potenziellen Kunden*, die Sie treffen oder mit denen Sie sprechen, und der Anzahl der *Interessenten*, bei denen Sie weitere Schritte unternehmen können.
- Es gibt ein direktes Zahlenverhältnis zwischen der Anzahl derjenigen, bei denen Sie mit Vorschlägen und Präsentationen *nachfassen*, und der Anzahl der Verkäufe, die Sie *abschließen*.

Sie können sich das auch als einen »Verkaufstrichter« vorstellen:

- In die Öffnung des Trichters fließen Ihre Interessenten.
- Den zweiten Teil Ihres Trichters stellen Ihre Präsentationen dar.
- Der dritte Teil des Trichters zeigt Ihre Nachfassaktionen und Verkaufsabschlüsse an.

Der Schlüssel zum Verkaufserfolg

Wenn es darum geht, beim Verkauf Erfolge zu erzielen, haben Sie zwei Arten von Verantwortung:

1. *Zuallererst sollten Sie dafür sorgen, dass der Trichter voll ist.* Sie sollten stets mehr Interessenten haben, die Sie anrufen können, als Zeit während des Tages. Sorgen Sie dafür, dass der Trichter nie leer ist. Ihnen sollten *nie* die Interessenten ausgehen.
2. *Zweitens sollten Sie in jeder Phase des Verkaufens besser werden.* Studieren Sie, lesen Sie, hören Sie sich Audioprogramme an, und bringen Sie Ihre Fähigkeiten bei der Kundenwerbung, beim Präsentieren und beim Abschluss von Verkäufen auf den neuesten Stand. Je besser Sie werden, desto weniger Interessenten brauchen Sie am oberen Ende des Trichters, um Verkäufe am unteren Ende zu erzielen.

Fangen Sie frühmorgens an

Bringen Sie die Disziplin auf, Ihre Anrufe frühmorgens zwischen 7 und 8 Uhr zu tätigen. Wenn Sie Ihren Tag damit beginnen, persönliche Verkaufsgespräche zu führen, werden Sie stärker unter Spannung stehen und motivierter sein, den Verkauf den ganzen Tag über fortzusetzen.

Bringen Sie die Disziplin auf, Ihre Kundenbesuche regional zu *bündeln*, sodass Sie in kurzer Zeit mit mehr Menschen von Angesicht zu Angesicht sprechen können. Wegen ihrer Angst vor Zurückweisung streuen viele Verkäufer ihre Kundenbesuche über einen größeren geografischen Bereich. Sie reden sich dann ein, sie würden tatsächlich arbeiten, wo sie doch in Wirklichkeit einfach nur von einem Gespräch zum nächsten fahren.

Sprechen Sie mit den Kunden.

Behalten Sie Folgendes im Hinterkopf: Sie arbeiten *nur*, wenn Sie Ohr an Ohr oder von Angesicht zu Angesicht mit jemandem zusammen sind, der innerhalb einer angemessenen Zeit kaufen kann und will. Zu allen anderen Zeiten sind Sie »arbeitslos«.

Stellen Sie höhere Anforderungen an sich selbst

Bringen Sie die Disziplin auf, in jeder Minute des Tages so zu handeln, als schauten Ihnen alle dabei zu. Vertreter brauchen ein höheres Maß an Disziplin als Menschen, die im Büro arbeiten, wo ihnen jeder zusehen kann. Da Vertreter auf sich gestellt sind wie Guerillakämpfer im Verkaufsdschungel, hört die Versuchung nie auf, nachlässig zu werden, es auf die leichte Schulter zu nehmen oder zum Kaffeetrinken beziehungsweise Mittagessen zu gehen, statt Verkaufsbesuche zu machen.

Um Ihr Bestes zu geben, müssen Sie die *Disziplin* aufbringen, den ganzen Tag lang zu arbeiten – so als wäre Ihr Verkaufsleiter immer dabei. Stellen Sie sich vor, Ihr Verkaufsleiter säße den ganzen Tag über direkt neben Ihnen. Wenn jemand Sie begleitete und alles beobachtete, was Sie den ganzen Tag über tun, würden Sie dann anders arbeiten? Wie immer Ihre Antwort lautet, genau so sollten Sie arbeiten – auch wenn sonst niemand da ist.

Alle Verkaufsfähigkeiten sind erlernbar

Um einer der am höchsten bezahlten Verkäufer in Ihrer Branche zu werden, müssen Sie die Disziplin aufbringen, sich persönlich und beruflich ständig weiterzuentwickeln. Lesen Sie täglich etwas über Ihr Arbeitsgebiet. Hören Sie sich, wenn Sie mit dem Auto unterwegs sind, Audio-Weiterbildungsprogramme an. Nehmen Sie an allen Verkaufsseminaren teil, an denen Sie teilnehmen können, ob sie nun von ihrer Firma bezahlt werden oder nicht. Widmen Sie sich dem kontinuierlichen Lernen so, als hinge Ihre Zukunft davon ab – denn das ist der Fall.

Der Wendepunkt in meinem Leben kam, als ich ein junger Verkäufer war – ich war frustriert und unglücklich, drehte mich im Kreis und verdiente kaum meinen Lebensunterhalt. Da erfuhr ich vom Gesetz von Ursache und Wirkung. Ich lernte Folgendes: »Wenn Sie tun, was die erfolgreichsten Verkäufer tun, immer wieder, kann Sie am Ende nichts davon abhalten, die gleichen Arbeitsergebnisse und Belohnungen wie sie zu erreichen.«

Ich lernte, dass jeder Verkäufer aus dem Bereich der oberen zehn Prozent im Bereich der unteren zehn Prozent begonnen hat. Jeder, der es heute geschafft hat, war irgendwann einmal schlecht. Jede Person an der Spitze Ihrer Branche war irgendwann einmal überhaupt nicht auf Ihrem Gebiet tätig und wusste nicht, dass es existierte.

Zum Verkäufer wird man nicht geboren.

Ich lernte, dass alle Verkaufsfähigkeiten *erlernbar* sind. Sie können jede Verkaufsfähigkeit lernen, die Sie lernen müssen, um jedes Verkaufsziel zu erreichen, das Sie sich setzen.

Wenn Sie die Disziplin aufbringen, einer der Spitzenverkäufer auf Ihrem Gebiet zu werden, werden Sie feststellen, dass Sie bereits einen wichtigen Punkt in Ihrer Karriere erreicht haben. Die meisten Verkäufer machen nur das, was sie tun müssen, um ihren Job zu behalten. Aber diejenigen, die sich entschließen, die Besten auf ihrem Gebiet zu werden, erreichen weitaus mehr als alle anderen. Ihre Aufgabe ist es, einer von ihnen zu werden.

Im nächsten Kapitel werden wir auf das Thema *Geld* zu sprechen kommen und darauf, wie die Einübung von Selbstdisziplin die Wahrscheinlichkeit, dass Sie alle Ihre finanziellen Ziele erreichen, dramatisch erhöhen kann.

Übungen

1. Betrachten Sie sich als Leiter Ihres eigenen persönlichen Verkaufsunternehmens, als voll und ganz verantwortlich für die Verkaufsergebnisse. Das ist die Einstellung der am höchsten bezahlten Verkäufer. Notieren Sie Ihren Beschluss.

   ____

   ____

   ____

2. Setzen Sie sich klare schriftliche Einkommensziele für die nächsten zwölf Monate, aber auch Ziele für jeden einzelnen Monat des Jahres.

   ____

   ____

   ____

3. Bestimmen Sie genau, wie viele von Ihren Produkten und Dienstleistungen Sie verkaufen müssen, um das erwünschte Einkommen zu erzielen.

   ____

   ____

   ____

4. Legen Sie fest, wie viele einzelne Verkäufe Sie dann tätigen müssen, wenn Sie Ihre durchschnittlichen Verkäufe und die Höhe der verdienten Provision zugrunde legen.

____

____

5. Bestimmen Sie, wie viele Interessenten Sie dann anrufen müssen, wenn Sie dabei Ihre augenblickliche Erfahrung zur Anzahl der Verkäufe zugrunde legen.

____

____

6. Widmen Sie sich der kontinuierlichen Verbesserung Ihrer Verkäufe, indem Sie täglich lesen, sich Audioprogramme im Auto anhören und an Verkaufsseminaren teilnehmen.

____

____

7. Verbringen Sie jede Minute Ihres Arbeitstags damit, Menschen, die in nächster Zeit etwas von Ihnen kaufen können und wollen, von Angesicht zu Angesicht zu begegnen.

____

____

KAPITEL 12

Selbstdisziplin und Geld

»Als ich etwas über das Leben großer Männer las, fand ich heraus, dass der erste Sieg, den sie errangen, der über sich selbst war; Selbstdisziplin war ihnen allen am wichtigsten.«

HARRY S. TRUMAN

Den Statistiken der Versicherungsbranche zufolge wird einer von 100 Menschen, die mit 21 Jahren zu arbeiten beginnen, mit 65 Jahren reich sein, vier werden finanziell unabhängig sein, 15 werden sich etwas Geld zur Seite gelegt haben, aber die übrigen 80 werden immer noch arbeiten, bankrott, von Ruhestandsbezügen abhängig oder bereits gestorben sein.

Die meisten Angehörigen der geburtenstarken Jahrgänge von heute haben vor, mit über 70 noch zu arbeiten. Warum ist das so? Es liegt daran, dass sie nicht genügend Geld zur Seite gelegt haben, damit sie aufhören können zu arbeiten.

Der Hauptgrund für finanzielle Probleme im Leben ist ein Mangel an Selbstdisziplin, Selbstbeherrschung und Selbstkontrolle. Dabei handelt es sich um die Unfähigkeit, die Bedürfnisbefriedigung kurzfristig aufschieben zu können, also um die Neigung von Menschen, alles auszugeben, was sie verdienen, und sogar ein wenig mehr; hinzu kommen gewöhnlich Kredite und Kreditkartenschulden.

Selbstdisziplin bedeutet, Bedürfnisse aufschieben zu können.

Die heutige Sparrate in den USA ist zu gering, um finanzielle Unabhängigkeit zu erreichen. Nach lebenslanger Arbeit hat die durchschnittliche US-amerikanische Familie ein Eigenkapital von nur

8000 Dollar angesammelt. Viele geben weiterhin Geld aus und borgen sich etwas, als gäbe es kein Morgen.

Die gute Nachricht lautet, dass wir in der Zeit mit dem größten Überfluss in der gesamten Geschichte der Menschheit leben. Mehr Menschen haben heute mehr verschiedenartige Möglichkeiten, Reichtum und Wohlstand zu erlangen, als dies jemals in der Geschichte der Menschheit möglich war. Die Möglichkeit für Sie, finanziell unabhängig zu werden, war nie größer als jetzt. Aber *Sie müssen eine Entscheidung fällen,* um das umzusetzen, und Sie müssen Ihre Entscheidung durchziehen.

Die Gründe für finanziellen Misserfolg

Der Hauptgrund dafür, dass die meisten Erwachsenen finanzielle Probleme haben, ist nicht ein geringes Einkommen. In ihrem Buch *The Millionaire Next Door* zeigen Thomas Stanley und William Danko, dass zwei Familien, die in derselben Straße wohnen, ein Haus der gleichen Größe haben und im gleichen Beruf arbeiten, sich in einer ganz unterschiedlichen finanziellen Situation befinden können. Im Alter von 45 oder 50 Jahren wird das Paar in dem einen Haus finanziell unabhängig sein, während das Paar nebenan tief verschuldet ist und Schwierigkeiten hat, auch nur minimale Zahlungen für ihre Kreditkarten zu leisten.

Der Grund dafür ist *nicht* die Menge an Geld, die sie verdienen. Der Grund dafür ist der *Mangel an Selbstdisziplin* und die *Unfähigkeit, die Bedürfnisbefriedigung aufzuschieben.* Warum kommt diese Charakterschwäche bei der Mehrheit der Erwachsenen in der heutigen Gesellschaft so häufig vor? Das lässt sich auf die frühe Kindheit zurückführen.

Als Sie noch ein Kind waren und Geld bekamen (sei es nun Ihr Taschengeld oder ein Geschenk von einem Freund oder einem Verwandten), war das Erste, was Ihnen durch den Kopf schoss, das Geld für Süßigkeiten auszugeben. Süßigkeiten sind süß. Süßigkeiten sind köstlich. Süßigkeiten haben einen wunderbaren zuckrigen Geschmack. Als Sie noch ein Kind waren, mochten Sie Süßigkeiten und konnten wahrscheinlich nur selten genug davon bekommen.

Viele Kinder würden so lange Süßigkeiten essen, bis sie erkranken, weil sie so gut schmecken.

Als Sie älter wurden, entwickelten Sie das, was Psychologen eine »konditionierte Reaktion« nennen, um an Geld aus irgendwelchen Quellen zu gelangen. Innerlich sabbern Sie wie Pawlows Hund bei dem Gedanken, dieses Geld für etwas auszugeben, was Sie zumindest zeitweilig glücklich macht.

Geldausgeben macht glücklich

Wenn Sie erwachsen werden und Geld verdienen oder bekommen, bleibt diese automatische Reaktion erhalten. Ihr erster Gedanke ist: »Wie kann ich dieses Geld ausgeben, um sofort Lustgewinn zu erreichen?«

Wenn Sie Ihre erste Arbeitsstelle bekommen, ist das Erste, woran Sie denken, wie Sie nicht nur das Geld, das Sie verdienen, für Kleidung, Autos, Kosmetik, geselliges Beisammensein, Unterhaltung, Reisen und alles Mögliche ausgeben können, sondern darüber hinaus auch noch jeden Cent, den Sie sich mit der Kreditkarte leihen können. Ihre innere Gleichung lautet: Geld = Vergnügen.

Die Formel Geld = Vergnügen führt zum Misserfolg.

Wenn Sie im Urlaub an irgendeinen Ferienort reisen, werden Sie feststellen, dass die Hotels und Straßen voller kleiner Geschäfte sind, in denen nutzlose Schmuckstücke, Bommeln und Plunder sowie Kleidung, Kunstgegenstände und andere Artikel verkauft werden, die Sie zu Hause nie kaufen würden. Woran liegt das? Ganz einfach: Wenn Sie im Urlaub sind, haben Sie ein Glücksgefühl. Und Sie haben eine konditionierte Reaktion, Glücksgefühle mit Geldausgeben zu assoziieren. Je glücklicher Sie sind, desto stärker fühlen Sie sich unbewusst gezwungen, ausgehen und für etwas – oder vielmehr für *irgendetwas* – Geld ausgeben zu müssen.

Es kommt bei vielen Menschen recht häufig vor, dass sie einen Einkaufsbummel machen, wenn sie aus irgendeinem Grund unglücklich oder frustriert sind. Unbewusst assoziieren sie etwas kaufen mit glücklich sein. Wenn es nicht so läuft, wie sie es erwarten, kaufen sie irgendetwas anderes. Manchmal veranstalten unglückliche Menschen geradezu Einkaufsorgien. Sie kaufen eine Menge von Dingen, die sie eigentlich nicht brauchen, weil sie unbewusst Geldausgeben und Glücksgefühle miteinander assoziieren.

Immer wenn Sie als Erwachsener Ihre Gehaltsüberweisung, einen Bonus, eine Umsatzbeteiligung, eine Steuererstattung oder eine Erbschaft bekommen, ist das Erste, woran Sie denken, wie Sie dieses Geld so schnell wie möglich und für so viele Vergnügungen wie möglich ausgeben können.

Verdrahten Sie Ihre Reaktionen auf Geld neu

Der Ansatzpunkt dafür, finanziell unabhängig zu werden, besteht darin, die Selbstdisziplin aufzubringen, die eigene Einstellung gegenüber dem Geld *neu zu verdrahten*. Sie müssen in das Unbewusste Ihrer Seele eingreifen und das Kabel kappen, über das »Geldausgeben« und »Glücksgefühle« miteinander verbunden sind. Dann müssen Sie das Kabel für »Glücksgefühle« mit dem für »Sparen und Investieren« neu verbinden.

Von diesem Augenblick an werden Sie sagen: »Ich fühle mich glücklich, wenn ich Geld *spare*« und nicht »Ich fühle mich glücklich, wenn ich Geld ausgebe«.

Um diesen Wechsel im Denken zu bekräftigen, sollten Sie bei Ihrer Bank ein »Konto für finanzielle Freiheit« eröffnen, das ist ein Konto, auf das Sie langfristig Geld einzahlen. Liegt Ihr Geld erst einmal auf diesem Konto, beschließen Sie, dass Sie es nie für irgendetwas anderes ausgeben außer zum Erlangen finanzieller Freiheit.

Wenn Sie Geld sparen möchten, um ein Boot oder ein Auto zu kaufen, eröffnen Sie ein gesondertes Konto nur für diesen Zweck. Ihr Konto für finanzielle Freiheit dagegen ist unantastbar. Hier greifen Sie nie zu, außer wenn Sie diese finanziellen Mittel investieren, damit sie eine höhere Rendite erzielen können.

Assoziieren Sie Glücksgefühl mit Sparen

Wenn Sie damit beginnen, auf diese Weise Geld anzusparen, geschieht etwas Wunderbares mit Ihnen: Sie fangen an, sich bei dem Gedanken glücklich zu fühlen, dass Sie Geld auf der Bank haben. Selbst wenn Sie Ihr Konto nur mit einer Einzahlung von zehn Dollar eröffnen, vermittelt Ihnen dies ein Gefühl größerer Selbstkontrolle und persönlicher Kraft. Sie fühlen sich glücklicher mit sich selbst. Der bloße Akt der Selbstdisziplinierung zum Geldsparen führt dazu, dass Sie meinen, stärker zu sein und Ihr eigenes Schicksal besser im Griff zu haben.

Betrachten Sie Sparen als etwas Positives.

Jedes Mal, wenn Sie zusätzliches Geld bekommen, legen Sie es auf Ihr Konto für finanzielle Freiheit. Letztendlich wird dieses Konto zu wachsen beginnen. Und wenn es wächst, wird es zwei Gesetze in Kraft setzen: das Gesetz der Anziehung und das Gesetz der Anhäufung.

Wenn das Geld auf Ihrem Konto durch Ihre eigenen Gedanken und Gefühle *emotionalisiert* wird, baut es ein Kraftfeld der Energie auf, das beginnt, mehr Geld anzuziehen. Wenn Sie ein Jahr lang zehn Dollar im Monat sparen, werden Sie etwas Erstaunliches herausfinden: Mit diesem bisschen zusätzlichen Geldes, das Sie in dieses Konto gesteckt haben, verfügen Sie wahrscheinlich über mehr als 200 Dollar und nicht nur über 120 Dollar. Wenn Sie 100 Dollar im Monat sparen, werden Sie wahrscheinlich über mehr als 2000 Dollar verfügen.

Das Gesetz der Anhäufung besagt Folgendes: »Jede große Leistung ist eine Anhäufung vieler kleiner Leistungen.« Das Gesetz der Anziehung besagt: »Sie ziehen in Ihrem Leben diejenigen Dinge an, die sich in Harmonie mit Ihren dominierenden Gedanken befinden.« Aufgrund dieser Gesetze beginnt Ihr Konto für finanzielle Freiheit durch das *Wunder von Zins und Zinseszins* zu wachsen.

Je mehr Geld Sie auf Ihrem Bankkonto haben, desto mehr Energie erzeugt es und desto mehr Geld wird in Ihrem Leben angezogen. Sie haben bestimmt schon einmal folgenden Spruch gehört: »It takes money to make money« (Man braucht Geld, um Geld zu verdienen). Dieser Spruch stimmt. In dem Maße, in dem Sie beginnen, Geld zu sparen und anzuhäufen, wird Ihnen immer mehr Geld zugeführt, damit Sie es sparen und anhäufen können.

Jeder, der je dieses Prinzip des regelmäßigen Sparens praktiziert hat, ist bass erstaunt, wie schnell sich seine finanziellen Verhältnisse zum Besseren wenden.

Wenn Sie erst einmal Ihre Einstellung gegenüber dem Geld neu verdrahtet haben, besteht die Richtschnur für finanzielle Unabhängigkeit darin, »zunächst einmal sich selbst etwas auszuzahlen«. Die meisten Menschen sparen das, was nach Abzug der monatlichen Kosten übrig bleibt – wenn überhaupt irgendetwas übrig bleibt. Entscheidend ist jedoch, dass Sie spontan von jedem Geldbetrag, den Sie bekommen, *zunächst einmal* sich selbst etwas auszahlen.

Sparen Sie Ihr Leben lang

Früher war es gewöhnlich so, dass man, wenn man zehn Prozent seines Einkommens vom ersten Gehalt sparte, bis man in den Ruhestand ging, finanziell unabhängig wurde, wenn nicht sogar reich. Heute jedoch empfehlen die Finanzberater, dass man *15 oder 20 Prozent* seines Einkommens sparen muss, um alle finanziellen Ziele zu erreichen. Jeder geringere Betrag setzt Sie dem Risiko aus, später im Leben kein Geld mehr zu haben.

Wenn wir den Menschen empfehlen, dass sie anfangen müssen, zehn Prozent ihres Einkommens zu sparen, schütteln sie den Kopf. Die meisten Menschen geben alles aus, was sie heute verdienen. Ihnen bleibt nichts übrig. Oft sind sie sogar tief verschuldet. Der Gedanke, spontan zehn Prozent ihres Einkommens zu sparen, erscheint ihnen als nicht realisierbar. Aber es gibt eine Lösung.

Wenden Sie die 1-Prozent-Formel an

Beginnen Sie heute damit, ein Prozent Ihres Einkommens zu sparen, und lernen Sie, mit den übrigen 99 Prozent zu leben. Dies ist ein realistischer Betrag. Es handelt es sich um eine Zahl, mit der Sie durchaus zurechtkommen können. Es erfordert nur ein wenig

Selbstdisziplin und Bedürfnisaufschub von Ihnen, jeden Monat ein Prozent zu sparen. Wenn Sie 3000 Dollar im Monat verdienen, sind ein Prozent nur 30 Dollar im Monat beziehungsweise lediglich ein Dollar pro Tag.

Wenn Sie am Ende des Tages nach Hause kommen, sollten Sie Ihren täglichen Geldbetrag in eine Büchse oder ein Gefäß legen. Einmal im Monat sollten Sie die angehäuften Sparbeträge zur Bank bringen und sie auf Ihr Konto für finanzielle Freiheit einzahlen. Das hört sich an wie ein kleiner Anfang, doch rufen Sie sich in Erinnerung, dass auch eine lange Reise mit einem einzelnen Schritt beginnt.

Sparen Sie monatlich 1 Prozent Ihres Einkommens.

Binnen Kurzem werden Sie bequem von 99 Prozent Ihres Einkommens leben. Wenn Sie an diesem Punkt angelangt sind, lassen Sie Ihre Sparrate auf zwei Prozent Ihres Einkommens im Monat ansteigen. Dann passen Sie Ihren Lebensstil so an, dass Sie mit 98 Prozent leben können. In kurzer Zeit wird es Ihnen zur Gewohnheit werden; es wird automatisch und leicht gehen, mit 98 Prozent dessen zu leben, was Sie verdienen.

Monat für Monat erhöhen Sie dann Ihre Sparrate um ein Prozent. Am Ende des Jahres werden Sie wahrscheinlich zehn Prozent Ihres Einkommens sparen. Dann wird etwas anderes Bemerkenswertes eintreten: Ihre Schulden werden beginnen zu sinken. In dem Maße, in dem Sie sich bewusst werden, dass Sie Geld sparen und sich der finanziellen Unabhängigkeit nähern, werden Sie bei jeder Ausgabe klüger und nachdenklicher werden. Sie werden herausfinden, dass Sie Monat für Monat weniger ausgeben und allmählich Ihre Schulden abbezahlen.

Sparen zahlt sich aus

Die Belohnung dafür, dass Sie sparen und investieren, ist beträchtlich. Man sagt: »Glück ist die fortschreitende Verwirklichung eines würdigen Ideals.« Jedes Mal, wenn Sie einen Dollar sparen oder einen Dollar Schulden abbezahlen, fühlen Sie sich tief im Innern glücklich. Sie haben das Gefühl, positiver gestimmt zu sein und Ihr

Leben besser im Griff zu haben. Ihr Gehirn setzt Endorphine frei, die Ihnen wiederum ein Gefühl der Ruhe und des Wohlbefindens vermitteln.

Innerhalb von zwei Jahren, nachdem dieser Vorgang eingesetzt hat, werden Sie sich aus Ihren Schulden herausgearbeitet und damit angefangen haben, eine wachsende Menge Geldes auf Ihrem Konto für finanzielle Freiheit anzuhäufen. In dem Maße, in dem diese Menge anwächst, werden Sie beginnen, *mehr* Geld und mehr Möglichkeiten zu entfalten, um diese Finanzmittel intelligent anzulegen, damit Sie eine höhere Rendite erzielen.

Gleichzeitig wird sich Ihre Einstellung zum Geld und zum Geldausgeben allmählich verändern. Sie werden disziplinierter und gewissenhafter werden. Sie werden, bevor Sie investieren, sorgfältige Nachforschungen anstellen. Sie werden sich mit jedem einzelnen Aspekt eines potenziellen Geschäfts oder einer Möglichkeit beschäftigen. Es wird Ihnen widerstreben, sich von Geld zu trennen, für dessen Anhäufung Sie so hart gearbeitet haben. Sie werden tatsächlich damit beginnen, Ihre persönliche Einstellung gegenüber dem Geld neu auszurichten – und das wird auf sehr positive Weise geschehen.

Einkommenssteigerungen sind nicht hilfreich

Manchmal frage ich mein Publikum: »Wer von Ihnen würde gerne finanziell unabhängig sein?« Alle heben die Hand. Deshalb frage ich dann genauer nach: »Wenn ich zaubern könnte und auf diese Weise das Einkommen jeder einzelnen Person hier im Raum verdoppeln könnte, würde Ihnen das dabei helfen, finanziell unabhängig zu werden?«

Alle jubeln, lachen und nicken mit dem Kopf. Sie stimmen mir zu, dass sie, wenn sie auf wundersame Weise ihr Einkommen verdoppeln könnten, finanziell unabhängig werden könnten.

Ich frage sie dann: »Wie viele Personen in diesem Raum haben seit ihrem ersten Arbeitstag in ihrem ersten Beruf bereits ihr Einkommen *verdoppelt?*«

Ohne zu zögern, heben alle im Raum die Hand.

Ich frage danach: »Wie viele Personen haben seit ihrer ersten beruflichen Stellung bis heute ihr Einkommen um das Dreifache erhöht? Um das Fünffache? Um das Zehnfache?«

Überall im Raum gehen die Hände hoch. Alle im Raum haben ihr Einkommen verdoppelt oder verdreifacht, oder ihr Einkommen ist sogar seit der Zeit ihrer ersten beruflichen Stellung auf das Fünffache oder Zehnfache angewachsen.

Mehr Verdienst = mehr Vermögen?

Dann bringe ich mein Hauptargument: »Jeder von Ihnen hat sein Einkommen bereits dramatisch gesteigert, aber es hat nichts gebracht. Wenn Sie einfach nur Ihr Einkommen erhöhen, ist das keine Gewähr dafür, dass Sie finanziell unabhängig werden. Dies liegt am Parkinson'schen Gesetz, das besagt: ›Der Ausgabenzuwachs entspricht dem jeweiligen Einkommen.‹ Gleichgültig wie viel Sie verdienen, es läuft darauf hinaus, dass Sie alles und noch mehr nebenbei ausgeben.«

Wenden Sie das Keilprinzip an

Die Methode, wie Sie finanzielle Unabhängigkeit erreichen, besteht für Sie darin, das Parkinson'sche Gesetz zu brechen. Das tun Sie, indem Sie für Ihr restliches Leben das »Keilprinzip« anwenden. Im Folgenden zeige ich Ihnen, wie Sie das bewerkstelligen: Wenn Ihr Einkommen in den folgenden Monaten und Jahren anwächst, sollten Sie *einen Keil* zwischen Ihr zunehmendes Einkommen und Ihre zunehmenden Ausgaben *treiben*. Statt alles auszugeben, sollten Sie beschließen, dass Sie 50 Prozent Ihres »Zuwachses« ansparen.

Wenn Ihr Einkommen um 100 Dollar im Monat ansteigt, sollten Sie beschließen, spontan 50 Dollar pro Monat zu sparen und auf Ihr Konto für finanzielle Freiheit zu überweisen. Sie können die anderen 50 Dollar für Ihre Familie oder für die Verbesserung Ihres Lebensstils ausgeben. Sie müssen jedoch beschließen, für den Rest Ihres finanziellen Lebens die Hälfte Ihres Zuwachses zu sparen.

Wenn Sie als Erstes sich selbst bezahlen, indem Sie zehn oder 15 Prozent Ihres Einkommens spontan beiseitelegen und dann 50 Prozent Ihres Zuwachses für den Rest Ihrer beruflichen Entwicklung sparen, werden Sie schon bald finanziell unabhängig sein. Sie werden zu den oberen fünf Prozent der reichen Leute in unserer Gesellschaft gehören. Und Sie werden sich nie mehr Sorgen um Geld machen müssen.

Das Wunder von Zins und Zinseszins

Albert Einstein sagte einmal: »Die Kraft des Zinseszins ist das achte Weltwunder.«

Wenn Sie von einem Alter von 21 Jahren an bis zum 65. Lebensjahr nur 100 Dollar im Monat sparen und diesen Betrag in einen Anlage- oder Indexfonds investieren sollten, der durchschnittlich um sieben bis zehn Prozent pro Jahr wächst, hätten Sie ein Vermögen von mehr als einer Million Dollar. Wenn Sie auf Ihrem Gehaltskonto einen Dauerauftrag einrichten, sodass die 100 Dollar automatisch überwiesen und für Sie investiert würden, könnten Sie sicher sein, zu einer der reichsten Personen der Vereinigten Staaten zu werden.

Ihr Gespartes vermehrt sich ganz von selbst.

Ich will damit Folgendes sagen: Wenn Sie es ernst damit meinen, finanziell unabhängig werden zu wollen, dann ist das wichtigste Erfordernis Selbstdisziplin, gepaart mit der Fähigkeit, Bedürfnisse aufzuschieben. Ihre Fähigkeit, sich in Selbstbeherrschung, Selbstkontrolle und Selbstversagung zu üben, wird Sie nicht nur in die Lage versetzen, all Ihre finanziellen Ziele zu erreichen, sondern es wird Sie auch bei allem anderen, was Sie tun, erfolgreich und glücklich machen.

Im nächsten Kapitel werden wir darauf zu sprechen kommen, was der Schlüssel dafür ist, es zu schaffen, dass alles im Leben so läuft, wie Sie es wollen: Es ist die Nutzung der Zeit. Wir alle beginnen unser Leben mit sehr viel Zeit und wenig Geld. Die Art und Weise, wie Sie im Laufe Ihres Erwachsenenlebens Ihre Zeit verbringen, bestimmt weitgehend die Qualität Ihres Lebens.

Übungen

1. Fällen Sie heute schriftlich die Entscheidung, Ihr finanzielles Leben vollständig in den Griff zu bekommen, schuldenfrei und finanziell unabhängig zu werden.

____

____

____

2. Bestimmen Sie, wie viel Sie heute netto wert sind. Zählen Sie alle Ihre Anlageformen zusammen, ziehen Sie alle Ihre Schulden und Verpflichtungen ab, und berechnen Sie die genaue Zahl.

____

____

____

3. Richten Sie ein gesondertes Bankkonto ein, und beginnen Sie, mindestens ein Prozent Ihres monatlichen Einkommens oder Gehalts zu sparen.

____

____

____

4. Stellen Sie eine Liste mit all Ihren Schulden auf und fangen Sie damit an, sie abzubezahlen; beginnen Sie mit denen, die die höchsten Zinssätze haben.

5. Berechnen Sie den exakten Geldbetrag, den Sie brauchen, um am Ende Ihrer beruflichen Entwicklung finanziell unabhängig zu sein, und dann setzen Sie sich dies als Ziel.

6. Setzen Sie sich bezogen auf jeden Monat, jedes Vierteljahr und jedes Jahr spezifische finanzielle Anhäufungsziele für Ihr restliches Leben.

7. Seien Sie geizig beim Geldausgeben, indem Sie jede Ausgabe, bei der dies möglich ist, auf die lange Bank schieben, bis Sie Ihre langfristigen finanziellen Ziele erreicht haben.

KAPITEL 13

Selbstdisziplin und Zeitmanagement

> *»Wenn Sie sich nicht selbst erobern, werden Sie vom Selbst erobert werden.«*
>
> NAPOLEON HILL

Es gibt vielleicht keinen Bereich in Ihrem Leben, bei dem Selbstdisziplin wichtiger ist als bei der Art und Weise, wie Sie mit Ihrer Zeit umgehen. Zeitmanagement ist eine Kerndisziplin, die weitgehend über die Qualität Ihres Lebens bestimmt. Peter Drucker sagte einmal: »Die Zeit kann man nicht managen, man kann nur sich selbst managen.«

Zeitmanagement ist Lebensmanagement.

Zeitmanagement ist in Wirklichkeit vielmehr *Lebens*management, persönliches Management, Selbstmanagement statt Management von Zeit und äußeren Umständen.

Zeit ist vergänglich, man kann sie nicht aufsparen. Zeit ist unersetzlich; nichts anderes kann ihren Zweck erfüllen. Zeit ist unwiederbringlich; ist sie erst einmal vergangen oder verschwendet, kann man sie nicht mehr zurückgewinnen. Schließlich ist Zeit unverzichtbar, vor allem für Leistungen jedweder Art. Jede Leistung, jedes Resultat und jeder Erfolg erfordern Zeit.

Man kann Zeit nicht »aufsparen«

Es ist eine Tatsache, dass man Zeit nicht aufsparen kann; man kann sie nur in unterschiedlicher Weise *verbringen*. Man kann lediglich die Zeit statt für geringwertige für höherwertige Bereiche nutzen. Hier liegt der Schlüssel zum Erfolg, und genau darum braucht man Selbstdisziplin.

Zeitmanagement ist die Fähigkeit, über die *Abfolge der Ereignisse* zu entscheiden. Indem man sich bezogen auf die Zeit in Selbstdisziplin übt, kann man entscheiden, was man als Erstes, was man als Zweites und was man überhaupt nicht machen will. Und man hat immer die Freiheit der Entscheidung.

Man braucht eine ungeheure Selbstdisziplin, um die Neigung dazu zu überwinden, alles auf die lange Bank zu schieben; und das hält die meisten Menschen von großen Erfolgen ab. Ein Indianer sagte mir einmal Folgendes: »Aufschub ist der Dieb der Träume.«

Das Pareto-Prinzip, die 80/20-Regel, besagt, dass 20 Prozent der Dinge, die man tut, 80 Prozent des Wertes ausmachen, den man schafft. Das bedeutet umgekehrt, dass 80 Prozent dessen, was wir tun, nur 20 Prozent oder weniger dessen wert ist, was wir erreichen.

Schätzen Sie den wahren Wert dessen ab, was Sie tun

Einige Dinge, die man macht, sind fünfmal oder gar zehnmal mehr wert als andere Dinge, auch wenn man genauso viele Minuten und Stunden dafür braucht. Die wichtigsten Dinge, die man macht – die oberen 20 Prozent – sind gewöhnlich bedeutsam, schwierig und entmutigend. Im Gegensatz dazu machen die 80 Prozent der Dinge, die man tut und die am Leben wenig oder gar nichts ändern, gewöhnlich Spaß, sie sind einfach und bereiten Vergnügen.

Aufgrund der Zeitmenge, die man investiert, lässt sich sagen, wie viel einem etwas wert ist. Auf das, was man am meisten schätzt, richtet man immer Aufmerksamkeit, und damit verbringt man am meisten Zeit, sei es nun die Familie, die Gesundheit, soziale oder sportliche Aktivitäten beziehungsweise Geld und Karriere. Sie brauchen sich nur anzusehen, wie Sie Ihre Zeit verbringen, und schon wissen Sie (und jeder andere), was Ihnen wirklich wichtig ist.

Manche Menschen sagen, dass für sie der berufliche Erfolg das Wichtigste ist; dann gehen sie nach Hause und sehen mehrere Stunden am Tag fern. Manche Menschen sagen, ihre Familie sei ihnen

Nutzen Sie Ihre Zeit für die wirklich wichtigen Aufgaben.

wichtig; und dann gehen sie aus dem Haus, pflegen soziale Kontakte oder spielen Golf. Nur Ihre *Handlungen* sagen Ihnen – und anderen – etwas darüber aus, was Ihnen wirklich etwas wert ist.

Der Kern des Zeitmanagements besteht für Sie darin, die Disziplin aufzubringen, sich klare Prioritäten zu setzen – und *sich dann an diese Prioritäten zu halten*. Sie müssen bewusst und mit Absicht das Wertvollste und Wichtigste auswählen, das Sie innerhalb eines gegebenen Zeitrahmens schaffen können, und dann die Disziplin aufbringen, nur an dieser Aufgabe zu arbeiten.

Persönliche strategische Planung

Bei der strategischen Unternehmensplanung konzentriert man sich darauf, die »Eigenkapitalrendite« zu erhöhen. Das Eigenkapital einer Firma wird definiert als die Geldmenge, die von den Eignern in die Firma investiert wird (neben den Schulden und dem geliehenen Geld). Das Ziel der strategischen Planung besteht darin, Methoden zu finden, wie man die Firma in einer Weise organisiert und neu strukturiert, sodass man eine höhere Rendite auf dieses Eigenkapital erzielt als ohne diesen Planungsprozess.

Firmen investieren Geldkapital, Menschen jedoch »Humankapital«. Firmen legen Geldvermögen an; Ihre wichtigsten Anlagen sind jedoch Ihre geistigen, emotionalen und körperlichen Energien. Wie Sie sie investieren, bestimmt über Ihre gesamte Lebensqualität.

Das Ziel Ihrer persönlichen strategischen Planung besteht darin, aus Ihren Aktivitäten die höchste »Rendite auf Energie« zu ziehen. Ken Blanchard spricht davon, die höchste »Rendite auf Leben« daraus zu ziehen.

In gleicher Weise, wie Sie sich darum kümmern würden, Ihr Geld so zu investieren, dass Ihnen die höchstmögliche Rendite gewährleistet ist, müssen Sie Sorgfalt walten lassen, wenn Sie Ihre Zeit investieren. Sie müssen sichergehen, dass Sie in der begrenzten Zeitmenge, die Ihnen zur Verfügung steht, ein Höchstmaß an Arbeitsergebnissen, Belohnungen und Zufriedenheit erreichen.

Denken Sie, bevor Sie handeln

Bevor Sie sich zu irgendeiner zeitfressenden Beschäftigung verpflichten, müssen Sie sich immer fragen: »Handelt es sich hierbei wirklich um die bestmögliche Nutzung meiner Zeit?«

Der Mangel an Selbstdisziplin beim Zeitmanagement bringt Menschen dazu, ihre wichtigsten Aufgaben ständig auf die lange Bank zu schieben; er veranlasst sie, immer mehr Zeit mit Aufgaben von geringem oder gar keinem Wert zu verbringen. Und alles, was Sie wiederholt tun, wird am Ende zur Gewohnheit.

Viele Menschen haben die Gewohnheit entwickelt, etwas zu verschleppen, ihre Hauptaufgaben zu verschieben und stattdessen den größten Teil ihrer Zeit mit Arbeiten zu verbringen, die langfristig sehr wenig bedeuten.

Überlegen Sie gut, worin Sie Ihre Zeit investieren.

Prioritäten statt »Posterioritäten«

Wenn man sich Prioritäten setzt, dann erfordert das auch, dass man sich *Posterioritäten* setzt. Eine Priorität ist etwas, wovon man mehr macht und was man schneller durchführt, während eine Posteriorität etwas ist, was man weniger oder später macht. Wahrscheinlich werden Sie schon mit zu vielem überschüttet, was Sie tun müssen, und Sie haben zu wenig Zeit. Daher müssen Sie, wenn Sie mit einer neuen Aufgabe beginnen, eine alte Aufgabe *unterbrechen*. Wenn man mit etwas Neuem anfängt, so erfordert dies, dass man mit einer anderen Aufgabe aufhört. Bevor Sie sich zu einer neuen Unternehmung verpflichten, sollten Sie sich die folgende Frage stellen: »Mit welcher Tätigkeit kann ich *aufhören*, damit ich genügend Zeit habe, an dieser neuen Aufgabe zu arbeiten?«

Durchforsten Sie Ihr Leben regelmäßig und praktizieren Sie »kreativen Verzicht«: Legen Sie bewusst die Aktivitäten fest, die Sie *unterbrechen* werden, damit Sie mehr Zeit für die Aufgaben haben, die für Ihre Zukunft *wirklich etwas bedeuten* könnten.

Ermitteln Sie die Konsequenzen

Wenn man Disziplin im Zeitmanagement entwickelt, ist eines der wichtigsten Wörter, die man lernen muss, »Konsequenzen«. Etwas ist in dem Maße wichtig, in dem es schwerwiegende *potenzielle* Konsequenzen im Hinblick auf die Ausführung beziehungsweise die Nichtausführung hat. Eine Aufgabe oder Beschäftigung ist in dem Maße unwichtig, in dem es gleichgültig ist, ob sie durchgeführt wird oder nicht.

Welche Konsequenzen hat Ihr Handeln bzw. Ihr Nicht-Handeln?

Wenn Sie beispielsweise in einem Hochschulstudium einen Kurs zu Ende bringen, kann dies ungeheure Konsequenzen haben, die sich in den nächsten 50 Jahren auf Ihr Leben auswirken können. Wenn Sie bei der Arbeit eine wichtige Aufgabe oder ein wichtiges Projekt abschließen oder einen wichtigen Verkauf tätigen, kann dies erhebliche Konsequenzen für Ihren Beruf und Ihr Einkommen haben.

Im Gegensatz dazu kann es zwar Vergnügen bereiten, Kaffee zu trinken, mit den Kollegen zu schwätzen, die Zeitung zu lesen, im Internet zu surfen oder E-Mails zu lesen; doch diese Beschäftigungen haben nur wenige oder gar keine Konsequenzen. Anders ausgedrückt: Ob Sie sie machen oder nicht, bedeutet wenig oder nichts für Ihre Arbeit oder für Ihr Leben. Es sind jedoch genau diese Aktivitäten, mit denen die meisten Menschen den größten Teil ihrer Zeit verbringen.

Wie Sie mit Ihrer Zeit umgehen

Es gibt ein einfaches Zeitmanagement-System, das Sie dazu nutzen können, Dinge nicht weiter auf die lange Bank zu schieben. Es erfordert Selbstdisziplin, Willenskraft und persönliche Organisation, aber es zahlt sich wirklich aus. Wenn Sie dieses System einsetzen, können Sie Ihre Produktivität, Ihre Leistung, Ihren Ertrag und Ihr Einkommen verdoppeln oder gar verdreifachen.

Bevor Sie den Tag beginnen, sollten Sie damit anfangen, eine Liste von allem aufzustellen, was Sie an diesem Tag tun müssen. Die beste Zeit dafür ist der Vorabend am Ende eines Arbeitstages, sodass Ihr Unbewusstes, während Sie schlafen, an dieser Aufgabenliste arbeiten kann. Sie werden oft bereits mit Ideen und Einsichten aufwachen, wie Sie die Aufgaben des Tages effektiver erledigen können.

Dann wenden Sie die »A-B-C-D-E«-Methode auf Ihre Liste an:

- A = »Muss ich erledigen« – Schwere Konsequenzen bei Nichtausführung;
- B = »Sollte ich erledigen« – Leichte Konsequenzen bei Ausführung oder Nichtausführung;
- C = »Wäre schön, wenn ich es täte« – Keine Konsequenzen, ob Sie es nun tun oder nicht;
- D = »Delegieren« – Machen Sie dies immer dann, wenn es möglich ist, um mehr Zeit für die Dinge zu gewinnen, die nur Sie erledigen können;
- E = »Eliminieren« – Beenden Sie alle Aufgaben und Beschäftigungen, die für Ihre Arbeit und für das Erreichen Ihrer Ziele nicht mehr wesentlich sind.

Verschaffen Sie sich einen Überblick über die Liste Ihrer Aufgaben für den folgenden Tag, und schreiben Sie, bevor Sie damit beginnen, A, B, C, D oder E neben jede einzelne Aufgabe.

Wenn Sie mehrere »A«-Aufgaben haben, sollten Sie sie nach ihrer Bedeutung in eine Reihenfolge bringen, indem Sie A-1, A-2, A-3 usw. daneben notieren. Machen Sie dasselbe mit Ihren Aufgaben der Kategorien B und C.

Eins nach dem anderen

Wenn Sie mit der Arbeit an Ihrer wichtigsten Aufgabe begonnen haben, müssen Sie die Disziplin aufbringen, sich zielstrebig und mit 100 Prozent Ihrer Zeit und Aufmerksamkeit darauf zu konzentrieren, bis diese Aufgabe abgeschlossen ist.

Es erfordert eine ungeheure Selbstdisziplin, die für Sie wichtigste Aufgabe auszuwählen und dann mit dieser Aufgabe zu beginnen, statt irgendetwas anderes zu tun. Doch wenn Sie erst einmal mit der Arbeit daran begonnen haben, werden Sie einen Energiefluss verspüren, der Sie motiviert und bei Ihrer Aufgabe voranbringt. Sie werden sich positiver und selbstbewusster fühlen. Sie werden sich glücklicher und entschlossener fühlen. Der bloße Akt, dass Sie mit einer wichtigen Aufgabe anfangen, lässt Ihr Selbstwertgefühl steigen und motiviert Sie, weiterzumachen.

Bringen Sie eine Aufgabe zu Ende, bevor Sie mit der nächsten beginnen.

Tief im Inneren empfindet jeder den intensiven Wunsch, sich stark, wirksam und mächtig zu fühlen sowie die Kontrolle über das eigene Leben zu haben. Sie lösen dieses Selbstvertrauen und Selbstwertgefühl automatisch aus, wenn Sie die Disziplin aufbringen, mit der Arbeit an der Aufgabe anzufangen, die für Sie momentan am wichtigsten ist.

1000 Prozent Rendite

Für die »A-B-C-D-E«-Methode braucht man selten mehr als etwa zehn Minuten, um den gesamten Tag zu strukturieren. Bei der Ausführung werden Sie jedoch zehn Minuten für jede Minute sparen, die Sie vor Arbeitsbeginn in diese Planungsmethode investieren.

Das bedeutet, dass Sie durch gründliche Planung und klare Prioritäten vor der Bearbeitung Ihrer ersten Aufgabe eine 1000-prozentige »Rendite auf Energie« bekommen werden.

Wenn Sie das Gefühl haben, dass Sie vorwärtskommen, dass Sie bei Ihrer wichtigsten Aufgabe Fortschritte machen, setzt Ihr Gehirn einen steten Fluss von Endorphinen, der »Glücksdroge« der Natur, frei. Diese Endorphine werden dafür sorgen, dass Sie sich positiver, konzentrierter, wacher, bewusster und kontrollierter fühlen.

Wenn Sie die Disziplin aufbringen und gegen Ihren natürlichen Widerstand mit Ihrer wichtigsten Aufgabe anfangen, bekommen Sie einen »Endorphinschub«. Sie erleben ihn als ein Gefühl der Hochstimmung, der Erheiterung, des Glücks und des hohen Selbstwerts. Wenn Sie eine wichtige Aufgabe abschließen, fühlen Sie sich wie ein Leistungssportler, der die Ziellinie als Erster überschritten hat. Sie fühlen sich wie ein *Gewinner*.

Ausgezeichnetes Zeitmanagement zahlt sich immer aus. Sobald Sie damit beginnen, Ihre Zeit zu planen und zu organisieren, Prioritäten zu setzen und mit Ihrer A-1-Aufgabe zu beginnen, werden Sie glücklicher sein und sich selbst und Ihr Leben stärker im Griff haben. Je besser Sie planen und diesen Plan ausführen, desto besser werden Sie sich fühlen.

Bleiben Sie konzentriert

Das Gesetz der erzwungenen Effizienz besagt: »Man hat nie genug Zeit, *alles* zu machen, aber immer genug Zeit, die *wichtigsten* Dinge zu erledigen.«

Fokussieren Sie stets das Wichtige.

Hier sind einige Fragen, die Sie sich selbst stellen sollten und die Ihnen dabei helfen werden, konzentriert zu bleiben und an Ihren wichtigsten Aufgaben, Beschäftigungen und Verantwortlichkeiten zu arbeiten:

1. *Warum stehe ich auf der Gehaltsliste? Wofür genau bin ich eingestellt worden? Welche Arbeitsergebnisse werden von mir erwartet?*
   Sie müssen sich über Ihre Antwort auf diese Frage im Klaren sein. Sprechen Sie mit anderen darüber. Fragen Sie Ihren Chef.
2. *Welches sind die zentralen Bereiche, in denen ich Arbeitsergebnisse erziele? Was sind von all den Dingen, die ich mache, die wichtigsten Resultate, die man von mir in meiner Position erwartet?*
   Selten handelt es sich in irgendeinem Beruf um mehr als fünf bis sieben Bereiche, die für Arbeitsergebnisse zentral sind. Es ist wesentlich, dass Sie Ihre Bereiche festlegen und dann den ganzen Tag über daran arbeiten.
3. *Welche meiner Aufgaben haben den höchsten Wert? Wenn ich mir all die Dinge ansehe, die ich tue, welche Aufgaben haben den höchsten Wert für meine Firma und für mich selbst?*
   Sie haben Kernkompetenzen, die Sie befähigen, einen wertvollen Beitrag zu leisten. Welche sind das?
4. *Was kann ich – und nur ich – tun, sodass es, wenn es gut erledigt wird, wirklich etwas bewegt?*

Es gibt zu jedem Zeitpunkt nur eine Antwort auf diese Frage. Es gibt etwas, was Sie und nur Sie tun können. Wenn Sie es nicht tun, wird es niemand anders an Ihrer Stelle tun. Wenn Sie es tun – und es gut machen –, kann es in Ihrem Leben und Ihrer Arbeit ungeheuer viel bewegen.

5. *Worin besteht in diesem Augenblick der wertvollste Einsatz meiner Zeit?* Hier handelt es sich um die Wichtigste von allen Fragen, bei der es nämlich darum geht, Prioritäten zu setzen und die Neigung zu überwinden, Dinge auf die lange Bank zu schieben. In jeder Minute eines jeden Tages gibt es eine Antwort auf diese Frage. Ihre Fähigkeit, Ihr Leben zu organisieren und Ihre höchste Priorität auszuwählen, ist ein zentrales Maß für Ihre Intelligenz und Ihre Effektivität.

Beginnen Sie heute

Von heute an sollten Sie diese zentralen Prinzipien des Zeitmanagements auf jeden Bereich Ihres Lebens anwenden: auf Ihre Arbeit, die Familie, die Gesundheit, den Sport sowie auf finanzielle Entscheidungen und Aktivitäten. Suchen Sie nicht nach Ausreden.

Schieben Sie nichts auf die lange Bank.

Sie brauchen eine enorme Disziplin, um Prioritäten zu setzen und sich dann an diese zu halten. Sie müssen ständig Disziplin und Willenskraft aufbringen, um die Neigung zu überwinden, Dinge auf die lange Bank zu schieben, eine Neigung, die die meisten Menschen behindert. Je mehr Disziplin Sie aufbringen, um Ihre Zeit richtig zu nutzen, desto glücklicher werden Sie sich fühlen und desto höher wird Ihre Lebensqualität in allen Bereichen sein.

Zwischen Ihnen und Ihren Zielen stehen fast immer *Probleme* und *Schwierigkeiten* irgendeiner Art. Ihre Fähigkeit, die Probleme des Alltags effektiv zu lösen, kann eine enorme Auswirkung auf Ihre Arbeitsergebnisse und Belohnungen haben. Wir werden im nächsten Kapitel darauf zu sprechen kommen.

Übungen

KEINE AUSREDEN!

1. Treffen Sie heute schriftlich die Entscheidung, beim Zeitmanagement keine Abstriche zu machen und exzellent zu werden. Arbeiten Sie daran, bis dies für Sie zur Gewohnheit wird.

____

____

____

2. Vor Beginn eines jeden Tages stellen Sie eine Liste von allem auf, was Sie am diesem Tag machen müssen. Wenn es neue Aufgaben gibt, schreiben Sie sie auf, bevor Sie sie ausführen.

____

____

____

3. Organisieren Sie Ihre Aufgabenliste nach der Priorität, indem Sie die »A-B-C-D-E«-Methode anwenden, bis sie für Sie zu einer Gewohnheit wird.

____

____

____

4. Legen Sie für jeden Tag Ihre A-1-Aufgabe fest und beschließen Sie, zielstrebig an dieser Aufgabe zu arbeiten, bis sie vollständig abgeschlossen ist.

____

____

5. Bestimmen Sie die eine Aufgabe, die *nur Sie* erledigen können und die, wenn Sie sie gut erledigen, wirklich etwas bewegt.

____

____

6. Suchen Sie sich die 20 Prozent Ihrer Aufgaben aus, die 80 Prozent Ihrer Arbeitsergebnisse ausmachen, und bringen Sie dann die Disziplin auf, den größten Teil der Zeit an ihnen zu arbeiten.

____

____

7. Fragen Sie sich in jeder Minute eines jeden Tages: »Worin besteht im Moment die wertvollste Nutzung meiner Zeit?« Und bringen Sie dann die Disziplin auf, nur an dieser Aufgabe zu arbeiten, bis sie abgeschlossen ist.

____

____

KAPITEL 14

Selbstdisziplin und Problemlösen

> *»Erfahrung ist nicht das, was mit einem Menschen geschieht, sondern das, was er daraus macht.«*
>
> ALDOUS HUXLEY

Gedanken sind Ursachen, und Umstände sind Wirkungen. Daher bestimmt die Qualität Ihres Denkens weitgehend über die Qualität Ihres Lebens. Das wichtigste geistige Prinzip ist, dass »Sie zu dem werden, worüber Sie den größten Teil der Zeit nachdenken«.

Spitzenkräfte in jedem Bereich sind stark *lösungsorientiert.* Sie denken den größten Teil der Zeit über Lösungen nach. Statt sich in Fragen zu verlieren, wer dies oder jenes getan hat oder nicht, konzentrieren sich die erfolgreichsten Menschen in ihrem Gebiet auf Lösungen und darauf, was man tun kann, um das Problem zu lösen.

Der Sufi Izrhat Khan sagte einmal: »Leben ist eine ständige Abfolge von Problemen. Das ist wie bei den Wellen auf dem Ozean: Sie enden nie.« Das heißt, wesentlich für Ihren Erfolg im wirtschaftlichen Bereich und im Leben im Allgemeinen ist Ihre Fähigkeit, sich in Selbstdisziplin, Selbstbeherrschung und Selbstkontrolle zu üben, wenn Sie einem nie enden wollenden Schwall von Problemen, Schwierigkeiten, Rückschlägen und zeitweilig erlebten Misserfolgen ausgesetzt sind.

Die unabwendbare und unvermeidbare Krise

Über Ihr ganzes Leben hinweg werden Sie mit einem Schwall von Problemen konfrontiert sein – mit körperlichen, finanziellen, familiären, geschäftlichen und politischen. Die einzige Pause in dieser nie enden wollenden Kette von Problemen wird die gelegentliche *Krise* sein. Wenn Sie ein normales Leben führen, werden Sie wahrscheinlich alle zwei bis drei Monate eine Krise durchmachen. Und gerade in diesen Krisen demonstrieren Sie wirklich die Qualität Ihrer Persönlichkeit und die Stärke Ihres Charakters.

Ihr Leben ist eine Prüfung: Sorgen Sie dafür, dass Sie nicht durchfallen!

Wenn Sie unerwarteten Wendungen und Rückschlägen ausgesetzt sind, zeigen Sie der Welt, aus welchem Holz Sie wirklich geschnitzt sind. Ihr ganzes Leben ist eine »Prüfung«. Die einzige Frage für Sie lautet, ob Sie sie bestehen oder ob Sie durchfallen. Es liegt in der Natur der Sache, dass Krisen »ungebeten« auftauchen. Es gibt keine Warnsignale, und sie lassen sich nicht voraussagen. Wenn das der Fall wäre, wäre es zunächst einmal keine Krise – ganz offensichtlich, sonst wären Sie schon darauf vorbereitet. Wenn die unabwendbare Krise eintritt, ist mehr als sonst Selbstdisziplin gefragt, sodass man ruhig bleibt und einen klaren Kopf bewahrt, um effektiv mit der Krise umzugehen.

Geben Sie Ihr Bestes

Wenn etwas misslingt, haben die meisten Menschen die natürliche Tendenz, ärgerlich zu werden und jemanden zu suchen, dem sie die Schuld zuschieben können. Doch das ist Energieverschwendung. Es ändert nichts. Stattdessen müssen Sie die Disziplin aufbringen, ruhig, objektiv und emotionslos zu bleiben.

Wenn Sie mit einem unerwarteten Problem oder einer Krise konfrontiert werden, sollten Sie die Disziplin aufbringen, ruhig zu bleiben und sich auf die Lösung statt auf das Problem zu konzentrieren. Fragen Sie sich *»Was kann ich jetzt tun?«*, statt darüber nachzudenken, wie es geschehen ist und wem man die Schuld dafür geben könnte.

Wie bei einem Unfall, bei dem jemand verletzt wird, konzentriert man sich darauf, sich um die verletzte Person zu kümmern, die Blutung zu stoppen und den Schaden zu begrenzen, bevor man damit beginnt, zu analysieren, was und wie etwas geschehen ist. Üben Sie sich in Selbstdisziplin, wenn Sie sich mit einem Problem oder einer Krise beschäftigen, indem Sie erst einmal sagen: »Ich bin dafür verantwortlich«, auch wenn Sie in diesem Augenblick nur dafür verantwortlich sind, Ihre Reaktionen in den Griff zu bekommen.

Bewahren Sie einen klaren Blick

Spitzenkräfte haben die Fähigkeit entwickelt, wirkungsvoll auf eine Krise zu reagieren, ruhig und entspannt zu bleiben sowie einen klaren Blick zu bewahren. Sie bringen die Disziplin auf, cool und gelassen zu bleiben. Dies befähigt sie, klarer zu denken, die Situation objektiv zu analysieren und bessere Entscheidungen zu treffen.

Bleiben Sie cool.

In dem Augenblick jedoch, in dem Sie ärgerlich und aufgebracht sind, schaltet sich Ihr Neokortex – oder Ihr »denkendes Gehirn« – ab. Alles, was Ihnen dann übrig bleibt, ist Ihr Paläokortex, Ihr *emotionales* Gehirn, das in den Kategorien »Kampf oder Flucht« denkt. Wenn Ihr emotionales Gehirn die Leitung übernimmt, denken Sie nur noch entweder schwarz oder weiß, ja oder nein beziehungsweise handeln oder nichts tun. Sie verlieren die Fähigkeit, in Nuancen zu denken und all die verschiedenen Möglichkeiten zu betrachten, wie man mit dieser besonderen Situation umgehen könnte.

Spitzenkräfte erkennen, dass jedes Problem eine Gelegenheit ist, bezogen auf Selbstkontrolle und Selbstvertrauen zu wachsen. Tatsächlich werden Sie im Leben mit der Größe der Probleme, die Sie lösen können, an Größe zunehmen.

Sprungbretter zum Erfolg

Vor einigen Jahren schrieb Dr. Lawrence Peter ein Buch mit dem Titel *Das Peter-Prinzip*. Es handelte sich um ein amüsantes Buch mit einer zentralen These, die es in sich hatte: Peter schrieb, dass in jedem Unternehmen die Mitarbeiter so lange befördert werden, bis sie eine Stufe erreicht haben, deren besondere Probleme sie nicht mehr zu lösen wissen. Dort bleiben sie, und zwar für den Rest ihrer Karriere.

Ferner wies er darauf hin, dass aus diesem Grund letztendlich jede Organisation mit Menschen besetzt ist, die ihre *Stufe der Unfähigkeit* erreicht haben. Dies trifft insbesondere auf staatliche Stellen zu, und das ist der Hauptgrund dafür, warum staatliche Stellen in Bezug auf Zeit und Kosten so ineffizient sind und so viele Schwierigkeiten damit haben, dass überhaupt etwas erledigt wird. Das trifft gewöhnlich auf jede große Bürokratie zu.

Was Ihr eigenes Leben angeht, so gibt es einen unmittelbaren Zusammenhang zwischen Ihrem Aufstieg in der Firma und im Beruf und Ihrer Fähigkeit, auf jeder Stufe Ihrer Karriere Probleme zu lösen und die notwendigen Entscheidungen zu treffen. Die gute Nachricht ist die folgende: Wenn Sie die meiste Zeit über Lösungen nachdenken, trainieren Sie Ihr Gehirn darin, in starkem Maße lösungsorientiert zu sein.

Gleichgültig welche Probleme oder Schwierigkeiten um Sie herum auftreten, Ihr Gehirn wird ständig nach kreativen Methoden suchen, um das Problem zu lösen. Daher werden Sie tatsächlich klüger und schneller, wobei Ihnen ein größerer Teil Ihres denkenden Gehirns rascher zur Verfügung steht.

Entwickeln Sie eine Strategie, wie Sie Probleme lösen.

Wenn Sie eine Sportart erlernen wollen, beginnen Sie damit, zunächst die grundlegenden und dann die fortgeschrittenen Bewegungen zu erlernen. Bis Sie sie selbstverständlich und leicht ausführen können, üben Sie diese Bewegungen immer wieder.

Um die Disziplin des Problemlösens zu beherrschen, müssen Sie ein Schema oder eine Methode entwickeln, die Sie dazu befähigt, wirkungsvoll mit fast jedem Problem umzugehen, mit dem Sie im Laufe Ihrer Karriere oder Ihres persönlichen Lebens konfrontiert werden. Erfreulicherweise gibt es ein erprobtes Schema zum Problemlösen und zum Fällen von Entscheidungen, das Sie nahezu in jeder Situation anwenden können. Lassen Sie uns einen Blick darauf werfen.

Eine Methode zur effektiven Problemlösung in 9 Schritten

Schritt 1: Nehmen Sie sich die Zeit, das Problem klar zu definieren. In der Medizin sagt man: »Die exakte Diagnose ist schon die halbe Heilung.« Daher müssen Sie sich die Frage stellen: »Was genau ist das Problem?« Es ist wirklich verblüffend, dass sich mehrere Menschen in einem Unternehmen über ein und dasselbe Problem aufregen können, aber jeder einzelne von ihnen eine andere Vorstellung oder Definition vom genauen Charakter des Problems hat, mit dem sie konfrontiert sind. Ihre Aufgabe ist es, Klarheit zu schaffen und jeden dazu zu bekommen, dass er mit der Definition des Problems einverstanden ist, *bevor* Sie dazu übergehen, es zu lösen.

Schritt 2: Stellen Sie die Frage: »Handelt es sich wirklich um ein Problem?« Vergessen Sie nicht, dass es einige Dinge gibt, an denen Sie nichts ändern können. Hierbei handelt es sich nicht um Probleme, sondern nur um Lebenstatsachen. Wenn die Zinssätze steigen und der Hypothekenmarkt im Subprime-Bereich in sich zusammenbricht, ist das kein Problem. Es ist nichts, was einer Lösung zugänglich ist. Stattdessen handelt es sich um etwas, woran man sich herantasten und womit man sich beschäftigen muss.

Was ein Problem oder ein Rückschlag zu sein *scheint*, ist zudem sehr oft in Wirklichkeit eine *versteckte Gelegenheit*. Manchmal muss das Problem überhaupt nicht gelöst werden. Stattdessen steht es Ihnen jetzt frei, etwas *völlig anderes* zu tun – was für Sie und für Ihr Unternehmen sogar noch besser sein könnte.

Schritt 3: Stellen Sie sich die Frage: »Worin sonst besteht das Problem?« Nehmen Sie sich vor allen Problemen in Acht, für die es nur eine Definition gibt. Je mehr Arten es gibt, wie Sie ein Problem definieren können, desto wahrscheinlicher ist es, dass Sie die beste Lösung finden werden.

Wenn wir mit Konzernen arbeiten, deren Umsatz unter dem erwünschten Niveau liegt, dringen wir bei den Beteiligten darauf, dass sie sich 21 Fragen stellen. Hier handelt es sich um unterschiedliche Arten, das Problem zu formulieren. Jede einzelne Neuformulierung des Problems führt, wenn sie als korrekte Definition akzeptiert wird, zu einer anderen Lösung und oft zu einer vollständig anderen Richtung für das Unternehmen.

Beispielsweise werden wir fragen: »Was ist das Problem?«, und die erste Antwort lautet: »Unser Umsatz ist zu gering.«

Die nächste Frage lautet: »Worin sonst besteht das Problem?«

Die Antwort: »Der Umsatz unseres Wettbewerbers ist zu hoch.«

Beachten Sie den Unterschied. Wenn das Problem darin besteht, dass Ihr Umsatz zu gering ist, dann könnte die Lösung sein, Ihre Werbeausgaben zu erhöhen und Ihre Vertriebsaktivitäten aufzupeppen. Wenn die Definition lautet, dass der Umsatz Ihres Wettbewerbers zu hoch ist, könnte die Antwort lauten, dass Sie Ihre Produkte verbessern, Ihre Produktlinie verändern, Ihre Preise senken oder insgesamt in eine vollständig andere Sparte umschwenken müssen.

Wenn wir eine Reihe solcher Fragen stellen und beantworten, finden wir am Ende die richtige Definition – eine Definition, die eine praktikable Lösung ermöglicht.

Definieren Sie das Problem genau.

Schritt 4: Stellen Sie sich die Frage: »Wie trat dieses Problem auf?« Versuchen Sie, die Ursachen des Problems zu verstehen, sodass Sie sicherstellen können, dass es nie wieder auftritt. Wenn in Ihrem Leben oder in Ihrer Firma ein Problem wiederholt auftritt, ist das ein Anzeichen dafür, dass Ihre Firma schlecht organisiert oder in diesem Bereich außer Kontrolle geraten ist. Es gibt einen Fehler in Ihren *Systemen*, der dazu führt, dass *dasselbe* Problem immer wieder auftritt. Ihre Aufgabe besteht darin, herauszufinden, warum dies wiederholt geschieht, sodass Sie das Problem von seinem Ursprung her lösen können.

Schritt 5: Stellen Sie sich die Frage: »Worin bestehen all die möglichen Lösungen?« Je mehr mögliche Lösungen Sie entwickeln, desto wahrscheinlicher wird es, dass Sie die richtige finden. Die *Qualität* der Lösung scheint unmittelbar mit der *Menge* der Lösungen zusammenzuhängen, die man bei der Problemlösung bedenkt. Nehmen Sie sich in Acht vor einem Problem, für das es *nur eine* Lösung gibt.

Schritt 6: »Was ist zu diesem Zeitpunkt die beste Lösung?« Manchmal ist *irgendeine* Lösung besser als *gar keine* Lösung. Eine durchschnittliche Lösung ist, wenn sie energisch umgesetzt wird, oft einer ausgezeichneten Lösung überlegen, die wegen ihrer Komplexität nicht umgesetzt werden kann oder, weil niemand dazu fähig ist, sie in die Praxis zu überführen.

Die Regel ist, dass man ganze 80 Prozent aller Probleme sofort angehen sollte. Nur 20 Prozent der Probleme müssen auf später verschoben werden. Wenn Sie ein Problem verschieben müssen, sollten Sie einen genauen Termin festlegen, an dem eine Entscheidung zu diesem Problem gefällt wird. Und dann sollten Sie an diesem Termin aufgrund der Informationen entscheiden, über die Sie zu diesem Zeitpunkt verfügen.

Es gibt eine Regel, die besagt, dass jedes große Problem einmal ein kleines war, das zum damaligen Zeitpunkt einfach und preiswert hätte gelöst werden können. Manchmal besteht die beste Strategie darin, es im Keim zu ersticken. Wenn klar ist, dass es ein Problem und eine Lösung dafür gibt, sollten Sie tun, was getan werden muss – und zwar schnell.

Schritt 7: Treffen Sie eine Entscheidung. Wählen Sie eine Lösung aus, irgendeine Lösung, und entscheiden Sie dann über den Handlungsablauf. Fragen Sie sich immer: »Worin besteht unser nächster Schritt? Was werden wir *jetzt* machen?«

Handeln Sie!

Schritt 8: Legen Sie Verantwortlichkeiten fest. Wer genau wird die Lösung oder die unterschiedlichen Elemente der Lösung umsetzen? Es kommt häufig vor, dass sich eine Gruppe trifft, um ein Problem zu lösen und eine gemeinsame Lösung zu finden. Dann jedoch trifft sich die Gruppe nach zwei Wochen wieder, und es stellt sich heraus, dass nichts geschehen ist. Warum? Niemandem wurde die spezielle Verantwortung dafür übertragen, die Entscheidung umzusetzen.

Schritt 9: Legen Sie einen Maßstab für die Entscheidung fest. Was versuchen Sie mit dieser Entscheidung zu erreichen und wie lassen sich die Ergebnisse ermitteln? Woher können Sie wissen, dass die Entscheidung richtig war? Je genauer Sie das Ergebnis festlegen können, das Sie durch die Lösung erreichen wollen, desto wahrscheinlicher ist es, dass Sie es erreichen werden.

Die große Belohnung

Die große Belohnung, die Sie dafür bekommen, dass Sie Probleme lösen, besteht in der Gelegenheit, noch größere und wichtigere Probleme zu lösen. Ihr Gehaltsniveau und die Geschwindigkeit, mit der Sie befördert werden, und somit Ihr beruflicher Aufstieg werden großenteils durch Ihre Fähigkeit bestimmt, Probleme zu lösen. Je mehr Sie sich auf Lösungen konzentrieren, desto mehr Lösungen werden Sie finden, und desto wertvoller wird Ihr Beitrag für Ihr Unternehmen sein.

Die andere Seite des Selbstwertgefühls bezeichnet man als »Selbstwirksamkeit«. Ihr Niveau der Selbstwirksamkeit wird dadurch bestimmt, »wie kompetent Sie sich fühlen, Ihre Probleme zu lösen und Ihre Ziele zu erreichen«.

Je kompetenter Sie sich fühlen, die Probleme und Schwierigkeiten des täglichen Lebens zu lösen, desto mehr mögen Sie sich selbst. Und je mehr Sie sich selbst mögen, desto selbstbewusster und kompetenter werden Sie, noch größere Probleme zu lösen und noch wichtigere Arbeitsergebnisse hervorzubringen.

Was bestimmt über den Erfolg?

In Ihrem Job wirkt sich Ihre Fähigkeit, Probleme zu lösen, weitgehend auf alles aus, was Sie erreichen. Mitarbeiter, die gut darin sind, Probleme zu lösen, sind die wertvollsten und am meisten geschätzten in ihrem Bereich. Aus diesem Grund wird Erfolg definiert als »die Fähigkeit, Probleme zu lösen«. Dies bedeutet zugleich, dass Glück die Fähigkeit ist, Probleme zu lösen. Und ebenso ist Führung die Fähigkeit, Probleme zu lösen.

Ihre Fähigkeit, Probleme zu lösen, bestimmt über Ihren beruflichen Erfolg.

Wenn Sie sich angesichts unabwendbarer und unvermeidbarer Probleme und Krisen des täglichen Lebens in Selbstdisziplin und Selbstkontrolle üben, werden Sie kompetenter und wirksamer bei allem, was Sie tun. Sie werden von jedem in Ihrem Umfeld geachtet und geschätzt werden. Sie werden ein ungeheures Gefühl der persönlichen Macht und Kompetenz erleben. Binnen Kurzem werden Sie zu einer der wertvollsten Personen in Ihrem Unternehmen aufsteigen.

Übungen

1. Probleme zu lösen ist wie mathematische Gleichungen zu lösen: Mit Übung und Wiederholung kann man es erlernen. Beginnen Sie damit, die größten Probleme zu bestimmen, mit denen Sie *heute* konfrontiert sind.

___

___

___

2. Übernehmen Sie die volle Verantwortung dafür, die Probleme zu lösen, mit denen Sie bei Ihrer täglichen Arbeit zu tun haben, und denken Sie dann über die *Lösungen* nach.

___

___

___

3. Definieren Sie Ihre größten geschäftlichen oder persönlichen Probleme klar und eindeutig. Schreiben Sie sie auf. Worin *genau* besteht das Problem?

___

___

___

4. *Warum* handelt es sich hier um ein Problem? Könnte es eine versteckte Gelegenheit sein? Wenn das der Fall ist, welche Gelegenheit oder Lektion könnte in diesem Problem enthalten sein?

____

____

____

5. Worin *sonst* besteht das Problem? Vielleicht ist das eigentliche Problem etwas anderes, etwas, womit Sie sich nicht konfrontieren möchten?

____

____

6. Worin bestehen *alle* möglichen Lösungen? Was sonst könnte eine Lösung sein?

____

____

7. Wählen Sie die beste Lösung aus, die Ihnen *in diesem Augenblick* zur Verfügung steht, und ergreifen Sie sofort Maßnahmen.

____

____

____

TEIL III

Selbstdisziplin und das gute Leben

Ihr oberstes Ziel im Leben besteht darin, glücklich zu werden. Niemand sonst kann das für Sie leisten. Dieses persönliche Bedürfnis ist die Motivation, die hinter fast all unserem Handeln steht. Zudem ist Glück viel stärker ein emotionaler und spiritueller Faktor als ein materieller. In diesem Teil des Buches werden Sie lernen, wie Ihnen die Praxis der Disziplin in den meisten wichtigen Bereichen Ihres Lebens mehr Freude und Befriedigung bringen kann als vielleicht jede andere Eigenschaft.

KAPITEL 15

Selbstdisziplin und Glücksgefühl

»Kein Pferd gelangt irgendwohin, wenn es nicht angeschirrt ist.
Kein Dampf treibt irgendetwas an, wenn er nicht eingeschlossen wird.
Kein Niagarafall wird jemals in Licht und Strom verwandelt, wenn er nicht untertunnelt wird.
Kein Leben entwickelt sich großartig, wenn es nicht fokussiert, hingebungsvoll und diszipliniert ist.«

HARRY EMERSON FOSDICK

Ihre Fähigkeit, glücklich zu werden, ist der eigentliche Maßstab für Ihren Erfolg im Leben. Nichts ist wichtiger. Nichts kann ihn ersetzen. Wenn Sie in materieller Hinsicht alles erreichen, aber nicht glücklich sind, haben Sie genau genommen dabei *versagt*, Ihr Potenzial als Mensch auszuschöpfen.

In Kapitel 4 habe ich beschrieben, wie Menschen zielstrebig sein können, das heißt wie sie danach streben, Ziele und Endergebnisse zu erreichen. Hinter jedem einzelnen Ziel steht jedoch ein weiteres Ziel und dann noch ein weiteres, bis Sie am Ende zur primären Antriebskraft im menschlichen Leben gelangen. Es stellt sich immer wieder heraus, dass es sich hierbei um den *Wunsch* handelt, *glücklich zu sein*. Sie können nur wahrhaft glücklich sein, wenn Sie sich in Selbstdisziplin, Selbstbeherrschung und Selbstkontrolle üben. Nur wenn Sie das Gefühl haben, Ihr Leben vollständig im Griff zu haben, sind Sie wirklich zufrieden.

Das Gesetz der Kontrolle

In meinem Buch *Das Maximum-Prinzip* komme ich immer wieder auf die Bedeutung des Gesetzes der Kontrolle zu sprechen. Es besagt Folgendes: »Sie fühlen sich in dem Maße glücklich, in dem Sie das Gefühl haben, dass Sie Ihr eigenes Leben im Griff haben. Sie fühlen sich in dem Maße unglücklich, in dem Sie das Gefühl haben, dass Sie es nicht im Griff haben oder von anderen Faktoren oder Menschen kontrolliert werden.«

Interne Kontrollüberzeugung macht glücklich.

Psychologen bezeichnen dies als Ihre »Kontrollüberzeugung«. Dieses Thema wird seit 50 Jahren erforscht, und es gibt Hunderte von Büchern und Artikeln dazu. Sie kommen allesamt zu dem Schluss, dass das Gefühl, von äußeren Umständen bestimmt zu werden, zu Stress und Unzufriedenheit führt. Dies wird mit dem Unterschied zwischen der »internen Kontrollüberzeugung« (glücklich) und der »externen Kontrollüberzeugung« (unglücklich) erklärt.

Sie haben eine *interne* Kontrollüberzeugung, wenn Sie von dem Gefühl erfüllt sind, dass Sie Verantwortung für etwas haben, dass Sie Ihre eigenen Entscheidungen treffen und dass das, was mit Ihnen im Leben geschieht, weitgehend von Ihnen selbst bestimmt wird. Wenn Sie eine interne Kontrollüberzeugung haben, haben Sie das Gefühl, dass Sie Ihr eigenes Leben selbst steuern und dass Sie selbst das Sagen haben. Sie haben das Gefühl, dass Sie das meiste von dem, was mit Ihnen geschieht, selbst bestimmen. Daher fühlen Sie sich stark, zielgerichtet und glücklich.

Dagegen haben Sie eine *externe* Kontrollüberzeugung, wenn Sie das Gefühl haben, Ihr Leben nicht selbst steuern zu können oder es nicht im Griff zu haben. Nehmen wir beispielsweise an, Sie meinen, dass Sie von einem willkürlichen oder überkritischen Chef kontrolliert würden, aber es sich nicht leisten könnten, Ihren Job zu verlieren, weil Sie nichts Gespartes zur Seite gelegt haben. Dann empfinden Sie ein hohes Maß an Stress und Angst. Dies führt dazu, dass Sie keine gute Arbeit leisten. Dadurch wird es sogar noch wahrscheinlicher, dass Ihr schwieriger Chef Sie entlassen wird. Und das führt sehr häufig genau zu den Verhältnissen, vor denen Sie Angst haben.

Hier ein weiteres Beispiel: Sie fühlen sich vielleicht durch eine schlechte Ehe oder Beziehung eingeschränkt, der Sie nicht entweichen können. Sie fühlen sich vielleicht fremdbestimmt durch Ihre Rechnungen, durch das Geld, das Sie jemandem schulden, und durch Ihre Verpflichtungen, Ihren Lebensstandard aufrechtzuerhalten. Sie haben vielleicht das Gefühl, dass Sie durch Ihren körperlichen Zustand oder Ihren Mangel an Bildung in Schranken gehalten werden. Viele Menschen meinen, dass sie wegen einer schwierigen Kindheit oder Erziehung durch ihre Vergangenheit beeinflusst werden und dass es nichts gibt, was sie tun können, um etwas an ihrer Situation zu verändern.

Viele Menschen meinen, dass sie durch ihre eigene Persönlichkeit eingeschränkt werden und dass sie nicht in der Lage sind, sie zum Besseren zu verändern. Sie sagen: »Ich bin eben so.« Indem sie das sagen, sprechen sie sich selbst von jeglicher Verantwortung dafür los. Dann bringen sie nicht die erforderliche Disziplin und Willenskraft auf, um die Veränderungen in Gang zu setzen. Dabei wissen sie, dass sie etwas ändern müssen, um die Art von Leben zu führen, das sie führen wollen, und um glücklich zu sein.

Jeder kann sich verändern.

Der Schlüssel dafür, eine *externe* Kontrollüberzeugung durch eine *interne* zu ersetzen, liegt für Sie darin, dass Sie *heute* entscheiden, die vollständige Verantwortung über Ihr Leben zu übernehmen. Erkennen und akzeptieren Sie, dass Sie Ihre eigenen Entscheidungen fällen und dass Sie aus eigener Kraft da stehen, wo Sie stehen, und das sind, was Sie sind. Wenn es einen Bereich in Ihrem Leben gibt, in dem Sie nicht glücklich sind, sollten Sie die Disziplin aufbringen, alles Erforderliche zu tun, um etwas an der Situation zu ändern.

Die Ursache von Glück

Oft gibt es eine *Kluft* zwischen Ihrer momentanen Situation und den äußeren Bedingungen und Umständen, die Sie glücklich machen würden. Die Größe dieser Kluft entscheidet darüber, ob Sie tatsächlich glücklich oder unglücklich sind. Das ist folglich in starkem Maße eine Sache Ihrer eigenen Einschätzung und Entscheidung.

Es gibt ein altes Sprichwort: »Erfolg heißt, zu bekommen, was man will; Glück heißt, zu wollen, was man bekommt.« Wenn Ihr Einkommen und Ihr Leben im Einklang mit Ihren Zielen und Erwartungen stehen und Sie mit Ihrer Situation zufrieden sind, fühlen Sie sich glücklich. Wenn Ihre momentane Situation dagegen aus irgendeinem Grund von dem abweicht, was Sie wirklich wollen und erwarten, werden Sie unzufrieden und unglücklich sein.

Glück heißt, zu wollen, was man bekommt.

Dieser Zustand der Zufriedenheit kann sich ständig ändern. Wenn Sie am Anfang Ihrer Karriere stehen, kann ein Einkommen von 50 000 Dollar im Jahr eine große Errungenschaft sein. Doch wenn Sie dieses Ziel erst einmal erreicht haben, fangen Sie an, unglücklich zu sein, weil Sie nicht 100 000 Dollar oder mehr verdienen. Einige Menschen sind unglücklich, weil sie nur 1 000 000 Dollar im Jahr verdienen.

Glücksgefühl als Begleiterscheinung

Das Interessante am Glücksgefühl ist, dass es sich nicht um ein Ziel handelt, das man anstreben und als solches erreichen kann. Das Glücksgefühl ist eine *Begleiterscheinung*, die bei Ihnen aufkommt, wenn Sie etwas tun, woran Sie wirklich Freude haben, während Sie mit Menschen zusammen sind, die Sie mögen und achten.

Earl Nightingale, der vielleicht bekannteste und am meisten geachtete Radiokommentator zum Thema Erfolg, sagte einmal Folgendes: »Glück ist die fortschreitende Umsetzung eines wertvollen Ideals.« Immer wenn Sie das Gefühl haben, dass Sie sich Schritt für Schritt auf etwas zubewegen, was wichtig für Sie ist – Ihre wichtigsten Ziele –, fühlen Sie sich automatisch glücklich und rundum zufrieden. Außerdem erleben Sie ein enormes persönliches Wachstum und Wohlbefinden.

Fünf Zutaten für das Glücksgefühl

Selbstdisziplin ist wesentlich für Glück. Selbstdisziplin erfordert sowohl, dass Sie klar bestimmen, was Glück für Sie bedeutet, als auch, dass Sie jeden Tag immer weiter daran arbeiten, diesen idealen Zustand zu erreichen.

Durch meine Erfahrungen und meine Vortragstätigkeit fand ich heraus, dass es *fünf* Zutaten für das Glücksgefühl gibt. Ein Defizit in irgendeinem dieser Bereiche kann zu Stress, Unzufriedenheit und dem Gefühl führen, die Dinge nicht im Griff zu haben.

1. Gesundheit und Energie. Hier handelt es sich vielleicht um die wichtigsten Elemente eines guten Lebens. Wir streben sie lebenslang an. Nur wenn man in den Genuss eines hohen Maßes an schmerzfreier Gesundheit und eines kontinuierlichen Energieflusses kommt, fühlt man sich wirklich glücklich.

In vielen Fällen ist Gesundheit ein »Mangelbedürfnis«. Das heißt, dass Sie nicht sehr viel über Ihre Gesundheit nachdenken, bis sie Ihnen *vorenthalten* wird. Beispielsweise denken Sie nicht über Ihre Zähne nach, bis Sie Zahnschmerzen haben. Sie denken nicht über Ihren Körper nach, bis Sie irgendeine Art von Schmerzen erleiden oder Beschwerden haben.

Sie müssen über Ihr gesamtes Leben hinweg Disziplin und Willenskraft aufbringen, um ein hohes Maß an Gesundheit und Fitness zu erreichen und aufrechtzuerhalten. In den Kapiteln 16 und 17 wird dies detaillierter dargestellt.

2. Glückliche Beziehungen. Ganze 85 Prozent Ihres Glücksgefühls – oder Ihrer Unzufriedenheit – gehen auf Ihre Beziehungen zu anderen Menschen zurück. Aristoteles sagte einmal: »Der Mensch ist ein soziales Wesen.« Wir sind dazu gemacht, in Gesellschaft zu funktionieren, in jedem Stadium unseres Lebens mit anderen Leuten zusammenzuarbeiten und zu leben.

85 Prozent Ihres Glücksgefühls resultieren aus Ihren sozialen Beziehungen.

Ihre Fähigkeit, mit Ihrem Ehepartner, Ihren Kindern, Freunden, Kollegen und anderen qualitativ hochwertige Beziehungen einzugehen und sie aufrechtzuerhalten, ist das wahre Maß für die Qualität Ihrer Persönlichkeit und Ihrer seelischen Gesundheit. Menschen mit einem hohen Niveau an Selbstwertgefühl und Selbstachtung kommen besser mit anderen zurecht und führen ein glücklicheres Leben.

Einer unserer größten Fehler besteht darin, unsere Beziehungen als etwas Selbstverständliches vorauszusetzen, speziell die zu den Personen, die uns am wichtigsten sind. Oft denken wir gar nicht an sie, bis es zu einem Problem kommt, und dann denken wir über nichts anderes mehr nach.

3. Sinnvolle Arbeit. Um wahrhaft glücklich zu sein, müssen Sie sich voll und ganz auf das Leben einlassen. Sie müssen etwas tun, was Sie aktiv bleiben lässt und Ihnen ein Gefühl der Erfüllung vermittelt. Wenn Sie Ihren Lebensunterhalt bestreiten, müssen Sie einer Arbeit nachgehen, an der Sie Spaß haben, die Sie gut machen und für die Sie gut bezahlt werden.

Sinnvolle Arbeit ist eine wesentliche Bedingung für unser Glücksempfinden.

Menschen sind nur dann wirklich glücklich, wenn sie das Gefühl haben, dass sie irgendeine Art von *Beitrag* leisten, dass sie mehr investieren als herausholen. Sie müssen das Gefühl haben, dass das, was sie tun, wirklich etwas an ihrem Leben und an der Arbeit anderer Menschen verändert.

Bei Umfragen zur Motivation von Mitarbeitern sagen Arbeitgeber, dass die Leute vor allem durch Geld und Sachzuwendungen motiviert sind. Doch wenn man die Mitarbeiter befragt, stellen sich die folgenden drei Faktoren als diejenigen heraus, die sie am meisten motivieren:

- anspruchsvolle und interessante Arbeit,
- Gelegenheiten zu Wachstum und Beförderung,
- angenehme Kollegen.

Wenn Sie für irgendetwas in Bezug auf sich selbst wirklich selbst verantwortlich sind, so ist es, die richtige Arbeitsstelle für sich zu finden und, wenn Sie sie haben, die Arbeit mit Herzblut zu verrichten. Wenn Sie aus irgendeinem Grund das Gefühl haben, Ihre Arbeit nicht mit Herzblut zu verrichten, dann sind möglicherweise einer, zwei oder alle drei wichtigen Gründe für einen positiven Arbeitsplatz nicht gegeben. Das kann ein Anzeichen dafür sein, dass dies nicht der richtige Arbeitsplatz für Sie ist.

4. Finanzielle Unabhängigkeit. Einige der größten Ängste, die wir erleben, sind die vor Verlust, Versagen und Armut. Wir haben Angst davor, verarmt, mittellos und abhängig von anderen zu sein.

Eine Ihrer Hauptverantwortlichkeiten für sich selbst ist es, über Ihr ganzes Leben hinweg auf finanzielle Unabhängigkeit und finanzielle Freiheit hinzuarbeiten. Die glücklichsten Menschen sind die, die den Punkt erreicht haben, an dem sie sich über Geld keine Sorgen mehr machen müssen. Das ist nichts, was man dem Zufall überlassen kann, sondern eher etwas, was, wenn man es erreichen will, entschlossenes, zielgerichtetes Handeln und eine ungeheure Selbstdisziplin erfordert.

Immer wenn Sie das Gefühl haben, dass es eine große Kluft zwischen dem Punkt gibt, an dem Sie heute finanziell stehen, und dem, wo Sie idealerweise gerne wären, erleben Sie Stress, Sorge und Unglück.

5. Selbstverwirklichung. Hier handelt es sich um das Gefühl, dass Sie zu all dem werden können, wozu Sie fähig sind. Das geschieht, indem Sie feststellen, dass Sie immer mehr von Ihrem eigentlichen Potenzial verwirklichen.

Abraham Maslow wurde durch seine Bedürfnishierarchie bekannt. Er fand heraus, dass Menschen sowohl »Mangelbedürfnisse« als auch »Wachstumsbedürfnisse« haben. Menschen streben danach, ihre Mängel auszugleichen oder ihre Potenziale zu verwirklichen. Maslow kam zu folgender Schlussfolgerung: Wenn die Mangelbedürfnisse erst einmal befriedigt sind, beginnt man, sich auf das höchste Niveau hinzuentwickeln, das einem möglich ist.

Mangelbedürfnisse. Ihr erstes Mangelbedürfnis ist das nach *Sicherheit* und *Überleben*. Dieses Bedürfnis zu befriedigen, erfordert, dass Sie in ausreichendem Maße Nahrung, Wasser, Kleidung und ein Dach über dem Kopf haben, um Ihr Leben und Wohlbefinden zu bewahren. Sind Ihre Sicherheit oder Ihr Überleben aus irgendeinem

Grund bedroht, werden Sie sich zwanghaft damit beschäftigen, dieses Bedürfnis zu befriedigen. Sie werden eine enorme Belastung durchmachen, und Sie werden ganz und gar unglücklich sein, bis Sie wieder auf der sicheren Seite sind. Stellen Sie sich beispielsweise einmal vor, Sie befänden sich in einer lebensbedrohlichen Situation.

Das zweite Mangelbedürfnis, das Maslow bestimmt hat, ist das Bedürfnis nach *Geborgenheit.* Dieses Bedürfnis umfasst finanzielle, emotionale und physische Sicherheit. Sie müssen genügend Geld haben, um sich selbst ernähren zu können, Sicherheit in Ihren Beziehungen am Arbeitsplatz und zu Hause sowie physische Sicherheit, um zu gewährleisten, dass Sie sich nicht in irgendeiner Art von Gefahr befinden. Sind Ihre Sicherheitsbedürfnisse bedroht, beschäftigen Sie sich zwanghaft mit ihnen. Stellen Sie sich beispielsweise einmal vor, dass Sie plötzlich Ihre Arbeitsstelle verlieren: Wie würden Sie sich fühlen?

Das dritte Mangelbedürfnis, das Maslow ermittelt hat, ist das nach *Zugehörigkeit.* Jeder Mensch hat ein Bedürfnis, sowohl zu Hause als auch am Arbeitsplatz soziale Beziehungen zu anderen zu haben. Jeder muss von anderen Menschen in seiner Umwelt anerkannt und akzeptiert werden. Jeder muss sich in seinen Beziehungen zu anderen wohlfühlen und als Teil eines Teams oder einer Gruppe verstanden und akzeptiert werden.

Das Bedürfnis nach Selbstwert. Wenn Sie erst einmal ein ausreichendes Niveau für jedes dieser Grundbedürfnisse – Sicherheit, Geborgenheit und Zugehörigkeit – erreicht haben, sind Sie in der Lage, die *höheren* Bedürfnisse nach Selbstachtung und Selbstwert zu befriedigen, Ihre *Wachstums*bedürfnisse. Ihr Selbstwertgefühl ist der Kern Ihrer Persönlichkeit und bestimmt weitgehend darüber, welche Gefühle Sie gegenüber Ihrer Umwelt haben, was mit Ihnen geschieht. Alles, was Sie in Ihrem Leben tun, geschieht entweder, um Ihr Selbstwertgefühl zu steigern, oder, um Sie davor zu schützen, dass es abnimmt.

Ihr Selbstwertgefühl – welches *Gefühl* Sie gegenüber sich selbst haben und wie sehr Sie sich mögen und schätzen – bestimmt mehr als irgendein anderer einzelner Faktor über Ihr Glücksgefühl. Ihr Selbstwertgefühl geht auf viele Faktoren zurück. Sie fühlen sich naturgemäß glücklich und zufrieden, wenn Sie von anderen gemocht und akzeptiert werden, im Einklang mit Ihren obersten Wertvorstellungen leben und Ihre Arbeit gut machen. Glück und Zufriedenheit kommen auf, wenn Sie dafür anerkannt werden und immer stärker dazu übergehen, Ihre Ziele und Ideale zu erreichen. Sie haben das Gefühl, wertvoll zu sein und alles weitgehend im Griff zu haben.

Das höchste Bedürfnis des Menschen. Das höchste Bedürfnis, das Maslow definiert hat, ist das nach *Selbstverwirklichung.* Er kam zu dem Schluss, dass weniger als zwei Prozent der Bevölkerung jemals diesen Gipfel der persönlichen Erfüllung erreichen. Die meisten Menschen beschäftigen sich so sehr mit ihren Mangelbedürfnissen und damit, ihr Selbstwertgefühl und ihre Ich-Bedürfnisse zu beschützen und zu festigen, dass sie sich wenig Gedanken über die Selbstverwirklichung machen beziehungsweise sich kaum darum bemühen.

Selbstverwirklichung ist das höchste Bedürfnis des Menschen.

Doch nur wenn Sie erkennen, dass Sie ein enormes persönliches Potenzial haben, und anfangen, danach zu streben, mehr zu tun, zu sein und zu haben als je zuvor in irgendeinem Bereich, werden Sie sich selbst verwirklichen und wahres Glücksgefühl empfinden.

Die Glücklichsten von allen sind diejenigen, die das Gefühl haben, dass sie mit ihrem Leben etwas Wertvolles und Bedeutsames anfangen. Sie haben das Gefühl, *an Größe zu gewinnen* und sich nach vorn zu bewegen, und zwar weitaus stärker als bei allem, was sie je zuvor getan haben. Menschen, die sich der Selbstverwirklichung widmen, schreiben vielleicht Bücher oder schaffen Kunstwerke. Möglicherweise besteigen sie Berge oder konkurrieren mit anderen im Sport. Eventuell gründen sie Firmen oder erklimmen berufliche Höhen.

Das Wunderbare an den Bedürfnissen nach Selbstverwirklichung ist, dass sie nie vollständig befriedigt werden können. Indem Sie kontinuierlich über Ihr ganzes Leben hinweg danach streben, mehr zu sein und zu haben als zuvor, erleben Sie einen ständigen Flow von Glück und Zufriedenheit. Sie haben das Gefühl, dass Sie immer stärker zu dem werden, was eigentlich aus Ihnen werden sollte.

Geben Sie sich nie zufrieden

Immer wenn Sie sich in einem der genannten Bereiche in Selbstdisziplin und Willenskraft üben, um die Neigung zu überwinden, den einfachen Weg zu nehmen, fühlen Sie sich glücklich über sich selbst. Indem Sie einen Sinneswandel in Richtung Ihrer Träume unternehmen und die Disziplin aufbringen, trotz aller Hindernisse und Bedrängnisse weiter fortzuschreiten, fühlen Sie sich mächtig. Ihr Selbstwertgefühl und Ihr Selbstvertrauen nehmen zu, und infolgedessen fühlen Sie sich in dem Maße, in dem Sie sich schrittweise auf Ihre Ideale zubewegen, wahrhaft glücklich.

Im nächsten Kapitel werden Sie erfahren, wie Sie Selbstdisziplin in Ihre täglichen *Gesundheitsgewohnheiten* einfließen lassen können, um zu gewährleisten, dass Sie ein langes, glückliches und gesundes Leben führen können.

Übungen

1. Bestimmen Sie die Bereiche in Ihrem Leben, in denen Sie sich am glücklichsten fühlen und das meiste im Griff haben. Wie könnten Sie diese Bereiche ausweiten?

2. Machen Sie die Bereiche in Ihrem Leben aus, in denen Sie sich von anderen Personen oder Faktoren gesteuert fühlen. Was können Sie tun, um hier Abhilfe zu schaffen?

3. Geben Sie die Bereiche in Ihrem Leben an, in denen es eine Kluft zwischen Ihrem momentanen Leistungsniveau und dem Niveau gibt, das Sie ursprünglich gern erreichen wollten. Was könnten Sie tun, um diese Kluft zu überwinden?

4. Geben Sie die dringendsten Bedürfnisse an, die Sie heute haben und die nicht erfüllt werden. Wie könnten Sie diese Mangelbedürfnisse befriedigen?

____

____

5. Legen Sie die Aktivitäten fest, die Ihnen am stärksten ein persönliches Glücksgefühl vermitteln, Ihre »Gipfelerfahrungen« im Leben. Was könnten Sie tun, um diese Augenblicke des Glücks häufiger auftreten zu lassen?

____

____

6. Machen Sie die Bereiche in Ihrem Leben aus, in denen Sie sich am unzufriedensten fühlen. Welche Schritte könnten Sie sofort unternehmen, um diese Gefühle der Unzufriedenheit abzubauen?

____

____

7. Definieren Sie »Glücksgefühl« für sich selbst. Was bedeutet das? Was müsste geschehen, damit Sie sich wirklich glücklich fühlen? Was könnten Sie sofort tun, um diese Situation zu schaffen?

____

____

KAPITEL 16

Selbstdisziplin und Gesundheit

»Selbstachtung ist der Ursprung von Disziplin; das Gefühl der Würde nimmt mit der Fähigkeit zu, zu sich selbst Nein zu sagen.«

ABRAHAM JOSHUA HESCHEL

Immer mehr Menschen leben heute länger und besser als je zuvor in der Geschichte der Menschheit, und Ihr Ziel sollte darin bestehen, zu diesen Menschen zu gehören. Es gibt keinen Bereich, in dem Selbstdisziplin wichtiger ist, als Ihre eigene Gesundheit. Ihr höchstes Ziel für sich selbst sollte es sein, so lange und so gut wie möglich zu leben. Dies erfordert lebenslang Selbstdisziplin in Bezug auf Ihre Gesundheitsgewohnheiten – und wie in Kapitel 15 erwähnt, ist ein guter Gesundheitszustand eines der wesentlichen Elemente von Glück.

Selbstdisziplin ermöglicht ein langes Leben.

Die durchschnittliche Lebenserwartung in den USA betrug im Jahr 2009 76,8 Jahre für Männer und 79,8 beziehungsweise knapp 80 Jahre für Frauen. Und sie nimmt jedes Jahr zu. Das bedeutet, dass etwa 50 Prozent der Frauen sterben, bevor sie das 80. Lebensjahr erreicht haben (bei den Männern etwas mehr), und 50 Prozent danach. Ihr Ziel sollte es sein, dem Durchschnitt zu trotzen und bis 90, 95 oder sogar noch länger zu leben.

Wie man lange lebt

In der industrialisierten Welt sind heutzutage die meisten Ursachen für einen frühen Tod beseitigt, die in der Vergangenheit das Leben verkürzt haben. Krankheiten wie Tuberkulose, Kinderlähmung, Malaria, Cholera, Typhus und andere wurden durch Hygienemaßnahmen und die moderne Medizin ausgerottet.

Die häufigsten Ursachen für einen frühen Tod sind heutzutage Herzkrankheiten, Krebs jeglicher Art, Diabetes und Verkehrsunfälle; all diese unterliegen bis zu einem gewissen Grad Ihrer Kontrolle.

Zwar können Sie das Unvorhersehbare, wie zum Beispiel Unfälle, nicht vorhersehen und sich auch nicht davor schützen, aber Sie können sich in Selbstdisziplin üben, um das Kontrollierbare im Leben zu kontrollieren.

Sieben zentrale gesundheitsbezogene Gewohnheiten

Die Alameda-Studie, bei der mehrere Tausend Personen länger als 20 Jahre untersucht wurden, kam zu der Schlussfolgerung, dass es sieben zentrale gesundheitsbezogene Gewohnheiten gibt, die am meisten zu einem langen Leben beitragen:

1. *Essen Sie regelmäßig,* statt zu fasten, zu hungern oder gierig etwas zu verschlingen. Verzehren Sie normale, gesunde Mahlzeiten, vorzugsweise fünf- oder sechsmal am Tag, wobei Sie die letzte Mahlzeit drei Stunden, bevor Sie zu Bett gehen, zu sich nehmen sollten.
2. *Essen Sie etwas Leichtes:* Wenn man zu viel ist, macht das müde und träge, während ein leichtes Essen dafür sorgt, dass man sich gesund und wach fühlt. Thomas Jefferson schrieb einmal: »Niemand hat nach einer Mahlzeit je bedauert, zu wenig gegessen zu haben.«
3. *Essen Sie keine Zwischenmahlzeiten:* Wenn Sie essen, muss Ihr Körper im Magen das Essen in einen Nahrungsbrei zersetzen und verdauen, sodass es weiter durch Ihren Dünndarm wandern kann. Dazu braucht er vier bis fünf Stunden. Wenn neue Nah-

rung zu der Nahrung hinzukommt, die Sie bereits gegessen haben, muss der Verdauungsprozess erneut beginnen, wobei ein Teil Ihres Essens sich in der einen Phase des Verdauungsprozesses befindet und ein anderer Teil in einem anderen. Das bringt Ihren Magen durcheinander, es führt zu Sodbrennen, Schläfrigkeit (vor allem nachmittags) und Verstopfung.

4. *Treiben Sie regelmäßig Sport:* Ideal sind etwa 30 Minuten am Tag oder 200 Minuten die Woche. Sie können das erreichen, indem Sie gehen, laufen, schwimmen und/oder indem Sie Trainingsgeräte verwenden. Sie sollten täglich jedes Gelenk vollständig bewegen.
5. *Legen Sie den Sicherheitsgurt an:* Bis zum Alter von 35 Jahren sind Verkehrsunfälle die am meisten verbreitete Ursache für einen vorzeitigen Tod.
6. *Rauchen Sie nicht*: Es gibt einen Zusammenhang zwischen Rauchen und 32 unterschiedlichen Krankheiten. Dazu gehören Lungenkrebs, Speiseröhrenkrebs, Kehlkopfkrebs, Magenkrebs, Herzkrankheiten und eine ganze Reihe anderer Leiden.
7. *Trinken Sie nur mäßig Alkohol:* Studien zeigen, dass ein oder zwei Gläser Wein pro Tag die Verdauung unterstützen und förderlich für den allgemeinen Gesundheitszustand zu sein scheinen. Alles, was darüber hinausgeht, kann zu allen möglichen Problemen führen, einschließlich der übermäßigen Nahrungsaufnahme, Verkehrsunfällen, Persönlichkeitsproblemen und antisozialem Verhalten.

Jeder Einzelne dieser sieben Faktoren, die etwas zu einem langen Leben beitragen, sind voll und ganz eine Sache der Selbstdisziplin. Diese sieben Faktoren sind Gegenstand Ihrer freien Entscheidung. Es geht um Handlungen, für oder gegen die Sie sich bewusst entscheiden können. Das liegt ganz bei Ihnen.

Die fünf As einer ausgezeichneten Gesundheit

In meinen Seminaren zur persönlichen Entwicklung predige ich die fünf »As« einer ausgezeichneten Gesundheit:

1. *Angemessenes Gewicht:* Es erfordert den regelmäßigen Einsatz von Disziplin und Willenskraft, um ein angemessenes Gewicht zu erreichen und es dann über das ganze Leben hinweg beizubehalten; und das zahlt sich wirklich aus. Sie sehen gut aus, fühlen sich gut und im Allgemeinen positiver und haben Ihr Leben besser im Griff.

2. *Angemessene Ernährung:* Benjamin Franklin sagte einmal: »Lieber essen, um zu leben, als leben, um zu essen.« Wissenschaftlichen Studien mit Olympiateilnehmern aus mehr als 120 Ländern zufolge gibt es drei Ernährungsfaktoren, die all diesen Sportlern gemeinsam sind:

- Protein aus magerem Essen,
- eine breite Vielfalt an Früchten und Gemüsen sowie
- viel Wasser, etwa acht Gläser am Tag.

Wenn Sie mit dieser »olympischen Diät« beginnen, werden Sie sich den ganzen Tag über munterer, wacher und aufmerksamer fühlen.

3. *Angemessenes Training:* Das wichtigste Training für ein langes Leben ist aerobes Training. Das heißt, dass Sie dreimal pro Woche Ihren Puls für 30 bis 60 Minuten auf ein mittleres Niveau bringen sollten. Sie können das erreichen, indem Sie flott gehen, laufen, Rad fahren, schwimmen oder mit Langlaufski unterwegs sind.

Sportphysiologen haben herausgefunden, dass der »Trainingseffekt« nach etwa 25 Minuten eines dynamischen Trainings einsetzt. An diesem Punkt schüttet Ihr Gehirn Endorphine aus, die Ihnen ein Gefühl der Hochstimmung oder das sogenannte »Runner's High« vermitteln. Diese natürliche Droge, die von Ihrem Körper produziert wird, kann auf positive Weise süchtig machen.

Menschen, die es sich zur Gewohnheit machen, regelmäßig und energisch Sport zu treiben, fällt dies mit der Zeit immer leichter. Sie fangen an, sich auf das Glücksgefühl zu freuen, in dessen Genuss sie aufgrund des aeroben Trainings kommen.

4. *Angemessene Ruhephasen:* Das ist sehr wichtig. Mehr als 60 Prozent der Erwachsenen bekommen nicht ausreichend Schlaf. Sie leiden unter sogenanntem »Schlafmangel«. Sie gehen etwas zu spät ins

Bett, schlafen schlecht, stehen ein wenig zu früh auf und sind den Tag über »leicht benebelt«. Dieses Phänomen, nicht richtig ausgeruht zu sein, führt zu schlechter Leistung, mehr Fehlern, Industrieunfällen, Verkehrsunfällen, Reizbarkeit, Persönlichkeitsproblemen und vielen anderen Schwierigkeiten.

Mit den fünf As bleiben Sie fit.

Wenn Sie ein normales Leben führen und normal arbeiten, benötigen Sie jede Nacht etwa acht Stunden Schlaf. Falls Sie nur sechs oder sieben Stunden Schlaf bekommen, obwohl Sie eigentlich acht Stunden bräuchten, entwickeln Sie im Laufe der Woche einen Schlafmangel. Wenn Sie dann am Donnerstag- oder Freitagmorgen aufstehen, ist das Erste, woran Sie denken, wann Sie am Abend wieder zu Bett gehen können. Es gilt: Wenn Sie in dem Moment, in dem Sie aufstehen, anfangen, darüber nachzudenken, wann Sie wieder zu Bett gehen, wissen Sie, dass Sie nicht genügend Schlaf bekommen haben.

Zusätzlich zu den acht Stunden Schlaf pro Nacht brauchen Sie sowohl am Wochenende als auch in den Ferien regelmäßige Arbeitspausen. Wenn Sie sich eine Auszeit von der Arbeit nehmen, sorgen Sie dafür, dass Ihre geistigen und emotionalen Batterien wieder aufgeladen werden. Nach einem Wochenende von zwei oder drei Tagen werden Sie, wenn Sie an den Arbeitsplatz zurückkehren, vollständig ausgeruht und bereit sein, Ihr Bestes zu leisten.

5. *Angemessene Einstellung:* Das ist vielleicht das Wichtigste von allem. Die Eigenschaft, aufgrund derer sich am ehesten Gesundheit, Glück und ein langes Leben vorhersagen lassen, ist »Optimismus«. Wenn Sie im Hinblick auf sich selbst und Ihr Leben optimistischer werden, wird sich auch Ihr Gesundheitszustand in jeder Hinsicht verbessern.

Menschen, die positiv und optimistisch eingestellt sind, haben gewöhnlich ein stärkeres Immunsystem und sind infolgedessen selten krank. Sie holen sich selten eine Erkältung oder eine Grippe und kommen bei harter Arbeit oder Müdigkeit schnell wieder auf die Beine. Ein optimistischer Mensch hat eine eingebaute »Teflon-Schutzschicht« gegen viele der Krankheiten und Leiden, von denen der Durchschnittsmensch befallen wird.

Bekommen Sie Ihr Gewicht in den Griff

Das größte Problem in Bezug auf Selbstdisziplin ist, dass die Menschen heute zu viel essen und *übergewichtig* werden. Nach amtlichen Angaben sind mehr als 60 Prozent der US-Amerikaner übergewichtig und mehr als 30 Prozent fettleibig; das heißt, sie liegen 30 Prozent über dem Normalgewicht. Es gibt keinen Bereich, in dem Selbstdisziplin notwendiger ist als dabei, das eigene Gewicht in den Griff zu bekommen und es dann für den Rest des Lebens unter Kontrolle zu haben.

Übergewicht schadet.

Sie haben bestimmt schon den Satz gehört: »Diäten funktionieren nicht.« In Wirklichkeit heißt das aber: Wenn man hungert, um abzunehmen, neigt man dazu, fast so schnell wieder zuzunehmen, wie man abgenommen hat. Dafür gibt es viele Gründe.

Jeder Mensch hat einen bestimmten Grundumsatz. Das ist die Geschwindigkeit, mit der man Energie verbrennt. Dieser Grundumsatz wird im Laufe des Lebens festgelegt durch die aufgenommene Nahrungsmenge relativ zur Trainingsmenge, die Sie aufwenden, um das alles wieder abzuarbeiten.

Außer dem Grundumsatz gibt es den sogenannten »Sollwert«. Das ist der Punkt, auf den Ihr Gewicht eingestellt wird, wie bei einem Thermostat, und zu dem es zurückkehrt, gleichgültig, wie viel Sie infolge einer Crash-Diät abnehmen.

Verändern Sie Ihren Sollwert

Um auf Dauer abzunehmen, müssen Sie Ihren Sollwert verringern. Dazu müssen Sie als Erstes ein klares *geistiges* Bild davon entwickeln, wie Sie aussehen werden, wenn Sie Ihr Idealgewicht haben. Nehmen Sie sich aus einer Zeitschrift ein Bild von jemandem, der einen Körper hat, wie Sie ihn haben wollen, und kleben Sie dann Ihr Passfoto an die Stelle, wo das Gesicht ist.

Dann beginnen Sie einen kontinuierlichen Prozess, bei dem Sie dauerhaft die Qualität und Quantität dessen verändern, was Sie essen. Dabei sollten Sie die Absicht verfolgen, nie wieder zum Ausgangszustand zurückzukehren. Sie sollten darauf vorbereitet sein, mindestens ein Jahr lang an dieser dauerhaften Veränderung zu arbeiten. Rufen Sie sich Folgendes in Erinnerung: Wenn Sie übergewichtig sind, hat es viele Jahre gedauert, bis Sie dort angekommen sind, wo Sie heute sind. Seien Sie also darauf vorbereitet, viel Zeit zu investieren, um zum ursprünglichen Zustand zurückzugelangen.

Setzen Sie sich Ziele.

Der fatale Fehler bei Diäten

Viele Menschen machen eine Diät und nehmen dabei tatsächlich ab. Sie haben aber die Vorstellung, dass sie, wenn sie eine bestimmte Anzahl von Pfunden abgespeckt haben, sich selbst belohnen können, indem sie ausgehen und ein fabelhaftes Mahl zu sich nehmen oder eine unbegrenzte Anzahl von Nachspeisen konsumieren. Anders ausgedrückt: Sie nutzen die Vorstellung, sich mit Nahrung vollzustopfen, als Belohnung dafür, überhaupt erst abzunehmen. Dieser Ansatz ist zum Scheitern verurteilt.

Stattdessen sollten Sie für sich selbst ein Belohnungssystem entwickeln, zu dem keinesfalls Essen gehört. Sie sollten stattdessen beschließen, sich neue Kleidung zu kaufen, die nur passt, wenn Sie Ihr Idealgewicht halten. Fahren Sie zusammen mit Ihrer Familie in den Urlaub, und tun Sie Dinge, die Spaß machen. Wetten Sie mit jemandem, dass Sie abnehmen und das Gewicht ein Jahr lang halten werden.

Das Rezept für dauerhaftes Abnehmen

Der Schlüssel zur perfekten Gesundheit lässt sich in acht Wörtern zusammenfassen: »Essen Sie weniger, und treiben Sie mehr Sport.«

Die einzige Methode, wie Sie auf Dauer abnehmen können, besteht darin, mehr Kalorien zu verbrennen, als Sie konsumieren. Es gibt keine andere Methode. Zudem brauchen Sie dafür einen langen Atem, vor allem wenn Sie zugelassen haben, viele überflüssige Pfunde anzusetzen.

In meinem Programm »Thinking Big« zeigen wir den Teilnehmern, wie wichtig es ist, dass sie die drei weißen Gifte meiden: Zucker, Salz und Mehl.

Ernähren Sie sich gesund.

Weg mit dem Zucker. Um auf Dauer abzunehmen und in den Genuss eines hohen Maßes an Gesundheit und Energie zu kommen, sollten Sie alle einfachen Zucker aus Ihrer Nahrung streichen. Einfache Zucker sind in Bonbons, Kuchen, Gebäck, Nachspeisen, Softdrinks, Dosenfrüchten, Zucker für Ihren Kaffee und in allen anderen Formen von Zucker enthalten, die viele Menschen täglich in großen Mengen zu sich nehmen.

Es ist eine Tatsache, dass Sie *keinen zusätzlichen Zucker* brauchen, um in den Genuss eines hervorragenden körperlichen Gesundheitszustands zu kommen. Allein dadurch, dass Sie alle Zucker und Zuckerprodukte aus Ihrem Leben streichen und bei Zucker »auf Entzug« gehen, werden Sie ein knappes Pfund pro Tag abnehmen.

Reichen Sie das Salz einfach weiter. Außerdem sollten Sie jedes zusätzliche Salz aus Ihrer Nahrung verbannen. Obwohl der durchschnittliche US-Amerikaner aus den unterschiedlichen Nahrungsmitteln, die er zu sich nimmt, ausreichend Salz aufnimmt, konsumiert er etwas weniger als zehn Kilo Salz pro Jahr zusätzlich, indem er Nahrungsmittel mit einem hohen Salzgehalt isst und darüber hinaus noch Salz auf seine Mahlzeiten streut.

Wenn Sie zusätzlich Salz konsumieren, hält Ihr Körper Wasser zurück, um dieses Salz in gelöster Form vorrätig zu halten. Wenn Sie aufhören, zusätzliches Salz zu sich zu nehmen, und gleichzeitig acht Gläser Wasser am Tag trinken, scheidet Ihr Körper die zusätzliche Flüssigkeit aus, und Sie werden tatsächlich erleben, wie Sie am ersten Tag ganze vier oder fünf Pfund abnehmen.

Meiden Sie Weißmehlprodukte. Streichen Sie schließlich alle Weißmehlprodukte aus Ihrer Nahrung: Das sind alle Weißbrote, Pasteten, Pasta, Brötchen und alles, was sonst noch aus weißem Mehl gemacht wird.

Weißes Mehl ist in Wirklichkeit eine »träge Substanz«, der alle

Nährstoffe entzogen wurden und die dann gebleicht wurde. Wenn Sie die Wörter »angereichertes Weißbrot« sehen, so bedeutet dies, dass das weiße Mehl, bei dem es sich im Wesentlichen um ein totes Nahrungsmittel handelt, mit künstlichen, chemisch erzeugten Vitaminen versetzt wurde, die dann während des Backvorgangs alle wieder zerstört wurden. Produkte aus weißem Mehl haben keinen positiven Nährwert.

Eine einfache Nahrungsumstellung

Vor Kurzem bekam ich einen Brief von einem 32-jährigen Mann aus Florida. Er erzählte mir, dass er meine Bücher gelesen und sich meine Audioprogramme jahrelang angehört hätte. Er hatte ein höheres Maß an finanziellem und beruflichem Erfolg erreicht, als er es je für möglich gehalten hätte. Aber er hätte noch zusätzliche zehn Kilo auf den Rippen, die er nicht loswürde, was auch immer er machte.

Dann schob er eines Tages die CD mit dem Titel »Thinking Big« ein und hörte meine Kommentare zu den drei weißen Giften. Erfreulicherweise war er sowohl diszipliniert als auch entschlossen. Er brachte seine ganze Willenskraft auf, um bei diesen drei Nahrungsmitteln die Notbremse zu ziehen und vollständig damit aufzuhören, sie zu konsumieren.

Er sagte, dass das, was als Nächstes geschah, an ein Wunder grenze. Innerhalb von sechs Monaten nahm er über zehn Kilo ab. Als er mir das schrieb, hatte er sein Gewicht schon zwei Jahre lang gehalten. Er sagte, dass er anders aussehe, sich anders fühle, für Frauen attraktiver sei und ein hohes Maß an Selbstvertrauen und Selbstwertgefühl habe. Sein gesamtes Leben habe sich verbessert, seit er seine überschüssigen Pfunde abgespeckt hatte.

Leben Sie zu 100 Prozent

Ihr Lebensziel sollte es sein, in den Genuss des höchstmöglichen Maßes an Gesundheit und Energie zu kommen. Das verlangt von Ihnen, dass Sie die richtigen Nahrungsmittel essen und davon *weniger*. Und das verlangt außerdem von Ihnen, dass Sie regelmäßig

Gönnen Sie sich Ruhephasen.

trainieren und jedes einzelne Gelenk Ihres Körpers jeden Tag bewegen.

Um in den Genuss einer ausgezeichneten körperlichen Gesundheit zu kommen, müssen Sie sich viel Ruhe und Erholung gönnen. Vor allem müssen Sie eine positive mentale Einstellung behalten, bei der Sie sich auf das Gute in jeder Situation freuen und entschlossen bleiben, ein vollkommen positiver Mensch zu sein.

In jedem einzelnen dieser Bereiche wird die Praktizierung von Selbstdisziplin und Willenskraft einen Nutzen bringen, der weit über die investierte Anstrengung hinausgeht. Dadurch, dass Sie bei Ihren gesundheitsbezogenen Gewohnheiten Selbstdisziplin gezeigt haben, können Sie länger und besser leben, als Sie es je für möglich gehalten haben. Kapitel 17 liefert sogar noch weitere Ideen, speziell was das Training und die Ausbildung körperlicher Fitness angeht.

Übungen

1. Schaffen Sie sich Ihr Gesundheitsideal: Wenn Sie zaubern und Ihre Gesundheit in jeder Hinsicht *vervollkommnen* könnten, was wäre dann anders als heute?

2. Fällen Sie die Entscheidung, dass Sie den Rest Ihres Lebens zum *besten* Teil Ihres Lebens machen werden. Was wäre das Erste, was Sie verändern oder tun sollten?

3. Lassen Sie sich umfassend medizinisch untersuchen, und bitten Sie Ihren Arzt um Rat, wie Sie in den Genuss eines hervorragenden körperlichen Gesundheitszustands kommen. Dann sollten Sie diesem Rat *folgen*.

4. Bestimmen Sie Ihr Idealgewicht, und setzen Sie es sich als Ziel. Nutzen Sie den in Kapitel 4 beschriebenen Prozess des Zielsetzens, um einen Plan aufzustellen, wie Sie dieses Gewicht erreichen und lebenslang halten können.

___

___

5. Nutzen Sie die Methode des Brainstorming (wie es in Kapitel 4 beschrieben wurde), und notieren Sie sich eine Liste von mindestens 20 Antworten auf die folgende Frage: »Was kann ich jeden Tag tun, um in den Genuss eines hervorragenden Niveaus an Gesundheit und Energie zu kommen?«

___

___

6. Verschaffen Sie sich einen Überblick über die gesundheitsbezogenen Gewohnheiten und über die Forschung dazu, die in diesem Kapitel erörtert wurden, und geben Sie sich eine Note zwischen 1 und 10, wie gut Sie die beschriebenen Maßnahmen einhalten.

___

___

7. Legen Sie sich auf *eine* bestimmte Maßnahme fest, die Sie sofort umsetzen werden, um zu gewährleisten, dass Sie bis 80, 90 oder länger leben.

___

___

KAPITEL 17

Selbstdisziplin und körperliche Fitness

»Mentale Stärke ist vielschichtig und schwer zu erklären. Dazu gehört, dass man sich aufopfert und sich selbst etwas versagt. Damit geht auch – und das ist am wichtigsten – ein disziplinierter Wille einher, aufgrund dessen man sich weigert, aufzugeben. Es handelt sich um einen mentalen Zustand, den man als Charakter ›in action‹ bezeichnen könnte.«

VINCE LOMBARDI

Um ein hohes Maß an körperlicher Fitness zu erreichen und aufrechtzuerhalten, brauchen Sie Ihr Leben lang Selbstdisziplin und Willenskraft. Die gute Nachricht lautet, dass körperliche Fitness für sich genommen eine Belohnung ist. Sie fühlen sich nicht nur gut, wenn Sie sich sportlich betätigen, sondern Sie fühlen sich auch in der übrigen Zeit wohl.

Wenn Ihr Ziel darin besteht, ein langes, gesundes und glückliches Leben zu führen sowie fit und körperlich gut gewappnet zu sein, gibt es keinen Ersatz für regelmäßige sportliche Betätigung. Erfreulicherweise müssen Sie nicht gerade für die Olympischen Spiele oder für einen Triathlon trainieren, um in den Genuss eines ausgezeichneten körperlichen Wohlbefindens zu kommen. Dadurch, dass Sie sportliche Übungen und körperliches Training in Ihre täglichen Routinen einbauen, können Sie schon durch einige kleine Modifikationen Ihrer Lebensweise körperlich fit werden.

Hören Sie auf die Experten

Experten aus dem Fitnessbereich stimmen im Allgemeinen darin überein, dass Sie 200 bis 300 Minuten pro Woche trainieren müssen, um Ihr maximal mögliches körperliches Wohlbefinden zu erreichen. Das heißt, dass Sie fünf- bis siebenmal pro Woche jeweils zwischen 30 und 60 Minuten trainieren müssen.

Trainieren Sie regelmäßig.

Fangen wir am unteren Ende an: Wenn Sie einfach vor Beginn der Arbeit oder jeden Abend, wenn Sie von der Arbeit nach Hause kommen, sowie jeden Tag am Wochenende 30 Minuten lang spazieren gehen würden, dann wären Sie einer der gesündesten Menschen in unserer Gesellschaft.

Wenn Sie Ihr Trainingsniveau auf 60 Minuten pro Einheit erhöhten, und das fünfmal pro Woche, gehörten Sie zu den oberen ein bis zwei Prozent der körperlich fitten Menschen weltweit.

Kommen Sie in Gang

Zunächst einmal ist die beste Zeit für sportliche Aktivitäten der Morgen. Menschen, die morgens aufstehen und dann 30 bis 60 Minuten lang trainieren, machen das Training mit viel größerer Wahrscheinlichkeit zum dauerhaften Bestandteil ihrer täglichen Routinen.

Dagegen sind diejenigen, die das Training auf einen späteren Zeitpunkt am Tag verschieben, also auf die Zeit nach der Arbeit, fast ausnahmslos der Auffassung, dass sie zu müde seien und zu viele andere Dinge zu tun hätten.

Sie schieben das Training auf den Sankt-Nimmerleins-Tag.

Man braucht eine ungeheure Disziplin, um sich regelmäßigen Sport zur Routine zu machen und beizubehalten. Aber es ist leichter, wenn Sie die Disziplin aufbringen können, jeden Morgen früh aufzustehen und sofort mit dem Training zu beginnen.

Überlisten Sie sich selbst

Viele Menschen, auch ich, bringen sich selbst dazu, morgens zu trainieren, indem sie den Trick anwenden, ihre Sportsachen direkt neben das Bett zu legen, sodass sie beim Aufstehen darüber stolpern. Sogar noch bevor sie richtig wach sind, überraschen sie sich selbst damit, dass sie ihre Sportsachen und ihre Laufschuhe anziehen und um den Block laufen. Bevor sie auch nur wissen, was geschehen ist, haben sie ihren routinemäßigen Sport schon halb hinter sich, ihre Herzfrequenz steigt, ihre Lungen arbeiten kräftig und sie fühlen sich gut.

Schaffen Sie sich Anreize.

Immer wenn Menschen von einem morgendlichen Lauf oder einer anderen Form morgendlicher sportlicher Aktivität zurückkommen, sind sie glücklich und lächeln. Das liegt am »Trainingseffekt«, der nach 25 oder 30 Minuten eintritt. Ihr Gehirn schüttet Endorphine aus und sie fühlen sich beschwingt.

Steigern Sie Ihre Intelligenz

Es hat sich gezeigt, dass Menschen, die als Erstes am Morgen einer aeroben sportlichen Aktivität nachgehen, über den ganzen Tag hinweg klüger, kreativer und intelligenter sind. Sie erreichen tatsächlich *höhere* Werte in Intelligenztests und scheinen mehr Ideen zu haben, die ihnen dabei helfen, ihre Arbeit im Laufe des Tages besser zu verrichten. Der Grund dafür liegt auf der Hand: Wenn Sie morgens als Erstes einer aeroben Aktivität nachgehen, bringen Sie stark mit Sauerstoff angereichertes Blut in Ihre Großhirnrinde, den Teil Ihres Gehirns, den Sie zum Denken, Analysieren und Fällen von Entscheidungen nutzen. Das führt dazu, dass Sie von Ihrer ersten Aufgabe am Morgen an und dann über mehrere Stunden hinweg hellwach und aufmerksam sind.

Wenn Sie sich, kurz nachdem Sie aufgestanden sind, sportlich betätigen, kurbeln Sie Ihren Grundumsatz an. Infolgedessen verbrennt Ihr Körper den ganzen Tag über weiterhin Kalorien. Sie nehmen nach dem Training mehrere Stunden lang weiter ab.

Wenn Sie als Erstes am Morgen oder irgendwann während des Tages trainieren, werden Sie hungrig. Weil Sie jedoch Ihren Körper auf so gesunde Weise sportlich aktivieren, haben Sie einen natürlichen Appetit auf gesunde Lebensmittel. Sie werden nur ein geringes oder gar kein Bedürfnis nach Süßigkeiten oder Desserts haben.

Machen Sie das Training zum Bestandteil Ihrer Lebensweise

Das Beste, was Sie tun können, um ein hohes Niveau körperlicher Fitness zu erreichen und aufrechtzuerhalten, ist wahrscheinlich, in ein Fitnessstudio oder ein Sportstudio zu gehen und regelmäßig an Trainingsgruppen teilzunehmen. Sie können auch ein bisschen mehr bezahlen und sich einen Personal Trainer nehmen, der Sie dreimal pro Woche oder häufiger zu sportlichen Übungen antreibt.

Integrieren Sie regelmäßiges Training in Ihren Alltag.

Sie bringen mit viel größerer Wahrscheinlichkeit die Disziplin auf, mit Fitnessübungen zu beginnen und dabeizubleiben, wenn Sie jemanden haben, der von Ihnen erwartet, dass Sie an der Gruppe teilnehmen, oder Sie regelmäßig kontrolliert, um sicherzustellen, dass Sie sich an das Übungsprogramm halten, auf das Sie sich verpflichtet haben.

Viele Menschen nehmen sich heute einen Personal Trainer, der zu ihnen nach Hause oder an ihren Arbeitsplatz kommen kann. Oder Sie können in ein Fitnessstudio gehen, wo es ebenfalls Personal Trainer gibt, die mit Ihnen an bestimmten Geräten arbeiten, die Sie nutzen wollen.

Diejenigen, die sich einen Personal Trainer nehmen, sind im Allgemeinen sehr zufrieden mit den Resultaten. Sie sind der Auffassung, dass es einen positiven Einfluss auf sie hat, wenn sie sich gegenüber einem Trainer verantworten müssen. Das bringt sie dazu, weniger zu essen, sodass sie weniger Kalorien wieder verbrennen müssen, und härter einzusteigen, wenn sie trainieren, um positive Kommentare vom Trainer zu bekommen.

Treten Sie einem Sportverein bei

Ein Sportverein ist eine wunderbare Möglichkeit, um ein hohes Maß an körperlicher Fitness zu erreichen und aufrechtzuerhalten. Das erfordert weitaus mehr Zeit und Planung, aber es zahlt sich oft außergewöhnlich gut aus.

Wenn Sie Mitglied eines Sportvereins sind – sei es nun Fußball, Tennis, Handball, Baseball, Rugby oder irgendetwas anderes – und Sie einen Coach oder Trainer haben, mit dem Sie regelmäßig zusammenarbeiten, werden Sie gewöhnlich fokussierter und disziplinierter sein. Sie werden häufiger und intensiver trainieren, und Sie werden fitter und leistungsfähiger sein als die meisten Menschen.

Entwickeln Sie neue und bessere Gewohnheiten

Leider erfordern körperliche Fitness und sportliches Training ein wirklich hohes Maß an *Disziplin*. Nur wenige Menschen sind imstande, in einen solchen Trainingsplan einzusteigen und dabeizubleiben. Alles, was Sie immer wieder tun, wird zur Gewohnheit – sei es gut oder schlecht. Viele Menschen haben es sich abgewöhnt, regelmäßig Sport zu treiben, und nehmen die Gewohnheit nie wieder auf.

Machen Sie Sport zur Gewohnheit.

Erfreulicherweise ist es nie zu spät. Sie können jederzeit beschließen, körperlich fit zu werden. Sie können *jetzt sofort* die Entscheidung fällen, sich irgendeine Art von körperlicher Aktivität zur Gewohnheit machen zu wollen. Dann können Sie daraus einen persönlichen Test oder eine persönliche Herausforderung machen, indem Sie herausfinden, ob Sie die Willenskraft und die *Disziplin* aufbringen, Ihren Beschluss auch umzusetzen.

Sie können heute beginnen

In einem Seniorenheim lebte vor einigen Jahren eine 68-jährige Frau, die sich nie viele Gedanken um sportliche Aktivitäten gemacht hatte. Sie hatte hart gearbeitet, ihre Kinder großgezogen, war Großmutter geworden und lebte jetzt in einer komfortablen Seniorenresidenz. Eines Tages sah sie im Fernsehen eine Sendung über Jogging. Während dieser Sendung wurden mehrere Personen zwischen 50 und 70 Jahren interviewt, die an Marathonläufen teilnahmen. Einige von ihnen hatten erst spät im Leben mit dem Laufen begonnen.

Die 68-jährige Frau beschloss daraufhin, dass auch sie an einem Marathonlauf teilnehmen wollte. Sie fuhr zu einem Laden in der Nachbarschaft und kaufte sich Schuhe zum Gehen und Laufen. An diesem Tag begann sie mit ihrem Trainingsplan, indem sie in dem Viertel, in dem sie lebte, spazieren ging. Im Verlauf der nächsten Wochen ging sie immer größere Distanzen. Sie kaufte sich Bücher und bat um Empfehlungen, wie sie üben und ihre Beine für das Laufen trainieren konnte.

Steigern Sie sich schrittweise

Nach zwei Monaten begann sie, als Teil ihres routinemäßigen Gehens ein wenig zu joggen. Nach sechs Monaten begann sie, als Teil ihres routinemäßigen Gehens und Joggens zu laufen. Und so hatte sie am Ende des ersten Jahres in ihrer Gemeinde vor Ort einen Minimarathon absolviert.

Als sie 75 Jahre alt war, hatte sie zehn Marathonläufe über eine Distanz von jeweils 42,2 Kilometer hinter sich und zwei Crosscountry-Marathonläufe über eine Distanz von jeweils 80 Kilometer. Und das Bemerkenswerteste daran war, dass sie vor dem Alter von 68 Jahren gar nicht gelaufen war.

Jeder kann fit werden.

Was ist nun *Ihre* Ausrede? Wenn diese 68-jährige Frau so spät im Leben anfangen konnte zu trainieren, warum können Sie es nicht?

Einer der besten Garanten dafür, dass Sie lange leben, ein glückliches Leben führen, klug, wach und voller Energie sind, ist folgender: Sie beginnen mit einem regelmäßigen körperlichen Trainingsprogramm, an vier oder fünf Tagen die Woche, und bleiben für den Rest Ihres Lebens dabei.

Wenn Sie sich in Selbstdisziplin und Willenskraft üben, um ein hohes Niveau an körperlicher Fitness zu erreichen und es dann Jahr für Jahr aufrechtzuerhalten, werden Sie sich wirklich gut fühlen.

Im nächsten Kapitel erfahren Sie, wie Selbstdisziplin in der *Ehe* eine wunderbare Wirkung entfalten kann, um Ihnen gemeinsam mit einer anderen Person ein langes, glückliches und erfülltes Leben zu garantieren.

Übungen

KEINE AUSREDEN!

1. Heute ist es so weit! Entscheiden Sie sich dafür, in den vor Ihnen liegenden Monaten die beste körperliche Kondition Ihres Lebens erreichen zu wollen, und ergreifen Sie sofort Maßnahmen dazu. Was wollen Sie tun?

   ____

   ____

2. Lassen Sie sich medizinisch untersuchen, damit Sie Ihre Kondition und Ihre Grenzen kennen, bevor Sie anfangen. Worauf wollen Sie achten?

   ____

   ____

3. Beschließen Sie schriftlich, dass Sie jeden Tag 30 Minuten laufen werden, vorzugsweise als Erstes am Morgen oder direkt nach der Arbeit.

   ____

   ____

4. Werden Sie Mitglied in einem Fitness- oder Sportstudio, zahlen Sie die *Jahresgebühr*, und verpflichten Sie sich dazu, fünfmal pro Woche jeweils für 60 Minuten sportlich aktiv zu sein. Was genau wollen Sie tun?

____

____

5. Nehmen Sie sich einen Personal Trainer und sorgen Sie dafür, dass er Sie durch ein Trainingsprogramm leitet, das wöchentlich Aerobics, Kraft- und Dehnübungen umfasst. Wann könnten Sie trainieren?

____

____

6. Kaufen Sie ein Laufband oder einen Crosstrainer, und stellen Sie das Gerät vor Ihrem Fernseher auf, sodass Sie trainieren und gleichzeitig am Familienleben zu Hause teilnehmen können. Wie oft wollen Sie trainieren?

____

____

7. Beginnen Sie schrittweise, und arbeiten Sie sich langsam hoch, wobei Sie sich darauf einstellen sollten, dass Sie mehrere Wochen trainieren müssen, bevor Sie einen Unterschied bemerken. Seien Sie geduldig, hartnäckig und entschlossen! Stellen Sie einen Trainingsplan auf.

____

____

KAPITEL 18
Selbstdisziplin und Ehe

»Ein Mann mag tausendmal tausend Männer in einer Schlacht besiegen, doch der größte Kämpfer ist, wer sich selbst besiegt. Das kann ihm niemand nehmen.«

BUDDHA

Ihre Fähigkeit, eine langfristige und liebevolle Beziehung einzugehen, ist ein wichtiger Maßstab für Ihren Charakter und Ihre Persönlichkeit.

Männer und Frauen kommen auf die Welt, um zwei Hälften eines großen Ganzen zu bilden. Sie haben unterschiedliche Fähigkeiten und Charaktereigenschaften, die, wenn sie in geeigneter Weise zusammenkommen, die Vollendung, das Gleichgewicht und die Harmonie ergeben, die die Natur fordert.

Die für die Ehe und für liebevolle Beziehungen im Allgemeinen grundlegenden Eigenschaften sind Vertrauen und Achtung voreinander. Männer und Frauen können im Laufe ihres Ehelebens viele Streitigkeiten miteinander haben. Aber solange das Vertrauen und die Achtung voreinander bestehen bleiben, kann die Ehe unbegrenzt fortdauern. Wenn eine der beiden Seiten der anderen nicht mehr vertrauen kann oder keine Achtung mehr vor ihr hat, ist die Beziehung am Ende.

Vertrauen und Achtung sind Grundbedingungen einer Ehe.

Viele Ehen enden in einer Scheidung. Viele Geschiedene heiraten mehrmals und scheitern immer wieder. Doch manche Menschen heiraten einmal und bleiben dann für den Rest ihres Lebens zufrieden miteinander verheiratet. Woran liegt das?

Der Schlüssel zu einer glücklichen Ehe

Der vielleicht wichtigste Grund für eine glückliche Ehe ist, dass beide Partner *zueinander passen.* Sie sind in idealer Weise miteinander im Gleichgewicht, wobei jeder Einzelne über Fähigkeiten und Charaktereigenschaften verfügt, die den anderen ergänzen und die sich somit gut zueinanderfügen, um ein vollkommenes Gleichgewicht zu bilden.

Es wird oft gesagt, dass »sich Gegensätze anziehen«. Das ist ein Missverständnis. Gegensätze ziehen sich nur in einem Bereich an, und das ist das *Temperament.* Sie werden immer am besten zu einer Person passen, die im Vergleich zu Ihrem das entgegengesetzte oder ausgleichende Temperament hat.

Wenn Sie beispielsweise kontaktfreudig oder extravertiert sind, werden Sie am besten zu einer Person passen, die eher reserviert und verschlossen ist. Wenn Sie redselig sind und ein starkes Auftreten haben, werden Sie am besten zu einer Person passen, die entspannt ist und gut zuhören kann. Damit zwei Menschen zueinander passen und glücklich miteinander sind, verlangt die Natur ein Gleichgewicht in Bezug auf das Temperament.

Gleich und Gleich gesellt sich gern

In allen anderen Bereichen, besonders im Bereich der *Wertvorstellungen,* sind es die Ähnlichkeiten, die sich gegenseitig anziehen. Gleich und Gleich gesellt sich wirklich gern. Zu Menschen, mit denen Sie die meisten der grundlegenden Wertvorstellungen gemeinsam haben, werden Sie sich immer angezogen fühlen, und Sie werden am besten zu ihnen passen.

Liebe jeglicher Art ist insgesamt eine Reaktion auf *Wertvorstellungen.* Wir lieben, was wir am meisten wertschätzen, sowohl bei uns selbst als auch bei anderen. Wenn ein Paar wirklich glücklich miteinander ist, dann scheint es in sehr starkem Maße dieselben Wertvorstellungen im Hinblick auf Familie, Geld, Moral, Beruf, Kinder, Politik, Religion und andere Menschen zu haben.

Es wird oft hervorgehoben, dass es glückliche Paare gibt, die unterschiedliche Parteien wählen und einen unterschiedlichen religiösen Hintergrund haben. Doch bei der entscheidenden Frage im Hinblick auf Gleichgewicht und Harmonie geht es um die *Intensität*, mit der eine Person etwas wertschätzt. Diese Intensität bestimmt darüber, ob eine Person dadurch, dass sie an einer bestimmten Überzeugung zu einem bestimmten Bestandteil des Lebens festhält, bedingungslos und unnachgiebig ist oder entspannt und flexibel.

Gleiche Wertvorstellungen zu haben ist unabdingbar.

Menschen können sich über viele Jahre hinweg lieben und zusammenleben, obwohl sie unterschiedliche politische Parteien unterstützen. Das gilt, solange eine politische Überzeugung für sie nicht so wichtig ist, dass sie Vorrang vor wichtigeren Elementen ihrer Beziehung hat (wie etwa Kinder, Familie und grundlegende Werte).

Liebe ist unser größtes Bedürfnis im Leben

Man sagt: »Bei allem, was wir im Leben tun, geht es entweder darum, Liebe zu bekommen oder den Mangel an Liebe auszugleichen.« Die Psychologen stimmen im Allgemeinen darin überein, dass die grundlegende Ursache für Persönlichkeitsprobleme im Erwachsenenalter darauf zurückverfolgt werden kann, dass den Betroffenen im Säuglingsalter und in der Kindheit »Liebe vorenthalten wurde«.

Menschen brauchen die Liebe so sehr wie die Rosen den Regen. Ohne genügend Liebe und Akzeptanz entwickeln sie diverse Arten von Persönlichkeitsstörungen und körperlichen Problemen. Es ist nur möglich, glücklich zu sein, wenn unser Bedürfnis nach Liebe vollständig erfüllt wird.

Eine glückliche Ehe erfordert sehr viel Selbstdisziplin und Selbstkontrolle. Liebe erfordert, dass wir uns selbst zurückstellen und Opfer bringen. Wenn Sie einen anderen Menschen wirklich lieben, werden für Sie das Glück und das Wohlbefinden dieser Person wichtiger sein als Ihr eigenes. Sie sind bereit, jeden Preis zu zahlen und jedes Opfer zu bringen, um das Wohlbefinden der Person, die Sie lieben, sicherzustellen.

In der Bibel sagt der Apostel Paulus im Brief an die Korinther: »Die Liebe ist langmütig und freundlich, die Liebe eifert nicht, die Liebe treibt nicht Mutwillen, sie bläht sich nicht auf, sie verhält sich nicht ungehörig, sie sucht nicht das Ihre, sie lässt sich nicht erbittern, sie rechnet das Böse nicht zu, sie freut sich nicht über die Ungerechtigkeit, sie freut sich aber an der Wahrheit; sie erträgt alles, sie glaubt alles, sie hofft alles, sie duldet alles. Die Liebe hört niemals auf.«

Jeder Mensch braucht Liebe und Zuneigung.

Unterschiedliche Schicksalsschläge erfordern Toleranz und Verständnis

Jeder Mensch ist ein Individuum mit einzigartigen und besonderen Charakteristika, die ihn zu einer Persönlichkeit machen, die ihn von allen anderen Menschen unterscheidet. Jeder Mensch hat andere Vorstellungen, Geschmäcker, Wünsche, Hoffnungen, Träume und Erwartungen. Jeder Mensch hat andere Erfahrungen gemacht und seine individuelle Art entwickelt, wie er seine Umwelt sieht und damit umgeht.

Wenn Sie mit einem anderen Menschen in einer Liebesbeziehung zusammenkommen, wird es für Sie, gleichgültig wie nahe Sie sich einander fühlen und wie gut Sie in vielerlei Hinsicht zueinander passen, immer noch Bereiche der Nichtübereinstimmung, des Missfallens und der Unzufriedenheit geben. Das ist ganz normal. Und es handelt sich um etwas, was man durcharbeiten muss, indem man sich in Selbstdisziplin und Selbstkontrolle übt, wenn diese Unterschiede auftreten.

Seien Sie tolerant und verständnisvoll.

Selbstdisziplin in einer Beziehung setzt voraus, dass Sie vollkommen ehrlich und offen sind, dass Sie Sie selbst sind und niemals versuchen, jemand oder etwas anderes zu sein. Selbstdisziplin und Ehrlichkeit erfordern, dass Sie klar formulieren, was Sie denken und fühlen, ohne Ärger oder Gereiztheit, und dass Sie sich ruhig und geduldig die Gefühle, Gedanken und Meinungen der anderen Person anhören.

Männliche und weibliche Kommunikationsstile

Männer und Frauen sind auf vielerlei Weise unterschiedlich. Schichtaufnahmen des Gehirns mithilfe eines Kernspintomografen haben Folgendes gezeigt: Wenn Männer miteinander kommunizieren, nutzen sie nur zwei Zentren in ihrem Gehirn. Wenn dagegen Frauen miteinander kommunizieren, nutzen sie sieben Zentren in ihrem Gehirn. Es sieht so aus, als hätten Männer zwei Scheinwerfer, über die sie miteinander kommunizieren, während das Gehirn einer Frau einem hell erleuchteten Weihnachtsbaum ähnelt.

Männer können zu einem bestimmten Zeitpunkt nur *einen* sensorischen Input verarbeiten, während Frauen mehrere davon gleichzeitig verarbeiten können. Wenn ein Mann vor einem Fernsehgerät sitzt, sieht oder hört er nichts anderes; und das betrifft auch die Sätze, die man von der Seite oder von hinten zu ihm spricht. Er ist vollständig auf die visuellen Bilder und auf die Sätze fixiert, die vom Fernsehgerät kommen.

Wenn ein Mann Auto fährt, muss er das Radio leiser stellen, um die Karte lesen zu können. Er muss das Fernsehen oder das Radio leiser stellen, um einen Telefonanruf entgegenzunehmen. Er kann nicht gleichzeitig lesen und hören oder hinsehen. Männer können viele Dinge ausgesprochen gut machen, aber sie können zu einem Zeitpunkt nur eins machen. Männer neigen dazu, sehr fokussiert zu sein.

Andererseits können Frauen reden, ein Abendessen vorbereiten, fernsehen, die Mails des Tages lesen sowie mit ihren Kindern oder ihrem Mann sprechen, und das alles auf einmal. Sie sind multidimensional und können mehrere Inputs gleichzeitig verarbeiten. Sie können zur selben Zeit reden, hören und aufmerksam beobachten, was andere Leute um sie herum machen und sagen.

Frauen und Männer kommunizieren auf unterschiedliche Weise.

Frauen sind Beziehungsexperten. Sie sind sehr sensibel gegenüber anderen Menschen. Wenn ein Mann und eine Frau an einem geselligen Beisammensein teilnehmen, hat die Frau binnen Kurzem die Situation in Bezug auf jeden Einzelnen der anderen Menschen im Raum analysiert und ist zu einem Urteil gekommen. Im Gegensatz dazu hat der

Mann, der die Frau begleitet, wenig oder gar nichts mitbekommen. Dies liegt daran, dass Männer in ihrem Denken einfach und direkt sind, während Frauen vielschichtig sind; sie sind sich der kleinen Details bewusst und ausgesprochen sensibel für Dynamiken und Nuancen von Beziehungen zwischen den Menschen um sie herum.

Ein Mann kann seine Frau anrufen und sagen: »Hallo.« Obwohl er nur ein Wort geäußert hat, wird sie sofort fragen: »Was ist schiefgegangen?« Wenn sie nur ein einziges Wort am Telefon hört oder beim Betreten der Wohnung einen einzigen Blick sieht, kann sie eine ganze Fülle von Bedeutungen und Emotionen mitbekommen.

Eine Beziehung aufzubauen ist anstrengend

Wegen der vielen Unterschiede zwischen Männern und Frauen erfordert es eine ungeheure Disziplin, eine langfristige, liebevolle und glückliche Beziehung aufzubauen und aufrechtzuerhalten.

Der vielleicht wichtigste Bereich, in dem zwei Menschen zueinander passen oder nicht, hat etwas mit der Disziplin beim *Zuhören* zu tun. Nur wenn sie sich die Zeit nehmen, sich gegenseitig genau und sorgsam zuzuhören, wenn sie sprechen, bleiben die Kommunikationswege offen; und genau dann haben Liebe und Harmonie in der Beziehung Bestand.

Es gibt vier einfache Formen von Disziplin beim effektiven Zuhören. Von Bedeutung sind sie vor allem für Männer, die notorisch schlechte Zuhörer sind, speziell gegenüber den Frauen in ihrem Leben. Das liegt nicht daran, dass sie uninteressiert sind. Es ist schlicht darauf zurückzuführen, dass sich ihr Denken auf etwas anderes konzentriert und dass sie leicht abzulenken sind.

Bemühen Sie sich um Ihre Beziehung.

Die Formen von Disziplin beim Zuhören

Hören Sie aufmerksam zu. Die erste Disziplin besteht darin, dass man *aufmerksam* zuhört, ohne zu unterbrechen. Hören Sie der anderen Person so zu, als wäre sie gerade dabei, Ihnen von einem großen

Geheimnis oder von einem Lottogewinn zu erzählen, und als würde sie das nur ein einziges Mal tun.

Falls Sie ein Mann sind, sollten Sie alle potenziellen Ablenkungen abstellen, wenn Ihre Frau mit Ihnen sprechen möchte. Schalten Sie das Fernsehgerät beziehungsweise das Radio aus. Legen Sie die Zeitung beiseite, oder schalten Sie die Mail ab. Schauen Sie sie direkt an, beugen Sie sich leicht nach vorne, und konzentrieren Sie sich ganz auf das, was sie sagt.

Im Buch *Meine Wünsche, deine Wünsche* von Willard F. Harley wird hervorgehoben, dass der wichtigste Wunsch, den eine Frau gegenüber einem Mann hat, *Zuneigung* ist. Zuneigung kommt dadurch zum Ausdruck, dass Sie ihr, wenn sie spricht, Ihre ganze Aufmerksamkeit widmen. Da Sie dem, was Sie am meisten schätzen, immer Aufmerksamkeit widmen, bringen Sie, wenn Sie einer anderen Person gegenüber viel Aufmerksamkeit aufbringen, ihr gegenüber zum Ausdruck, dass sie Ihnen viel bedeutet. Dies befriedigt die tiefsten unbewussten Wünsche einer Frau – sich wertvoll, bedeutsam und geachtet zu fühlen.

Machen Sie eine Pause, bevor Sie antworten. Die zweite Form von Disziplin beim Zuhören besteht darin, zu pausieren, bevor man antwortet. Nehmen Sie sich ein paar Sekunden, um sorgfältig zu bedenken, was er oder sie gesagt hat. Wenn Sie eine Pause machen, umgehen Sie das Risiko, die andere Person zu unterbrechen, falls sie gerade dabei ist, ihre Gedanken neu zu formulieren. Sie bringen ihr gegenüber zum Ausdruck, dass Sie zu schätzen wissen, was sie gesagt hat, und dass Sie sich ihre Worte genau durch den Kopf gehen lassen.

Wenn Sie in einem Gespräch pausieren und schweigen, hat das einen weiteren Vorteil: Es befähigt Sie dazu, nicht nur das zu hören, was gesagt wurde, sondern auch das, was *nicht* oder zwischen den Zeilen zum Ausdruck kam. Die eigentliche Botschaft dringt in eine tiefere Ebene Ihres Geistes vor und befähigt Sie, besser zu verstehen und daher mit größerer Bewusstheit und Sensibilität zu antworten.

Bitten Sie um Klarstellung. Die dritte Disziplin des effektiven Zuhörens besteht darin, um Klarstellung zu bitten. Sie sollten nie voraussetzen, dass Sie automatisch wissen, was die andere Person denkt oder

Geben Sie dem anderen Feedback.

fühlt. Wenn Ihnen etwas nicht klar ist, sollten Sie einfach fragen »Was meinst du?« oder »Was meinst du genau?«.

Nur wenn Sie Fragen stellen und um eine Klarstellung und Erläuterung bitten, zeigen Sie der anderen Person, dass Ihnen wirklich wichtig ist, was sie sagt, und dass Sie sich aufrichtig dafür interessieren, zu verstehen, wie sie denkt und fühlt.

Geben Sie eine Rückmeldung. Die vierte Form von Disziplin beim effektiven Zuhören besteht für Sie darin, der anderen Person eine Rückmeldung zu dem zu geben, was sie gesagt hat, und es in Ihren eigenen Worten zu *paraphrasieren.* Das ist der »Lackmustest« für das Zuhören. Genau hier zeigen Sie der anderen Personen, dass Sie ihr wirklich Aufmerksamkeit widmen.

Die meisten Probleme in Beziehungen lassen sich auf eine schlechte Kommunikation zurückführen. Das Paar redet nicht oft genug miteinander oder einer von beiden hört nicht aufmerksam zu, wenn der andere reden möchte.

Jeder hat ein emotionales Bedürfnis, in einem bestimmten Umfang mit dem Ehepartner zu *sprechen.* Und jeder hat auch ein emotionales Bedürfnis, in einem bestimmten Umfang *zuzuhören.* Die am besten zueinander passenden Paare sind diejenigen, bei denen das Bedürfnis zu reden und das Bedürfnis zu sprechen miteinander im Gleichgewicht stehen. Beim Gespräch gibt es schlicht Ebbe und Flut, und es wird von behaglichem Schweigen unterbrochen. Jede der beiden Personen bekommt die Chance, sowohl ihr Bedürfnis nach Sprechen als auch das nach Zuhören zu befriedigen, und beide Seiten sind damit zufrieden.

Voller Einsatz ist notwendig

Liebe und Ehe erfordern, dass sich beide Partner voll und ganz für ihre Beziehung einsetzen. Es erfordert eine ungeheure Disziplin, sich völlig auf eine Beziehung einzulassen. Mehr noch: Es ist auch eine ungeheure Befreiung. Nur wenn Sie sich voll und ganz auf eine

Beziehung mit einer einzigen Person einlassen, sind Sie vollständig frei, Ihre Aufmerksamkeit darauf zu richten, Ihr Potenzial in anderen Lebensbereichen auszuschöpfen.

Eine der wichtigsten Formen von Disziplin in einer Ehe oder Beziehung ist die der *Treue*. Weil wir in einer stark sexualisierten Gesellschaft leben, lauern in unserem Umfeld allerlei Versuchungen und Herausforderungen, und zwar immer und praktisch überall, wo wir auch hinkommen. Es erfordert häufig eine beträchtliche Selbstdisziplin und Selbstkontrolle, über das gesamte Eheleben hinweg dem Partner vollkommen treu zu bleiben.

Es gibt zwei hilfreiche Methoden, um die regelmäßigen Versuchungen zu meiden, die die liebevollste Beziehung schädigen oder gar ruinieren können.

Erstens sollten Sie im Voraus eine Entscheidung fällen, dass Sie Ihrem Partner nie und wirklich niemals untreu werden. So als zögen Sie eine Stopplinie, sollten Sie im Voraus beschließen, dass Sie einander, gleichgültig was geschieht, aus keinem wie auch immer gearteten Grund fremdgehen werden.

Üben Sie Selbstkontrolle.

Zweitens sollten Sie die Disziplin aufbringen, der Gefahr aus dem Wege zu gehen. Weigern Sie sich, etwas zu tun oder irgendwohin zu gehen, wo eine Versuchung lauern könnte. Vermeiden Sie, allein mit einer Person des anderen Geschlechts in eine Bar, zum Mittag- oder zum Abendessen zu gehen, außer wenn es aus geschäftlichen Gründen unbedingt erforderlich ist. Behalten Sie im Hinterkopf, dass Sie auf der sicheren Seite sind, wenn viele Personen dabei sind.

Wohin Sie auch gehen und was auch immer Sie tun, Sie sollten sich ständig vorstellen, Ihr Ehepartner stehe direkt neben Ihnen, beobachte und höre alles, was Sie sagen und tun. Stellen Sie sich vor, dass alles und jedes, was Sie tun, gleichgültig wo Sie sind, innerhalb von 24 Stunden Ihrem Ehepartner berichtet wird. Bringen Sie Disziplin und Willenskraft auf, um sich den Ruf zu schaffen und zu bewahren, ein durch und durch ehrlicher und treuer Ehepartner zu sein.

Seien Sie bereit für eine Veränderung

Jede Ehe ist etwas, woran man arbeitet. Im Laufe der Zeit wird sich der Charakter Ihrer Ehe verändern – zumeist in positiver und konstruktiver Weise.

Damit Ihre Beziehung glücklich, harmonisch und entwicklungsfähig bleibt, müssen Sie bereit sein, auf sich wandelnde Umstände zu reagieren, indem Sie sich verändern. Dies gilt vor allem, wenn Sie Kinder haben und miterleben, wie sie größer werden. Sie müssen darauf vorbereitet sein, sich mit dem Alter, einem neuen Beruf und einer neuen Karriere, Umzügen von einem Teil des Landes in einen anderen sowie Veränderungen in Bezug auf die finanziellen Verhältnisse und die Gesundheit zu ändern. Für eine lange, glückliche Ehe ist Flexibilität schlechterdings unumgänglich.

Leben bedeutet Veränderung.

Es gibt nur *vier* Methoden, durch die Sie Ihr Leben verändern können. Erstens können Sie von etwas *mehr* machen. Zweitens können Sie von etwas anderem *weniger* machen. Drittens können Sie etwas *beginnen,* was Sie noch nie zuvor gemacht haben. Und viertens können Sie ganz und gar *aufhören,* bestimmte Dinge zu tun. Immer wenn Sie Widerstand oder Enttäuschungen erleben oder wenn Sie mit einer unausweichlichen Veränderung konfrontiert sind, sollten Sie sich Folgendes fragen: »Gibt es irgendetwas, was ich mehr oder weniger tun kann, womit ich beginnen oder aufhören sollte, es zu tun?«

Vier Fragen, die Sie sich stellen sollten

Sie sollten sich regelmäßig mit Ihrem Ehepartner und später mit Ihren Kindern zusammensetzen und den Mut haben, den folgenden vier Fragen nachzugehen:

1. Gibt es irgendetwas, was ich mache, von dem du gerne hättest, dass ich es häufiger tue?
2. Gibt es irgendetwas, was ich mache, von dem du gerne hättest, dass ich es seltener tue?

3. Gibt es irgendetwas, was ich jetzt nicht mache, von dem du gerne hättest, dass ich damit beginne, es zu tun?
4. Gibt es irgendetwas, was ich mache, von dem du gerne hättest, dass ich damit aufhöre?

Wenn Sie den Mut und die Disziplin haben, sich regelmäßig diesen Fragen Ihres Ehepartners und Ihrer Kinder zu stellen, werden Sie über die Qualität und Tiefe der Antworten, die Sie bekommen, erstaunt sein. So bekommen Sie kontinuierlich eine Anleitung dafür, wie Sie Ihre Verhaltensweisen verändern und anpassen können, um gemeinsam mit Ihrem Ehepartner und den anderen Familienmitgliedern ein höheres Maß an Harmonie, Glück und Liebe aufrechtzuerhalten.

Ihr Ehepartner sollte Ihr bester Freund beziehungsweise Ihre beste Freundin sein

Liebe und Ehe sind vielleicht die wichtigsten Elemente eines glücklichen, erfüllten Lebens. Das erfordert, dass Sie sich ein Leben lang in Selbstdisziplin und Willenskraft üben, um ein harmonisches Verhältnis zu schaffen und aufrechtzuerhalten. Es erfordert außerdem, dass Sie immer offen, redlich und aufrichtig sind.

Seien Sie immer offen und ehrlich zu Ihrem Partner.

Vor allem erfordert eine glückliche, liebevolle Ehe, dass Sie Ihren Ehepartner als Ihren *besten Freund* beziehungsweise Ihre *beste Freundin* ansehen. Es sollte niemanden auf der ganzen Welt geben, mit dem Sie lieber Ihre Zeit verbringen wollen als mit ihm oder ihr. Es sollte niemanden geben, zu dem Sie offener und ehrlicher sind als zu ihm oder ihr. Wenn Sie Ihren Ehepartner als Ihren besten Freund beziehungsweise Ihre beste Freundin betrachten und sie oder ihn auch so behandeln, können Sie eine liebevolle Beziehung aufbauen, die bis an Ihr Lebensende andauert.

Emmet Fox, Schriftsteller und Lehrer in spirituellen Fragen, schrieb:

»Liebe ist bei Weitem das Wichtigste von allem. Sie vertreibt die Angst. Sie ist die Erfüllung des Gesetzes. Sie verdeckt eine Vielzahl von Sünden. Liebe ist völlig unbesiegbar.

Es gibt keine Schwierigkeit, die mit ausreichend Liebe nicht zu beheben wäre, keine Krankheit, die mit ausreichend Liebe nicht heilbar wäre, keine Tür, die mit ausreichend Liebe nicht zu öffnen wäre, keine Kluft, die mit ausreichend Liebe nicht überbrückbar wäre, keine Mauer, die mit ausreichend Liebe nicht niederfiele, keine Sünde, die durch ausreichend Liebe nicht vergeben würde.

Gleichgültig wie tief das Problem sitzen mag, wie hoffnungslos die Aussichten sein mögen, wie tief man im Dreck sitzen mag, wie groß der Fehler sein mag, wird die Liebe nur ausreichend verwirklicht, so löst sie alle Probleme.

Wenn Sie nur genügend lieben könnten, wären Sie das glücklichste und mächtigste Wesen auf der Welt.«

Im nächsten Kapitel werden Sie erfahren, warum gerade Selbstdisziplin so wichtig ist, wenn es darum geht, glückliche, gesunde und selbstbewusste *Kinder* großzuziehen.

Übungen

KEINE AUSREDEN!

1. Welches ist die wichtigste einzelne Maßnahme, die Sie jetzt im Moment ergreifen könnten, um Liebe und Harmonie in Ihrer Ehe oder Beziehung zu verbessern?

___

___

___

2. Welche Formen von Disziplin und welche Gewohnheiten könnten Sie entwickeln, die für Ihren Partner die Qualität Ihrer Ehe verbessern würden?

___

___

___

3. Machen Sie ein Verhalten aus, das Sie praktizieren könnten und das die Kommunikation in Ihrer Ehe verbessern würde.

___

___

___

4. Setzen Sie sich mit Ihrem Ehepartner zusammen, und bitten Sie ihn beziehungsweise sie um Ideen, welche Dinge Sie häufiger oder seltener machen, mit denen Sie beginnen oder mit denen Sie aufhören sollten.

___

___

___

5. Nennen Sie zwei Eigenschaften, die Sie an Ihrem Partner am meisten bewundern.

___

___

6. Bestimmen Sie die Bereiche, in denen Sie und Ihr Partner am besten zusammenpassen.

___

___

7. Machen Sie die wichtigsten Wertvorstellungen aus, die Sie und Ihr Partner gemeinsam haben.

___

___

KAPITEL 19

Selbstdisziplin und Kinder

»Wahre Disziplin besteht nicht durch äußeren Zwang, sondern durch geistige Gewohnheiten, die spontan eher zu wünschenswerten als zu nicht wünschenswerten Aktivitäten führen.«

BERTRAND RUSSELL

Man kann den Wert oder die Bedeutung von dem, was man tut, ermessen, indem man die möglichen Konsequenzen erfasst, die die Handlung oder das Unterlassen derselben hat. Etwas, was sehr wichtig ist, ist etwas, was bedeutende potenzielle *Konsequenzen* hat, wie etwa wenn man einem vorbeirasenden Auto aus dem Weg springt. Wenn man Kinder zur Welt bringt, so hat das Konsequenzen, die über 80 Jahre (das ist die durchschnittliche Lebenserwartung eines Menschen von heute) und länger andauern können, bis hinein in das Leben Ihrer Enkel und Großenkel. Eltern zu werden ist genau darum eines der wichtigsten Dinge, die Sie jemals tun werden.

Als Erwachsener stehen Sie auch heute noch unter dem Einfluss der Dinge, die Ihre Großeltern für Ihre Eltern getan, nicht getan oder die sie ihnen gar angetan haben. Die Art und Weise, wie Sie Ihre Kinder behandeln, ist im starken Maße durch die Art und Weise beeinflusst, wie Ihre Eltern Sie behandelt haben. Das hat Konsequenzen, die sich über die Generationen hinweg niederschlagen, und es hat ein Leben lang einen ungeheuren Einfluss auf Ihr Glück und Ihr Wohlbefinden.

Ihre größte Verantwortung

Wenn Sie ein Kind haben, ist ein hohes Maß an Selbstdisziplin grundlegend, damit Sie Ihre Pflicht erfüllen und Ihrer Verantwortung nachkommen. An dem Tag, an dem Ihr erstes Kind geboren wird, übernehmen Sie eine mindestens 20-jährige Verpflichtung, alles zu tun, was in Ihrer Macht steht, um aus Ihrem Kind einen glücklichen, gesunden und selbstbewussten Erwachsenen zu machen.

In allem, was Sie tun, prägen Sie Ihre Kinder.

In jeder Lebensphase Ihres Kindes formen und beeinflussen Ihre Worte, Ihre Handlungen, Ihre Nichthandlungen und Verhaltensweisen dieses Kind und bestimmen darüber, wohin es sich als Erwachsener entwickeln wird.

Das größte Bedürfnis, das ein Kind hat, ist das nach einem ununterbrochenen Fluss *bedingungsloser* Liebe und Anerkennung vonseiten seiner Eltern. Kinder brauchen Liebe fast so sehr wie Sauerstoff. Die Menge an Liebe, die ein Kind vor allem in seinen prägenden Jahren bekommt, ist der entscheidende Faktor dafür, wie gesund und glücklich es als Erwachsener werden wird.

Wie Kinder »Liebe« buchstabieren

Wie buchstabieren Kinder »Liebe«? Z-E-I-T. Kinder bestimmen darüber, wie wertvoll und wichtig sie sind, und entwickeln ihr Selbstwertgefühl und ihren Selbstwert dadurch, dass sie die Zeit ermitteln, die die wichtigsten Menschen in ihrem Leben mit ihnen verbringen, wenn sie noch klein sind. Es gibt keinen Ersatz für Zeit, und wenn sie erst einmal vorüber ist, kann man sie nicht wiederholen. Wenn Eltern darüber berichten, was sie vielleicht am meisten bedauern, so ist es Folgendes: »Ich habe nicht genügend Zeit mit meinem Kind verbracht, als es noch klein war.«

Verbringen Sie viel Zeit mit Ihren Kindern.

Wenn Sie Eltern werden, müssen Sie Disziplin aufbringen und Ihr Leben so organisieren, dass Sie während der Jahre, in denen Ihr Kind heranwächst, ausgiebig Zeit mit ihm verbringen können. Sie müssen die *Disziplin aufbringen*, andere Aktivitäten abzubauen, zu verringern, zu stutzen und manche Aktivitäten ganz aufzugeben, die Sie davon abhalten, gute Eltern zu sein.

Ein Weckruf

Vor einigen Jahren heiratete ein guter Freund von mir. Er spielte begeistert Golf und das regelmäßig fünfmal die Woche; wenn im Winter sein Golfplatz zu Hause mit Schnee bedeckt war, flog er oft zum Golfurlaub in den Süden.

Innerhalb von vier Jahren Ehe bekamen er und seine Frau vier Kinder. Trotzdem versuchte er immer noch, mehrmals in der Woche Golf zu spielen, indem er sich werktags im Geschäft frei nahm und auch an Wochenenden seinem Hobby nachging.

Schließlich konfrontierte ihn seine Frau damit und sagte ihm, dass er nicht genügend Zeit mit seinen kleinen Kindern verbringe. Das Golfspielen nehme zu viel Zeit in Anspruch, die er besser zu Hause mit ihr und den Kindern verbringen solle, speziell während dieser verwundbaren und sensiblen Jahre.

Er erkannte plötzlich, dass sich sein Leben verändert hatte. Das, was er als Single tun konnte, war mit kleinen Kindern nicht mehr möglich. Da er sehr verantwortungsvoll und selbstdiszipliniert war, verringerte er die Zeit für das Golfspielen sofort auf einmal pro Woche und konzentrierte seine Zeit und seine Energie wieder auf seine Familie. Er sagte mir später, dass dies in Bezug auf seine Ehe und seine Beziehung zu seinen kleinen Kindern außerordentlich viel verändert habe.

Wie man sich neue Prioritäten setzt

Wenn Sie heiraten, vollzieht sich in Ihrem Leben eine wesentliche Veränderung. Ihre Lebensweise ändert sich, und viele Ihrer gewohnten Aktivitäten verlieren an Bedeutung und Dringlichkeit.

Kinder verändern Ihr Leben.

Wenn Ihr erstes Kind auf die Welt kommt, verändert sich Ihr Leben erneut. Oftmals fühlt es sich an, als würde Ihre erste Lebensphase – Ihre Jugend –

wie die erste Stufe einer Rakete abgestoßen und als befänden Sie sich nun auf einer anderen Bahn in Ihrem Leben. Tatsächlich ist es nicht ungewöhnlich, dass sich das Leben von Paaren, wenn das erste Kind geboren wird, völlig verändert. Sie schrauben viele ihrer vorherigen sozialen Aktivitäten zurück oder beenden sie ganz. Sie hören auf, mit Freunden Restaurants zu besuchen, und sie hören auf, an den Wochenenden mit anderen auszugehen.

Sie beginnen, rund um ihr Zuhause und ihre Kinder ein ganz anderes Leben aufzubauen. Die Kinder werden zum Zentrum ihrer Zeit und ihrer Aufmerksamkeit und zum Hauptthema ihrer Gespräche.

Verantwortungsvolle Eltern gehen die Kindererziehung als wichtigsten Bestandteil ihres Lebens an. Sie planen und organisieren ihre Zeit und ihre Aktivitäten, sodass sie dieser Verantwortung in hohem Maße gerecht werden können.

Langfristiges Denken

Kinder zwingen Sie dazu, langfristig zu denken. Sie werden feststellen, dass alles, was Sie in den prägenden Jahren zusammen mit Ihren Kinder tun, oder woran Sie scheitern, es zu tun, einen dauerhaften Einfluss auf die kommenden Generationen haben wird. Daher werden Sie reflektierter und sensibler in Bezug auf Ihre Äußerungen und auf die Art und Weise, wie Sie Ihre Kinder behandeln.

Wenn Sie jung und ein Single sind, können Sie »die ganze Zeit herumhängen«. Sie können in die Luft gehen, ärgerlich werden, frei Ihre Gefühle zum Ausdruck bringen und »Sie selbst sein«. Doch wenn Sie ein Kind haben, müssen Sie sich ein höheres Maß an Disziplin und Selbstkontrolle auferlegen.

Achten Sie auf Ihre Worte und Handlungen.

In den prägenden Jahren reagieren Kinder übersensibel auf den Einfluss ihrer Eltern. Sie verstehen und erleben jedes Wort und jede Reaktion ihrer Eltern. Sie nehmen diese Worte und Handlungen in ihre Sicht der Welt und in ihr Selbstbild auf.

Fast jeden Fall eines psychisch kranken Erwachsenen kann man auf einen psychisch kranken Elternteil zurückführen. Als jener psychisch kranke Erwachsene noch ein Kind war, machten oder sagten seine Eltern Dinge, die ihn verletzten, verwirrten, ihm Angst machten und Gefühle der Unsicherheit, des Ärgers und der Unterlegenheit in ihm hervorriefen.

Das größte Geschenk ist die Liebe

Das größte Geschenk, das Sie einem Kind machen können, besteht darin, es wissen zu lassen, dass Sie es zu jeder Zeit lieben und dass sich an Ihrer Liebe ihm gegenüber, egal was geschieht, nie etwas ändern wird.

Es gibt für Kinder keinen größeren Segen, als voller Selbstvertrauen zu wissen, dass die wichtigsten Menschen in ihrem Leben – ihre Eltern – sie voll und ganz lieben und anerkennen, gleichgültig was sie tun oder welche Fehler sie machen.

Kinder sind keine *kleinen Erwachsenen*. Sie verfügen nicht über die Fähigkeit, ein ausgewogenes Urteil darüber zu fällen, ob das, was sie tun, richtig oder falsch ist. Sie brauchen viele Jahre des Versuchs und Irrtums und manchmal auch der bitteren Erfahrungen dafür, das Wissen und das Urteil zu entwickeln, um für sich selbst und für ihre Zukunft gute Entscheidungen treffen zu können.

Wenn Ihre Kinder Fehler machen, ist das Beste, was Sie tun können, sich ruhig und geduldig zu verhalten und ihnen dabei zu helfen, dass sie die Lektionen lernen, die sich durch das Problem oder die Schwierigkeit ergeben.

Disziplin kontra Entwicklung

Viele Eltern meinen, dass es ihre Aufgabe sei, ihre Kinder zu disziplinieren, indem sie sie bestrafen, wenn sie einen Fehler machen. In den 1930er-Jahren, als meine Eltern aufwuchsen, wurde allgemein gelehrt, dass es die Aufgabe der Eltern sei, »den Willen des Kindes zu brechen«. Diese Philosophie führte zu einer Generation gebrochener Kinder, deren Eltern der Auffassung waren, dass es ihre Pflicht sei, sie zu kleinen Menschen zu formen, von denen ihre Eltern glaubten, sie seien akzeptabel.

Es ist jedoch eine Tatsache, dass jedes Kind einzigartig und damit anders ist als alle anderen Menschen auf der Welt. Jedes Kind kommt auf die Welt mit dem ihm eigenen einzigartigen Temperament, mit einer eigenen Persönlichkeit und persönlichen Neigungen, was Interessen und Aktivitäten angeht.

Geben Sie Ihren Kindern Unterstützung.

Eltern sind oft verblüfft, zu sehen, dass jedes einzelne ihrer Kinder ganz anders ist als die anderen, obwohl sie alle von denselben Eltern abstammen und im selben Haushalt aufwachsen. Meiner Erfahrung nach marschiert jedes Kind »zum Rhythmus eines anderen Trommlers«.

Gleichgültig was Sie Ihren Kindern gegenüber oder für sie tun, sie haben ihre eigene besondere Bestimmung. Sie wachsen mit einer bestimmten Persönlichkeit auf und werden sich zu bestimmten Menschen und Aktivitäten hingezogen fühlen. Ihre Hauptaufgabe besteht darin, eine Umwelt zu schaffen, in der sich Ihre Kinder sicher und selbstbewusst genug fühlen, um ihrer inneren Stimme und ihren persönlichen Neigungen zu folgen.

Hinterfragen Sie Ihre Überzeugungen

Ein Philosoph sagte einmal: »Bevor ich Kinder hatte, hatte ich vier Philosophien zur Kindererziehung. Jetzt habe ich vier Kinder und keine Philosophie.«

Gestehen Sie sich ein, dass Sie Fehler machen.

Jedes Kind ist anders als andere Kinder und als andere Personen. Wenn Sie Ihre Kinder großziehen, sollten Sie darauf vorbereitet sein, Ihre wichtigsten Überzeugungen zu hinterfragen. Stellen Sie infrage, was Sie tun, sagen oder sein »sollten« oder nicht. Vor allem sollten Sie darauf vorbereitet sein, zuzugeben, dass Sie *unrecht* haben könnten, weil Sie mehr Fehler machen werden, als Sie es sich vorstellen können.

Die vielleicht wichtigste Verantwortung, die Sie als Eltern haben, besteht darin, Ihren Kindern *Werte* zu vermitteln, vor allem den

Wert der Selbstdisziplin. Einer der häufigsten Wünsche, die Eltern in Bezug auf ihre Kinder haben, besteht darin, sie mit einem Sinn für Selbstverantwortung und Selbstkontrolle großzuziehen. Eltern möchten, dass ihre Kinder über Selbstdisziplin und Selbstbeherrschung verfügen und sich selbst etwas versagen können beziehungsweise fähig sind, Bedürfnisse aufzuschieben.

Gehen Sie mit gutem Beispiel voran

Albert Schweitzer schrieb einmal: »Mit gutem Beispiel voranzugehen, ist nicht nur der beste Weg, andere zu beeinflussen, es ist der einzige.«

Der wirkungsvollste Einfluss, den Sie auf Ihre Kinder haben, ist das gute Beispiel, mit dem Sie vorangehen, und zwar während der ganzen Zeit, in der Ihre Kinder aufwachsen. Sie werden von Ihren Kindern aus dem Augenwinkel oder von einem anderen Zimmer aus ständig beobachtet. Sie nehmen alles in sich auf. Sie erfassen und analysieren Ihre Verhaltensweisen, vor allem wenn Sie *unter Stress* stehen. Dadurch, dass sie beobachten, wie Sie sich verhalten, insbesondere wenn Sie wütend sind, sich aufregen oder einen Fehler gemacht haben, entwickeln Ihre Kinder selbst ein klares Bild, was von den Erwachsenen im Hinblick darauf erwartet wird, wie man sich in seiner Umwelt verhält.

Ihr gutes Beispiel wird zum Maßstab, den sie für die normale Art und Weise halten, wie sich Erwachsene unter verschiedenen Umständen verhalten, vor allem wenn sie unter Stress stehen. Wenn Ihre Kinder Sie bewundern und das gute Beispiel respektieren, werden sie, wenn sie größer werden, danach streben, Sie *nachzuahmen*. Und das gilt für den Rest ihres Lebens.

Die vielleicht beste Frage, die Sie sich immer wieder stellen können, ist die folgende: »Wie sähe meine Familie aus, wenn jedes Mitglied genauso wäre wie ich?«

Seien Sie ein Vorbild

Wenn Sie sich in Selbstdisziplin und Selbstkontrolle üben, vor allem wenn Sie wütend sind oder sich aufregen, nehmen Ihre Kinder diese Lektion bis ins Detail in sich auf. Wenn sie später wütend sind oder sich aufregen, werden auch *sie* sich in Selbstdisziplin und Selbstkontrolle üben.

Kinder übernehmen das Weltbild ihrer Eltern.

Nach einer kürzlich durchgeführten Studie kamen die Wissenschaftler zu der Schlussfolgerung, dass Kinder ihre Vorstellungen von der Welt ausbilden, indem sie beobachten, wie ihre *Mutter* mit den Höhen und Tiefen des Alltags umgeht. Wenn ihre Mutter ruhig entspannt und kontrolliert zu sein scheint, nehmen die Kinder an, dass es sich um eine logische und rationale Welt handelt; dadurch wird es viel wahrscheinlicher, dass sie selbst in solchen Situationen ruhig und mit Selbstkontrolle reagieren werden.

Wenn ihre Mutter dadurch, dass sie zu viel zu tun und zu wenig Zeit hat, frustriert, verärgert und überlastet zu sein scheint, übernehmen die Kinder in ihr Weltbild, dass das Leben verworren und stressreich ist.

Charakterbildung

Die wichtigste Aufgabe, die Sie als Eltern haben, besteht darin, Ihren Kindern Wertvorstellungen zu vermitteln und ihren *Charakter* zu formen. Sie tun das, indem Sie ihnen beibringen, welche Wertvorstellungen wichtig sind, vor allem diejenigen, bei denen es um Anstand und Ehrlichkeit geht. Sie bauen sich selbst als Vorbild auf und leben die Wertvorstellungen vor, von denen Sie wollen, dass Ihre Kinder sich in jeder Situation daran halten, in denen diese Wertvorstellungen eingefordert werden.

Weil die zentrale Wertvorstellung des Charakters *Anstand* ist, ist die wichtigste Wertvorstellung, die Sie Ihren Kindern vermitteln, *Ehrlichkeit*. Die meisten Eltern sind ziemlich entsetzt darüber, dass Kinder lügen. Im Laufe ihrer Entwicklung sagen sie irgendwann nicht die Wahrheit. Sie erzählen sowohl kleine als auch große Lügen. Das ist für Eltern häufig eine Überraschung. Denn sie meinen, dass sie auf irgendeine Weise bei der Erziehung ihrer Kinder gescheitert sein müssen.

Doch machen Sie sich keine Sorgen: Lügen ist ein ganz normaler Bestandteil der Kindheit. Es ist eine Form der Kommunikation, die Kinder ausprobieren, um zu sehen, ob es funktioniert. Wenn Kinder herausfinden, dass Lügen eine wirkungsvolle Methode ist, um schnell und einfach an die Dinge heranzukommen, die sie haben wollen, werden sie regelmäßig lügen.

Beispielsweise stellte ich meinem Sohn Michael einmal eine Frage, und er gab mir eine Antwort, von der ich wusste, dass sie überhaupt nicht der Wahrheit entsprach. Ich fragte ihn: »Michael, warum hast du das gesagt? Du weißt, dass das eine unverfrorene Lüge ist!« Michael, der damals zehn Jahre alt war, erwiderte unumwunden: »Naja, ich dachte einfach, ich probiere es einmal aus.«

Kinder werden versuchen zu lügen, um zu sehen, ob es funktioniert. Wenn es nicht funktioniert, werden sie etwas anderes ausprobieren, und dieses andere ist gewöhnlich, die Wahrheit zu sagen.

Sagen Sie immer die Wahrheit

Eines Tages lasen meine Frau und ich in einem Buch über Kindererziehung eine Frage, und die lautete: »Wenn Ihre Kinder Sie anlügen, wer hat ihnen Angst davor gemacht, die Wahrheit zu sagen?«

Lügen erschüttert das Vertrauen.

Das hat uns wirklich die Augen geöffnet. Wir setzten uns sofort mit unseren Kindern zusammen und teilten ihnen mit: »Sagt von nun an immer die Wahrheit. Wir versprechen euch, dass ihr nie in Schwierigkeiten kommt, weil ihr die Wahrheit gesagt habt. Wenn ihr lügt, werden wir uns aufregen und euch bestrafen. Wenn ihr aber die Wahrheit sagt, dann seid ihr für uns immer in Ordnung.«

Von diesem Tag an »probierten es« unsere Kinder fast ohne Ausnahme mit der Wahrheit. Im Laufe der Zeit machten sie es sich zur Gewohnheit, die Wahrheit zu sagen, gleichgültig worum es sich handelte. Und wir hielten uns an unser Versprechen. Wir haben unsere Kinder nie dafür bestraft, dass sie die Wahrheit gesagt haben.

Als wir eines Tages als Familie beim Abendessen zusammensaßen, berichtete einer unserer Söhne über seinen Freund. Er hätte ihn gebeten, er solle uns etwas vorlügen, wenn es um das ging, was er vorhatte.

Mein Sohn sagte: »Ich erwiderte ihm, dass ich meine Eltern nie anlüge.« Sein Freund erwiderte: »Jeder lügt seine Eltern an.«

Mein Sohn wiederholte: »Ich lüge meine Eltern nie an, weil ich das nicht tun muss. Ich kann ihnen immer die Wahrheit sagen, und alles ist in Ordnung.«

Unsere drei Kinder hörten sich das an und stimmten alle darin überein. Sie sagten, dass wir eine großartige Familie seien, weil sie ihre Eltern nie hätten anlügen müssen.

Die Grundlage für Selbstbewusstsein

Wenn Kinder die Wahrheit sagen, wachsen sie geradlinig und stark, mit einem hohen Selbstwertgefühl und viel Selbstvertrauen auf. Sie haben eine ausgeprägte Selbstachtung und sind stolz auf sich. Sie schauen Ihnen direkt in die Augen und sagen Ihnen genau, was sie meinen und wie sie sich fühlen. Sie sind ganz anders als Kinder, die ständig lügen und die Wahrheit verdrehen müssen, um etwas an ihren Eltern vorbeizuschmuggeln.

Bei der Kindererziehung gibt es zahllose Gelegenheiten, bei denen Kinder etwas tun oder sagen, womit Sie nicht einverstanden sind oder was Sie verärgert. Bei diesen Gelegenheiten müssen Sie sich in Disziplin üben, zu denken, bevor Sie agieren oder reagieren, und sich selbst und Ihre Stimmung in den Griff bekommen. Sie müssen sich vor Augen halten, dass das, was Sie im Augenblick des Stresses tun, von Ihrem Kind registriert und eingeprägt wird und künftig auf unbegrenzte Zeit eine Wirkung bei ihm haben kann.

Bestärken Sie Ihre Kinder in ihrer Entwicklung.

Kinder erlernen Wertvorstellungen dadurch, dass man sie ihnen nahebringt und vorlebt; während sie aufwachsen, sollte man ihnen immer wieder ein gutes Beispiel sein. Ihre Kinder werden Ihre Verhaltensweisen als Normen übernehmen, wenn Sie ihnen Wertvorstellungen nahebringen, an die Sie sich selbst halten, wie zum Beispiel Liebe – vor allem gegenüber Ihrem Ehepartner –, Mitgefühl für diejenigen, die nicht so viel Glück haben, Großzügigkeit gegenüber denjenigen, die sie brauchen, Geduld, wenn es erforderlich ist, Toleranz gegenüber anderen Meinungen, Mut angesichts von Schwierigkeiten und Durchhaltevermögen angesichts von Rückschlägen. Im Laufe ihrer Entwicklung werden Ihre Kinder das als eine angemessene Art und Weise ansehen, wie man auf diese Art von Situationen reagiert.

Die Kraft des Verzeihens

Eine der wichtigsten aller Wertvorstellungen, die Sie Ihren Kindern nahebringen, ist das *Verzeihen*. Die Unfähigkeit zum Verzeihen ist der Ursprung der meisten negativen Emotionen. Wenn Sie das Verzeihen vorleben, wenn Sie den Dingen ihren Lauf lassen, wachsen auch Ihre Kinder mit der Fähigkeit auf zu verzeihen. Das erspart ihnen Jahre der Traurigkeit nach einem Ereignis, bei dem sie jemand in irgendeiner Weise verletzt hat, was immer einmal geschehen wird.

Meine Eltern waren steinhart und unflexibel. Infolge einer schweren Kindheit in der Zeit der großen Wirtschaftskrise hatten sie ein geringes Selbstwertgefühl. Hatten sie daher erst einmal eine Position zu einem Thema eingenommen, wie falsch auch immer sie war, konnten sie keinen Rückzieher machen und zugeben, dass sie unrecht hatten.

Ich beschloss, dass ich, wenn ich einmal Kinder haben sollte, genau das Gegenteil machen würde. Falls ich meine Tochter Christina in der Zeit, als sie ein kleines Mädchen war, aus irgendeinem Grund anschrie, ging ich hinterher zu ihr und entschuldigte mich. Ich sagte: »Ich hätte dich nicht anschreien sollen. Ich hatte unrecht. Vergibst du mir?«

Wenn Sie Kinder großziehen, werden Sie im Laufe der Zeit zahlreiche Fehler machen. Manchmal werden Sie überreagieren. Wenn Sie kein Heiliger sind, wird es Ihnen nahezu unmöglich sein, das zu vermeiden. Immer jedoch wenn Sie bei Ihrem Kind einen Fehler machen, sollten Sie den Mut und das Mitgefühl haben, zu erkennen, dass eine destruktive Kritik durch einen Elternteil für ein Kind äußerst schmerzvoll ist. Gehen Sie zu ihm, und nehmen Sie es zurück. Entschuldigen Sie sich, und bitten Sie Ihr Kind um Verzeihung. Selbst wenn sich Ihr Kind schlecht benommen hat, so ist das keine Rechtfertigung dafür, dass Sie sich negativ oder verletzend ihm gegenüber verhalten. Sagen Sie nur: »Ich entschuldige mich. Kannst du mir verzeihen?«

Lernen Sie, sich zu entschuldigen.

Und das Kind selbst wird das fortan auch so machen. In dem Moment, in dem Sie sich entschuldigen und Ihr Kind bitten, Ihnen all das zu verzeihen, was Sie ihm an Verletzungen vielleicht angetan haben, befreien Sie es von negativen Gefühlen oder Gefühlen der Unterlegenheit. Indem Sie das zurücknehmen, geben Sie ihm die Möglichkeit, wieder glücklich und selbstbewusst zu sein.

Erziehung hört niemals auf

Es ist eine lebenslange Aufgabe, Ihren Kindern die richtigen Wertvorstellungen und gutes Benehmen beizubringen. Sie können nicht einfach eine einzelne Lektion über Ehrlichkeit und Mitgefühl vermitteln und sich dann nicht mehr daran erinnern. Wenn Ihre Kinder bei Ihnen sind, müssen Sie die Lektion immer wieder dadurch, dass Sie darüber sprechen und selbst ein gutes Beispiel sind, Jahr für Jahr wiederholen.

In einem Brief an die Kummerkastentante einer Zeitschrift fragte ein Elternteil: »Wie lange dauert es, bis ich meinen Kindern Tischmanieren beigebracht habe? Gleichgültig was ich sage, es scheint so zu sein, dass meine Kinder weiterhin ungesittet und unordentlich essen.« Die Kummerkastentante antwortete, indem sie sagte: »Seien Sie geduldig. Man braucht 15 Jahre ständiger Wiederholung, um seinen Kindern Tischmanieren beizubringen. Und selbst dann ist nicht garantiert, dass Ihre Anleitung erfolgreich sein wird.«

Seien Sie Ihren Kindern ein Vorbild

Wenn Sie wollen, dass sich Ihre Kinder auf eine bestimmte Art und Weise verhalten, müssen Sie ihnen diese selbstverständlich Jahr für Jahr vorleben. Wenn Sie wollen, dass sich Ihre Kinder angemessen kleiden, müssen *Sie* sich angemessen kleiden. Wenn Sie wollen, dass sich Ihre Kinder angemessen pflegen, müssen auch *Sie* sich angemessen pflegen. Wenn Sie wollen, dass Ihre Kinder gut organisiert und effizient sind, müssen *Sie* ihnen den Weg weisen, indem Sie selbst gut organisiert und effizient sind.

Erinnern Sie sich jeden Tag daran, dass Ihre Kinder sich für den Rest ihres Lebens genauso verhalten wie Sie. Wenn Sie so denken, sind Sie gezwungen, sich noch stärker in Selbstdisziplin und Selbstkontrolle zu üben und sich bewusst zu sein, dass die Konsequenzen Ihres Verhaltens die Chancen Ihrer Kinder im späteren Leben noch viele Jahre beeinflussen werden.

Eines der wichtigsten Dinge, die Sie bei der Kindererziehung tun werden, ist, sich in Disziplin zu üben. Dadurch wachsen Ihre Kinder mit einem hohen Selbstwertgefühl auf, sind positiv und selbstbewusst und kennen ihren eigenen Wert. Die Endergebnisse bei der Erziehung Ihrer Kinder werden über all die Jahre Ihres Lebens hinweg Bestand haben.

Übungen

1. Welche beiden Eigenschaften sollen Ihre Kinder, wenn es nach Ihnen ginge, mit Ihnen in Verbindung bringen, wenn sie Ihr Verhalten beobachten?

____

____

____

2. Welche beiden Eigenschaften würden Sie Ihren Kindern am liebsten einimpfen, und wie könnten Sie das erreichen?

____

____

____

3. Wenn Sie für Ihre Kinder ein ausgezeichnetes Vorbild wären, inwiefern würden sich Ihre Verhaltensweisen von heute an ändern?

____

____

____

4. Welche Fehler haben Ihre Kinder begangen, die Sie ab sofort verzeihen und vergessen sollten?

____

____

____

5. Welche Schritte werden Sie sofort unternehmen, um mehr Zeit mit Ihren Kindern zu verbringen?

____

____

6. Was könnten Sie tun, um Ihren Kindern auf Dauer Ehrlichkeit mit auf den Weg zu geben?

____

____

7. Wie könnten Sie Ihre Kinder ermutigen und belohnen, damit sie in stärkerem Maße Selbstdisziplin, Selbstkontrolle und Selbstbeherrschung praktizieren?

____

____

KAPITEL 20

Selbstdisziplin und Freundschaft

»Alles, was Sie im Leben wollen, hat seinen Preis. Sie müssen einen Preis zahlen, wenn Sie etwas besser machen wollen, Sie müssen einen Preis zahlen, um etwas so zu lassen, wie es ist; Sie müssen für alles einen Preis zahlen.«

HARRY BROWNE

Ganze 85 Prozent Ihres Glücksgefühls gehen auf glückliche Beziehungen zu anderen Menschen zurück. Leider haben aber auch ganze 85 Prozent Ihrer Probleme und Ihrer Traurigkeit etwas mit anderen Menschen zu tun. In Kapitel 18 und 19 wurden einige Ideen dargestellt, wie man eine glücklichere Ehe führt und glücklichere Kinder großzieht. Doch natürlich sind zusätzlich zur Familie auch Freundschaften wichtig für Ihr Wohlbefinden.

Was die Beziehungen zu anderen Menschen anbelangt, obliegt es Ihnen daher, wirklich sehr gut zu werden. Erfreulicherweise handelt es sich hier um eine erlernbare Fähigkeit. Sie können einfach dadurch zu einer der beliebtesten Personen an Ihrem Arbeitsplatz oder im sozialen Umfeld werden, dass Sie Verhaltensweisen übernehmen, die *andere* beliebte Menschen regelmäßig praktizieren.

Aristoteles schrieb, dass der Mensch ein soziales Tier sei. Das bedeutet, dass wir uns selbst durch unsere Beziehungen zu anderen Menschen definieren. Unser Schicksal wird durch unseren Austausch mit anderen bestimmt. Wir lernen, wer wir sind, allein dadurch, dass wir mit anderen interagieren.

Der Kern der Persönlichkeit

Psychologen sagen uns, dass alles, was wir tun, entweder dazu dient, unser Selbstwertgefühl aufzubauen oder es zu beschützen, damit es nicht von anderen Menschen zerstört wird. Was das Gefühl für unseren Selbstwert oder die eigene Bedeutung angeht, ist jeder einzelne von uns übersensibel.

Wir definieren uns im Austausch mit anderen.

Ihr Selbstwertgefühl – was Sie von sich selbst halten, wie sehr Sie sich mögen – wird stark durch Ihr Selbstbild bestimmt oder durch die Art und Weise, wie Sie sich selbst sehen und was Sie über sich selbst denken. Ihr Selbstbild setzt sich aus drei Bestandteilen zusammen; vergleichbar mit drei Tortenstücken, die eng beieinanderliegen:

1. Erstens besteht Ihr Selbstbild aus der *Art und Weise, wie Sie sich selbst sehen*. Dies bestimmt im starken Maße darüber, wie Sie gehen, sprechen, sich verhalten und mit anderen interagieren.
2. Der zweite Bestandteil Ihres Selbstbilds ist die Art und Weise, wie Sie *meinen*, dass andere Sie sehen. Wenn Sie meinen, dass andere Menschen Sie mögen, achten und bewundern, sehen Sie sich selbst positiv und haben ein besseres Gefühl hinsichtlich Ihres Selbstwerts und Ihrer Bedeutung.
3. Der dritte Bestandteil Ihres Selbstbilds ist die Art und Weise, wie die Menschen Sie *tatsächlich* sehen und behandeln. Wenn Sie der Auffassung sind, dass man Sie gerne mag und Sie beliebt sind, und Sie jemand auf rüde oder respektlose Weise behandelt, so kann dies Ihr Selbstbild erschüttern und Ihr Selbstwertgefühl verringern. Wenn Sie sich selbst dagegen als Durchschnittsmenschen sehen und die Menschen, denen Sie begegnen, Sie behandeln wie einen wertvollen und wichtigen Menschen, können Sie eine *positive* Erschütterung Ihres Selbstbilds erfahren. Diese bringt Sie dazu, sich selbst sogar noch mehr zu mögen und zu schätzen.

Der Schlüssel zum Glück

Sie sind nur wirklich glücklich, wenn Sie das Gefühl haben, dass alle drei Bestandteile Ihres Selbstbilds miteinander übereinstimmen. Sie sind nur glücklich, wenn Sie das Gefühl haben, dass die drei folgenden Aspekte in einer bestimmten Situation miteinander im Einklang stehen:

- die Art und Weise, wie Sie sich selbst sehen,
- die Art und Weise, wie Ihrer Meinung nach andere Sie sehen, und
- die Art und Weise, wie diese Sie tatsächlich sehen.

In Ihrem Leben streben Sie nach Freundschaften und Beziehungen zu Menschen, die Ihnen ermöglichen, sich so wohlzufühlen, wie Sie sich selbst sehen und wie Sie über sich selbst denken. Wenn Sie mit Menschen zusammen sind, die Sie als jemanden behandeln, der wertvoll und bedeutend ist, genießen Sie ein höheres Selbstwertgefühl. Sie mögen und achten sich selbst mehr und fühlen sich in deren Gegenwart glücklich.

Menschen brauchen Bestätigung.

In der Schule zum Beispiel haben Sie immer dann bessere Leistungen gezeigt und bessere Noten bekommen, wenn Sie das Gefühl hatten, dass der Lehrer Sie mochte und sich um Sie kümmerte. Am Arbeitsplatz ist es vielleicht der bedeutendste Motivationsfaktor, dass der Chef eine *rücksichtsvolle Haltung* gegenüber dem Mitarbeiter hat. Immer wenn ein Mitarbeiter das Gefühl hat, dass sich der Chef um ihn als Person sorgt und nicht einfach nur als Mitarbeiter, fühlt er sich als Mensch mehr wert und zeigt im Beruf bessere Leistungen.

Das Gesetz der indirekten Bemühung

Das Geheimnis, wie man wunderbare Freundschaften und Beziehungen aufbaut und aufrechterhält, ist leicht zu lüften. Es liegt bei Ihnen, dem Gesetz der indirekten Bemühung in jeder Interaktion mit anderen Menschen Geltung zu verschaffen.

Sie müssen aus sich selbst herausgehen und Ihre eigenen Voreingenommenheiten ablegen, um sich auf andere Menschen und darauf einzulassen, wie diese möglicherweise denken und fühlen.

Wenn Sie daher jemanden zum Freund haben wollen, müssen Sie ihm zunächst einmal ein Freund *sein*. Wenn Sie wollen, dass Menschen Sie mögen, sollten Sie zunächst einmal *sie mögen*. Wenn Sie wollen, dass die Menschen Sie achten, sollten Sie zunächst einmal *sie achten*. Und wenn Sie andere beeindrucken wollen, sollten Sie zunächst einmal *von ihnen beeindruckt sein*. Indem Sie sich auf diese Weise indirekt Menschen nähern, appellieren Sie an deren tiefste unterbewusste Bedürfnisse.

Steigern Sie das Selbstwertgefühl anderer

Der tiefste, unbewusste Wunsch, den Menschen haben, ist der Wunsch, sich *wichtig* zu fühlen. Da auch Sie dieses Bedürfnis haben, gilt Folgendes: Immer dann, wenn Sie dem Gesetz der indirekten Bemühung Geltung verschaffen oder sich darauf konzentrieren, Sie also dazu beitragen, dass sich andere Menschen wichtig fühlen, bestärken Sie das Selbstbild der anderen. Sie steigern deren Selbstwertgefühl und tragen dazu bei, dass sich andere glücklich in Bezug auf sich selbst fühlen – und infolgedessen wiederum in Bezug auf Sie.

Immer wenn Sie irgendetwas sagen oder tun, um das Selbstwertgefühl einer anderen Person zu steigern, lösen Sie einen Bumerangeffekt aus. Er führt dazu, dass Ihr eigenes Selbstwertgefühl zur selben Zeit und in demselben Maße wächst. Sie können niemals etwas tun oder sagen, wodurch eine andere Person sich besser fühlt, ohne dass Sie sich selbst gleichzeitig ebenfalls besser fühlen.

Nehmen Sie Rücksicht auf die Bedürfnisse anderer.

Es verlangt Ihnen eine ungeheure Selbstdisziplin und Selbstkontrolle ab, von Ihrer eigenen Person abzusehen. Statt zu versuchen, andere Menschen dazu zu bekommen, dass sie Sie mögen und von Ihnen beeindruckt sind, sollten Sie sich zunächst einmal darauf konzentrieren, die anderen zu mögen und von ihnen beeindruckt zu sein.

Sieben Wege, wie Sie Menschen dazu bringen, sich wichtig zu fühlen

Wenn man sehr gute Beziehungen zu anderen aufbauen will, ist das im Kern recht einfach: Sorgen Sie dafür, dass die anderen sich wichtig fühlen. In dem Maße nämlich, wie Sie andere Menschen dazu bringen können, sich wichtig zu fühlen – angefangen mit Ihren Familienmitgliedern bis hin zu Ihren Freunden und Kollegen –, werden Sie selbst zu einem der beliebtesten Menschen in Ihrem Umfeld.

Es gibt sieben Methoden, wie man andere dazu bringt, sich wichtig zu fühlen. Dabei handelt sich um einfache Methoden, die man durch Wiederholung erlernen kann.

1. *Akzeptieren Sie die Menschen so, wie sie sind:* Es ist ein tief sitzendes menschliches Bedürfnis, von anderen Menschen ohne Beurteilung, Bewertung oder Kritik akzeptiert zu werden. Psychologen nennen dieses Verhalten »die nicht an Bedingungen geknüpfte Wertschätzung«. Das heißt, den anderen vollständig zu akzeptieren, ohne Vorbehalte, genau so, wie er ist.

Da die meisten von uns voreingenommen und kritisch sind, steigert es das Selbstwertgefühl eines Menschen, wenn er von einer anderen Person vorbehaltlos akzeptiert wird. Es bekräftigt sein Selbstbild und macht ihn glücklich.

Akzeptieren Sie die Menschen so, wie sie sind.

Im Film *Bridget Jones – Schokolade zum Frühstück* dreht sich alles darum, dass Bridget einen Mann findet, der »mich so mag, wie ich bin«, wie sie sagt. Dass dies tatsächlich geschehen könnte, halten alle für etwas wirklich Erstaunliches. Ihre Freunde sind überrascht, dass überhaupt irgendjemand jemals eine Beziehung führen kann, die auf vorbehaltloser Akzeptanz durch eine andere Person beruht.

Wenn Sie andere Menschen anschauen und aufrichtig anlächeln, sind diese glücklicher. Das Selbstwertgefühl der anderen steigt und sie haben das Gefühl, wertvoll und wichtig zu sein.

Hören Sie damit auf, über sich selbst und darüber nachzudenken, welchen Eindruck Sie auf andere machen. Fangen Sie stattdessen an, über andere nachzudenken und über den Eindruck, den diese auf Sie machen. Dann können Sie sich entspannen. Sie atmen tief durch, lächeln die Menschen sowohl zu Hause als auch am Arbeitsplatz einfach an, wenn Sie ihnen begegnen, und begrüßen sie. Wenn es um das Selbstwertgefühl und den Aufbau von Beziehungen geht, dann ist dies das wirkungsvollste Verhalten, das Sie zeigen können. Wenn Sie Menschen anlächeln, veranlasst sie das, sich wichtig und wertvoll zu fühlen.

2. Zeigen Sie anderen Ihre Wertschätzung: Immer wenn Sie eine andere Person wegen irgendetwas schätzen, was diese getan oder gesagt hat, sollten Sie deren Selbstwertgefühl steigern und sie dazu bringen, dass sie sich wichtiger fühlt. Der Ausdruck von Wertschätzung – angefangen mit leichtem Nicken oder Lächeln bis hin zu Grußkarten, Briefen und Geschenken – steigert das Selbstwertgefühl der Menschen und bringt sie dazu, sich selbst mehr zu mögen. In der Folge wird man aufgrund des Gesetzes der indirekten Bemühung wiederum auch Sie mehr mögen.

Die einfachste Methode, Wertschätzung zum Ausdruck zu bringen, besteht darin, schlicht »Danke« zu sagen. »Danke« wird in jeder Sprache zutiefst geschätzt, überall auf der Welt. Ich habe 90 Länder bereist, und das Allererste, was ich lerne, sind die Wörter für »bitte« und »danke«. Jedes Mal, wenn Sie diese Wörter verwenden, werden die Leute heiter, lächeln und fühlen sich in Ihrer Gegenwart glücklich.

Jedes Mal, wenn Sie »Danke« sagen, hat es eine nahezu magische Wirkung auf den anderen. Es führt dazu, dass er sich wichtig und glücklich darüber fühlt, mit Ihnen zusammen zu sein und Sie bei allem, was Sie brauchen, zu unterstützen.

Gehen Sie freundlich und offen auf andere zu.

3. Seien Sie liebenswürdig: Die Menschen, die freundlich zu anderen und ihnen gegenüber positiv eingestellt sind, sind stets am willkommensten. Andererseits sind streitsüchtige Menschen, die ständig hinterfragen, sich beklagen und widersprechen, selten irgendwo willkommen.

Wenn Sie nicken, lächeln und mit dem anderen übereinstimmen, wenn er spricht oder eine Meinung zum Ausdruck bringt, dann zeigt das bei ihm Wirkung: Er fühlt sich intelligent, respektiert, wertvoll und wichtig. Wenn Sie zu einem anderen Menschen freundlich sind, selbst wenn er etwas sagt, womit Sie vielleicht nicht ganz einverstanden sind, dann bringen Sie ihn dazu, dass er sich glücklich fühlt, wenn er mit Ihnen zusammen ist.

Bei meiner Tätigkeit als Vortragsreisender begegne ich jedes Jahr Tausenden von Menschen. Sie kommen zu mir nach vorne und bringen oft Meinungen über Themen zum Ausdruck, über die ich häufig gut informiert bin und sie offensichtlich nicht. Manchmal sagen sie lächerliche Dinge, die entweder nicht wahr sind oder keinen Sinn ergeben.

Jedes Mal jedoch lächle ich ihnen zu, nicke, stelle ihnen Fragen und höre mir ihre Ideen und Meinungen an. So gehen sie mit dem Gefühl fort, dass sie ein gutes Gespräch mit dem Vortragenden geführt haben und dass ich wahrscheinlich mit ihnen übereinstimme. Es kostet mich nichts, und es macht sie glücklich. Es bringt sie dazu, dass sie sich wichtig fühlen.

4. Bringen Sie Ihre Bewunderung zum Ausdruck: Wenn es um ihre Besitztümer, Eigenschaften und Errungenschaften geht, zeigen Menschen gewöhnlich viele persönliche Emotionen. Wenn man etwas bewundert, was einem anderen gehört, bringt es ihn dazu, sich glücklich zu fühlen. Abraham Lincoln sagte einmal: »Jeder mag Komplimente.«

Bringen Sie Ihre Bewunderung dafür zum Ausdruck, wie jemand aussieht und gekleidet ist. Männer empfinden es in besonderer Weise als Kompliment, wenn Sie etwas Nettes über ihre Krawatten oder ihre Schuhe sagen. Frauen freuen sich über ein Kompliment über ihre Frisur oder irgendwelche anderen Einzelheiten, die ihr Aussehen betreffen. Denn die Menschen bringen viel Zeit damit zu, sich zurechtzumachen, bevor sie ausgehen.

Sie können einer Person auch ein Kompliment zu ihren Eigenschaften oder ihrem Charakter machen, indem Sie zum Beispiel sagen: »Sie sind sicherlich ausdauernd.« Die Menschen investieren ihr gesamtes Leben, um ihre Eigenschaften und Merkmale – vor allem die positiven Merkmale – zu entwickeln. Daher fühlen sie sich geschmeichelt, wenn Sie diese an ihnen bemerken und ihnen deswegen ein Kompliment machen.

Machen Sie einer Person ein Kompliment darüber, was sie erreicht hat. Sagen Sie jemandem, wie sehr Sie seine Wohnung bewundern, sein Büro oder die Firma, die er aufgebaut hat, beziehungsweise die Position, die er in dieser Firma erreicht hat.

5. Widmen Sie anderen Ihre Aufmerksamkeit: Die vielleicht wirkungsvollste Methode, das Selbstwertgefühl einer anderen Person zu steigern, besteht darin, ihr beim Sprechen aufmerksam zuzuhören. Ich habe zusammen mit Ron Arden das Buch *Be Charming: Wie Sie Menschen für sich gewinnen können* geschrieben. Dort erklären wir, dass es als charmantes Verhalten wahrgenommen wird, wenn man einer Person zuhört, während sie fokussiert über irgendein Thema spricht.

Seien Sie aufmerksam.

Der zentrale Punkt beim guten Zuhören besteht für Sie darin, Fragen zu stellen und dann der betreffenden Person bei jedem Wort an den Lippen zu hängen. Wenn sie anfängt, langsamer zu sprechen oder mit ihren Äußerungen zum Ende kommt, sollten Sie eine weitere Frage stellen. Lehnen Sie sich aufmerksam nach vorne. Hören Sie zu, ohne zu unterbrechen. Hören Sie so zu, als gäbe die Person das Klügste und Interessanteste von sich, was Sie je gehört haben.

Wenn man Menschen aufmerksam zuhört, schüttet ihr Gehirn Endorphine aus. Infolgedessen sind sie glücklich. Ihr Selbstwertgefühl nimmt zu. Außerdem assoziieren sie dieses Glücksgefühl damit, dass sie mit Ihnen zusammen sind. Darum wird die Person Sie mehr mögen und Sie für einen interessanten und intelligenten Menschen halten.

6. Sie sollten nie etwas kritisieren, verurteilen oder sich über irgendetwas beklagen, sei es nun direkt oder indirekt. Sie sollten niemals etwas tun oder sagen, was das Selbstwertgefühl einer Person verringert oder sie dazu bringt, sich weniger wichtig oder wertvoll zu fühlen. Sie sollten sich nicht an Klatschgeschichten beteiligen oder über andere Menschen in negativer Art und Weise sprechen. Sie sollten nie etwas über eine Person sagen, was Sie ihr nicht direkt ins Gesicht sagen würden.

Die schädlichste Einflussgröße in allen Beziehungen zwischen

Menschen ist die *destruktive Kritik.* Sie setzt das Selbstwertgefühl einer Person herab, bringt sie dazu, sich zu ärgern und in die Defensive zu gehen, und führt dazu, dass sie denjenigen, von dem die Kritik kommt, nicht leiden kann. Sie sollten sich also nie über Menschen oder Situationen beklagen, die Sie nicht mögen.

Seien Sie zurückhaltend mit Kritik.

Das gebräuchlichste Wort zur Beschreibung der beliebtesten Menschen in jedem Bereich ist das Wort »nett«. Wenn Sie sich eine Firma vorstellen, bei der Sie gerne Kunde sein möchten, oder ein Restaurant, das Sie gerne aufsuchen möchten, dann denken Sie immer daran, dass die Menschen dort »nett« sind. Immer wenn Sie einer anderen Person jemanden empfehlen oder sie an ihn verweisen, erwähnen Sie, dass er ein »netter Mensch« ist.

Im Verkauf und in der Wirtschaft allgemein sind die netten Menschen immer die erfolgreichsten. Die Menschen kaufen gerne von ihnen, kaufen wieder von ihnen und empfehlen sie dann ihren Freunden. Menschen macht es Spaß, nette Menschen zu treffen, und sie freuen sich darauf, sie wiederzusehen.

Wenn man die Leute fragt, was sie mit dem Wort »nett« meinen, sagen sie, dass die Person »fröhlich« ist. Je positiver Sie eingestellt sind, desto fröhlicher werden Sie wahrscheinlich auch sein. Je fröhlicher Sie sind, desto netter wird Ihre Persönlichkeit wirken. Je netter Ihre Persönlichkeit wirkt, desto mehr werden sich die Menschen freuen, Ihnen zu begegnen und mit Ihnen zusammen zu sein.

7. Seien Sie gegenüber jedem, dem Sie begegnen, höflich, anteilnehmend und rücksichtsvoll: Wenn Sie einen Menschen mit *Höflichkeit* und Respekt behandeln, fühlt er sich wertvoller und wichtiger. Aufgrund der Tatsache, dass Sie einen Menschen dazu bringen, dass er sich wertvoller und respektierter fühlt, wird er wiederum auch Sie noch mehr wertschätzen und respektieren.

Wenn Sie Ihre *Anteilnahme* an dem zum Ausdruck bringen, was im Leben eines Menschen geschieht, öffnet er sich Ihnen und mag Sie noch mehr. Wenn sich jemand in einer schwierigen Situation befindet und Sie Sorge oder Mitgefühl zum Ausdruck bringen, dann berühren Sie ihn tief in seinem Herzen. Sie nehmen mit seinen

Emotionen Verbindung auf. Dadurch machen Sie sich selbst zu einem liebenswerten Menschen.

Wenn Sie auf andere *Rücksicht* nehmen, bringen Sie die Disziplin auf, etwas für Menschen zu tun oder zu ihnen zu sagen, was sie dazu bringt, sich wertvoller und wichtiger zu fühlen.

Kümmern Sie sich um andere Menschen

Wenn Sie jemandem zum ersten Mal überhaupt oder nach langer Zeit erneut begegnen, sollten Sie ihn fragen, wie es ihm geht, und sich dann seine Antwort gut anhören. Die Menschen werden Ihnen oft eine Sorge oder ein Problem in ihrem Leben schildern. Wenn sie das tun, sollten Sie rücksichtsvoll und sensibel reagieren. Behandeln Sie das Problem oder die Schwierigkeit so, als wäre Ihnen das alles ausgesprochen wichtig. Wenn Sie so handeln, als interessierten Sie sich wirklich für ein Problem oder eine Situation im Leben des anderen und als seien Sie besorgt, dann beginnen Sie verblüffenderweise sehr bald damit, tatsächlich emotional betroffen zu sein.

Vermitteln Sie anderen ein gutes Gefühl.

Die Regel zum Aufbau lebenslanger Freundschaften und wunderbarer Beziehungen ist einfach: Beschließen Sie, dass sich die Menschen von jetzt an, wenn sie sich von Ihnen verabschieden, viel besser fühlen sollen als zu Beginn Ihres Treffens. Setzen Sie alle oben genannten Ideen in die Tat um, um dafür zu sorgen, dass sich die Menschen wichtig fühlen. Suchen Sie nach Methoden, wie Sie das Selbstwertgefühl der Menschen steigern und ihr Selbstbild bekräftigen können. Sorgen Sie dafür, dass sie sich so fühlen, als wären sie wertvoll und nützlich. Schließlich führt alles, was Sie tun oder sagen, damit sich eine andere Person wichtig fühlt, auch dazu, dass Sie sich wichtig fühlen.

KEINE AUSREDEN!

Übungen

1. Stellen Sie eine Liste der wichtigsten Freunde am Arbeitsplatz und im persönlichen Leben auf. Was könnten Sie tun, um dafür zu sorgen, dass sie sich besser fühlen?

___

___

___

2. Finden Sie heraus, was Sie als Erstes bei jedem Treffen oder jeder Begegnung tun könnten, damit sich der andere wichtig fühlt.

___

___

___

3. Beschließen Sie, dafür zu sorgen, dass der andere sich wertvoll und interessant fühlt, weil er mit Ihnen gesprochen hat.

___

___

___

4. Seien Sie in Ihren Beziehungen nicht wertend. Setzen Sie beim anderen immer die besten Absichten voraus.

5. Stellen Sie sich vor, dass jede Person, der Sie begegnen, nur noch kurze Zeit zu leben hat und dass Sie die einzige Person sind, die das weiß.

6. Finden Sie an jeder Person etwas heraus, was Sie beeindruckt, und sagen Sie der anderen Person dann, wie beeindruckt Sie sind.

7. Stellen Sie sich vor, dass im Raum eine Kamera und ein Mikrofon versteckt sind, die jede Interaktion mit anderen Menschen aufzeichnen. Inwiefern würden Sie sich dann anders verhalten?

KAPITEL 21

Selbstdisziplin und innerer Frieden

»Die Menschen sind bestrebt, ihre Lebensumstände zu verbessern, aber sie sind nicht bereit, sich selbst zu bessern; daher bleibt ihr Leben vorherbestimmt. Derjenige, der nicht vor Selbstkasteiung zurückschreckt, wird niemals daran scheitern, das Ziel zu erreichen, an dem sein Herz hängt. Das trifft auf irdische wie auf himmlische Dinge zu. Selbst ein Mensch, dessen Ziel es ist, reich zu werden, muss darauf vorbereitet sein, große persönliche Opfer zu bringen, bevor er sein Ziel erreichen kann; und wie viel mehr trifft das auf den zu, der ein starkes und souveränes Leben führt.«

JAMES ALLEN

Sie brauchen ein hohes Maß an Selbstdisziplin, wenn Sie wirklich alle inneren Ressourcen entwickeln und Ihr wahres Potenzial ausschöpfen wollen. Durch alle Zeiten war der *innere Frieden* in allen Religionen und Philosophien das höchste Gut und Ideal des Menschen. Ihre Fähigkeit, den eigenen inneren Frieden zu erreichen, ist das wahre Maß für Ihren Erfolg und der zentrale Bestimmungsfaktor für Ihr Glück.

Um sich geistig zu entwickeln und zu einer reifen Persönlichkeit zu werden, müssen Sie sich regelmäßig in Selbstdisziplin und Selbstkontrolle in Bezug auf Ihre Gedanken, Gefühle und Handlungen üben. Geistige Entwicklung, innerer Frieden und das Erleben von Freude erfordern Selbstbeherrschung und Selbstkontrolle.

Äußerer Erfolg versus inneren Erfolg

Um in der »Außenwelt« Erfolg zu haben, müssen Sie die *Disziplin aufbringen,* sich zu fokussieren und zu konzentrieren, im Beruf hart zu arbeiten, ständig Maßnahmen in Richtung auf Ihre Ziele zu ergreifen und mit jeder Stufe, die Sie im Leben erklimmen, noch besser zu werden. Um jedoch in der »Innenwelt« Erfolg zu haben, brauchen Sie fast die *gegenteiligen* Fähigkeiten: Um inneren Frieden zu finden, müssen Sie die Disziplin aufbringen, alles zu unterlassen, was Ihr Gefühl des inneren Friedens und der Zufriedenheit beeinträchtigt.

Der Zen-Buddhismus lehrt, dass die Hauptursache des menschlichen Leidens und Unglücks die »Anhaftung« ist. Menschen fühlen sich an Ideen, an Meinungen und an materielle Dinge gebunden, und es widerstrebt ihnen, diese loszulassen. Manchmal sind die Menschen so mit diesen äußeren Faktoren beschäftigt, dass sie ihre seelische und körperliche Gesundheit beeinträchtigen – und sie sogar nachts nicht schlafen lassen.

Wenn Sie lernen loszulassen und sich *emotional* von Dingen und Ergebnissen trennen, lassen auch die damit verbundenen negativen Emotionen nach. Das ist so, als würden Sie eine Lampe ausknipsen.

Das Bedürfnis, recht zu haben

Die meisten Menschen haben ein tief sitzendes Bedürfnis, recht zu haben. Wenn Sie jedoch aufhören, sich Gedanken darüber zu machen, ob Sie recht haben, oder nicht, verschwinden alle Emotionen rund um das Bedürfnis nach Rechthaberei. Dr. Gerald Jampolsky stellte die bedeutende Frage: »Möchten Sie recht haben, oder möchten Sie glücklich sein?«

Seien Sie gelassen gegenüber anderen Ansichten.

Vielleicht geraten auch Sie in Rage, wenn es um Ihre politischen oder religiösen Überzeugungen geht, die Sie alle in gewisser Weise von jemand anderem gelernt haben. Doch wenn Sie einmal für eine Weile diese Überzeugungen in den Hintergrund treten lassen, verlieren diese ihre Fähigkeit, Ihre Emotionen anzufachen und Ihren Ärger aufzupeitschen.

Ich habe Freunde und treffe Menschen mit Ideen und Meinungen, die die ganze Bandbreite des politischen und religiösen Spektrums abdecken. In den meisten Fällen kommen wir gut miteinander aus, weil wir einfach nicht über die Meinungen sprechen, in denen wir uns unterscheiden. Wir bringen bewusst und absichtlich die *Disziplin* auf, diese Ideen in den Hintergrund treten zu lassen, und konzentrieren uns stattdessen auf Themen, bei denen wir übereinstimmen und gemeinsame Interessen haben.

Schieben Sie die Schuld nicht auf andere

Die Hauptursache für negative Emotionen und der destruktivste Faktor für den inneren Frieden ist es, sich gegenseitig die *Schuld* zuzuschieben. Wie zuvor schon in diesem Buch erwähnt, ist es nicht möglich, eine negative Emotion zu haben, wenn man nicht irgendjemandem oder irgendetwas die Schuld für etwas gibt.

Dieser Mechanismus setzt voraus, dass einer von zwei Faktoren oder beide vorhanden sind: Der erste ist die *Identifizierung*, der zweite die *Rechtfertigung*. Wenn Sie etwas persönlich nehmen, identifizieren Sie sich damit. Sobald Sie der Meinung sind, dass jemand etwas Negatives getan oder gesagt hat, was in gewisser Weise Ihre persönlichen Interessen beeinträchtigt, werden Sie sofort ärgerlich und schieben dieser Person die Schuld zu.

Sogar wenn jemand, der es eilig hat und mit etwas ganz anderem beschäftigt zur Arbeit fährt, ja der vielleicht sogar gerade einen Streit mit seinem Ehepartner hatte, Ihnen aus diesem Grund aus Versehen im Straßenverkehr die Vorfahrt nimmt, können Sie sofort ärgerlich auf diese Person reagieren. Denn Sie haben sein Fahrverhalten *persönlich* genommen – und das bei einem wildfremden Menschen.

Sehen Sie nicht nur das Negative.

Wenn Sie jedoch die *Disziplin aufbringen*, loszulassen und aufzuhören, die Dinge persönlich zu nehmen, ist die negative emotionale Aufladung, die mit der Person oder dem Vorfall verbunden wird, beinahe im Nu vorbei. Wenn Ihnen zum Beispiel jemand im Straßenverkehr die Vorfahrt nimmt, können Sie sich von der Situation emotional distanzieren, indem Sie zu sich selbst sagen: »Na gut, er hat es wahrscheinlich eilig, zur Arbeit zu kommen. Vielleicht ist er spät dran.«

In dem Augenblick, in dem Sie das zu sich sagen, ist alle Negativität dahin, die mit dem Ereignis verbunden ist, und Sie werden wieder ruhig, entspannt und positiv.

Beenden Sie Ihr Leiden

Die zweite wichtige Ursache dafür, dass man jemandem die Schuld zuschiebt, ist wie zuvor erwähnt der Drang zur *Rechtfertigung*. Das geschieht dann, wenn Sie sich selbst (und anderen) erklären, warum Sie das Recht haben, sich in dieser Situation zu ärgern und sich aufzuregen.

Ärgern Sie sich nicht.

Viele Menschen verlieben sich geradezu in ihr *Leiden*. Ihre Probleme in der Vergangenheit werden zum zentralen Fokus ihres Lebens. Sie denken ständig über das nach, was geschehen ist. Sie führen Tag und Nacht verärgerte Zwiegespräche mit Menschen, die gar nicht anwesend sind, mit Menschen, von denen sie ihrer Meinung nach in der Vergangenheit verletzt wurden.

Sobald sie ein Gespräch mit jemandem führen, zeigen sie anderen wie ein Händler auf dem Basar ihr Leiden vor. Dann gehen sie immer wieder die unglücklichen Ereignisse ihres Lebens durch und sagen, was geschehen ist, wie schlecht sie behandelt worden sind und wie schrecklich die andere Person war, die sich so und so verhalten hat.

Sie sollten die *Disziplin aufbringen*, damit aufzuhören, dass Sie Ihre negativen Emotionen rechtfertigen, indem Sie immer wieder aufwärmen, was geschehen ist und was die andere Person getan oder nicht getan hat, und stattdessen ruhig akzeptieren, dass »so etwas vorkommt« im Leben. Dann nimmt Ihre Negativität ab, die Sie mit der anderen Person oder der Situation in Verbindung bringen.

Verzeihen Sie

Der Höhepunkt der Selbstdisziplin in der geistigen Entwicklung besteht darin, aktiv verzeihen zu lernen. Das Gesetz des Verzeihens besagt Folgendes: »Je großzügiger Sie jemandem verzeihen können, der Sie auf irgendeine Art und Weise verletzt hat, desto gesünder sind Sie in mentaler und emotionaler Hinsicht.«

Seien Sie großzügig gegenüber anderen.

Über die Jahre hinweg hat jeder – auch Sie – Erfahrungen gemacht mit destruktiver Kritik, schlechter Behandlung, Unhöflichkeit, Grobheit, mangelnder Fairness, Verrat und Unehrlichkeit vonseiten anderer. Diese Vorkommnisse sind traurig, aber sie sind unvermeidlich und unausweichlich, denn wir alle sind Menschen. Nur wenn wir in einer Höhle lebten, könnten wir die Probleme und Schwierigkeiten vermeiden, die damit zusammenhängen, dass wir in einer dynamischen Gesellschaft mit vielen unterschiedlichen Arten von Menschen zusammenleben.

Die einzige Frage, die Sie sich stellen und beantworten müssen, nachdem Sie eine schlechte Erfahrung gemacht haben, lautet: »Wie lange werde ich brauchen, um über diesen Vorfall hinwegzukommen und in meinem Leben wieder Tritt zu fassen?« Das ist eine Entscheidung, die nur Sie fällen können. Und es handelt sich um eine der wichtigsten Entscheidungen, die Sie in Ihrem Leben treffen werden, wenn Sie wirklich glücklich sein wollen. Außerdem ist es ein echter Test für Ihre mentale und geistige Disziplin.

Die Vergessenskurve

Jeder Mensch hat eine »Vergessenskurve« oder, wie sie manchmal genannt wird, eine »Vergebenskurve«. Diese Kurve misst, wie schnell Sie eine schlechte Erfahrung vergeben beziehungsweise vergessen und wie gesund Sie in mentaler und gefühlsmäßiger Hinsicht wirklich sind.

Stellen Sie sich ein Rechteck vor, auf dessen linker Seite eine Skala von 0 bis 100 steht. Das ist die Skala für die Stärke der negativen Emotionen, die Sie erleben, wenn Sie auf irgendeine Weise verletzt oder gekränkt werden. Auf der unteren Seite des Rechtecks sind die Monate und Jahre Ihres Lebens eingetragen.

Sie können entweder eine flach oder eine steil abfallende Vergessenskurve haben. Wenn Ihre Vergessenskurve flach ist, so bedeutet dies, dass Sie für lange Zeit weiterhin verärgert sind, manchmal für Jahre oder sogar Jahrzehnte und auf demselben Niveau wie zu dem Zeitpunkt, als der Vorfall geschah.

Es gibt zahlreiche Menschen, die heute immer noch über etwas verärgert sind, was ihnen eines ihrer Elternteile vor Jahrzehnten angetan oder gesagt hat. Außerdem werden sie Ihnen, ohne zu zögern, davon erzählen. Sie greifen in ihren Jutesack mit den unverziehenen Vorfällen und zaubern die Geschichte mit ihren Kindheitserlebnissen hervor, um sie Ihnen mitzuteilen.

Jeder Psychologe und Psychiater, der sich mit unglücklichen Menschen beschäftigt, verdient sein Geld damit, dass es so viele Patienten mit einer flachen Vergessenskurve gibt. Die Gespräche in der Therapie drehen sich hauptsächlich um das, was ihnen jemand zu einem bestimmten Zeitpunkt in der Vergangenheit angetan hat oder nicht – und wie unglücklich diejenigen heute immer noch darüber sind.

Finden Sie sich damit ab, und machen Sie weiter

Wirklich gesunde Menschen haben dagegen eine schneller *nach unten* abfallende Vergessenskurve. Sie haben in ihrem Leben ebenso viele Schwierigkeiten und Probleme gehabt wie jeder andere, aber sie haben die *Disziplin aufgebracht,* zu beschließen, dass sie schnell verzeihen und vergessen, damit ihr Leben weitergeht. Sie lehnen es ab, ihre Probleme in einen Jutesack zu stecken und mit sich herumzutragen. Sie lassen sie einfach los und widmen ihre Aufmerksamkeit den Dingen, die sie glücklich machen.

Lernen Sie zu vergessen und zu verzeihen.

Die Disziplin des Verzeihens ist der Schlüssel zum Reich des Spirituellen. Es ist Ihnen nur dann möglich, ein hohes Maß an innerem Frieden zu genießen, wenn Sie die Gewohnheit und die Disziplin entwickeln, anderen Menschen alles und jedes großzügig zu verzeihen, was sie Ihnen Verletzendes angetan haben.

Verzeihen ist egoistisch

Manche Menschen bringen beim Begriff des Verzeihens etwas durcheinander. Wenn man jemand anderem verzeiht, dass er einen verletzt hat, meinen sie, das bedeute, dieses Verhalten *stillschweigend zu dulden* oder sogar damit einverstanden zu sein. Ganz im Gegenteil. Verzeihen ist ein rein *egoistischer* Akt. Verzeihen hat überhaupt nichts mit der *anderen* Person zu tun. Sie verzeihen anderen, damit *Sie* selbst emotional frei sein können und damit Sie dieses Päckchen nicht mehr mit sich herumtragen müssen.

Sie haben einen wunderbaren Verstand. Sie sind unglaublich intelligent und voller Einsichten. Sie können Ihren Verstand zu Ihrem eigenen Interesse nutzen, damit er Ihnen hilft, fröhlich und glücklich zu sein, oder Sie können ihn *gegen* sich selbst wenden. Sie können Ihren Verstand auf dem höchsten Niveau dazu nutzen, Gründe dafür zu finden, dass Sie anderen verzeihen. Statt einen Vorfall aus der Vergangenheit wiederzukäuen und zu sezieren, statt also nach Rationalisierungen, Rechtfertigungen und Gründen dafür zu suchen, etwas persönlich zu nehmen, sollten Sie Ihre Intelligenz lieber dazu nutzen, Gründe dafür zu finden, dass Sie die Verantwortung übernehmen und die negative Situation in den Hintergrund treten lassen.

Übernehmen Sie Verantwortung, und verzeihen Sie

In dem Augenblick, in dem Sie die Verantwortung übernehmen und jedem alles verzeihen, was er Ihnen je angetan hat, um Sie auf irgendeine Weise zu verletzen, befreien Sie sich selbst vollständig. Alle Ihre negativen Emotionen verschwinden. Stattdessen haben Sie ein Gefühl des inneren Friedens, der Liebe, des Glücks und der Freude.

Es zahlt sich wirklich aus, die Selbstdisziplin aufzubringen, um permanent anderen zu verzeihen. Wenn Sie Ihre unermesslichen Fähigkeiten der Selbstkontrolle, der Selbstbeherrschung und des Loslassens dazu nutzen, sich selbst emotional von Situationen zu distanzieren, die Sie sonst unglücklich machen würden, verbessert sich die Gesamtqualität Ihres Lebens auf wunderbare Weise.

Übungen

1. Machen Sie einen Verzeihenstest: Möchten Sie recht haben, oder möchten Sie glücklich sein?

___

___

___

2. Machen Sie die Menschen aus Ihrer Vergangenheit aus, die Sie Ihrem Gefühl nach auf irgendeine Weise verletzt haben, und fällen Sie heute die Entscheidung, ihnen zu verzeihen und von Ihren negativen Gefühlen abzulassen.

___

___

___

3. Finden Sie Gründe dafür, Ihre negativen Emotionen von Schuld oder Ärger *nicht* zu rechtfertigen und stattdessen Ihre Intelligenz dafür zu nutzen, Verantwortung zu übernehmen.

___

___

___

4. Setzen Sie sich inneren Frieden als höchstes Ziel, und beschließen Sie dann, von allen Gedanken oder Emotionen abzulassen, die Sie in irgendeiner Weise stören. Formulieren Sie Ihren Beschluss.

____

____

5. Fangen Sie heute damit an, jeden Morgen, bevor Ihr Tag beginnt, etwas geistig und moralisch Erbauliches zu lesen. Diese Gewohnheit wird Ihr Leben verändern. Was könnten Sie lesen?

____

____

6. Weigern Sie sich von jetzt an, etwas persönlich zu nehmen. Stellen Sie sich selbst die Frage, wie viel das alles in fünf Jahren noch ausmachen wird.

____

____

7. Praktizieren Sie die buddhistische Methode des Loslassens von Geld und materiellen Dingen, und lehnen Sie es ab, sich über irgendetwas aufzuregen oder sich Sorgen darüber zu machen. Wie können Sie das erreichen?

____

____

Über den Autor

Brian Tracy wurde 1944 in Ostkanada geboren und wuchs in Kalifornien auf. Nachdem er vorzeitig die Highschool verlassen hatte, reiste und arbeitete er rund um die Welt und besuchte so schließlich 80 Länder auf sechs Kontinenten. Durch seine intensive Beschäftigung mit den Themen Business, Verkauf, Management, Marketing und Wirtschaft gelang ihm der Aufstieg, und Tracy wurde Chef einer 265-Millionen-Dollar-Firma, bevor er seine Aufmerksamkeit der Beratung, dem Training und der persönlichen Entwicklung widmete. Er ist Vorstandsvorsitzender dreier weltweit operierender Unternehmen. Brian Tracy ist verheiratet, hat vier Kinder und lebt im kalifornischen San Diego.

Besuchen Sie seine Internetseite:
www.BrianTracy.com